운림공곡집
雲林空谷集

운경 상보 저

도서출판 中道

운경 상보 대종사 행장

1943년(壬午) 1월 14일 일본국 혼슈本州 야마구치껜山口縣 출생.

1945년 해방 후 경상북도 경주로 부모님과 함께 귀국.

경주 황남초등학교, 신라중학교, 대구 대도고등학교 졸업.

1950년 6.26전쟁으로 부친을 따라 경남 언양으로 피난.

1960년 서울시 서대문구 홍은동 백련사에서 박설호 스님을 은사로,

박금봉 스님을 계사로 득도(법명: 相甫).

1963년 백련사 강원에서 사미과 사집과 졸업, 졸업 후 중강(仲講) 역임.

1966년 김서연 스님을 법사로 입실 건당(당호: 雲耕).

1969년 법륜사 송정암 강백 문하에서 사교과 및 대교과 수학.

1969년 백련사 교무, 총무 역임.

1971년 불교전법회(임의 법인) 조직.

1975년 한국불교태고종 종권수호위원회 기획실장 역임.

1975년 한국불교태고종 묵담 종정 예하로부터 구족계 수지.

1975년 한국불교태고종 종무위원 역임.

1975년 한국불교태고종 종앙종회 2, 3, 4, 5, 6대 종회의원 역임.

1978년 백련사 상임법사 취임(현재).

1978년 한국불교태고종 묵담 종정 예하로부터 대덕 법계 품수.

1979년 한국불교태고종 중앙포교사 역임.

1980년 사단법인 교화원 감사 역임.

1981년 정보성 종정 예하로부터 종덕 법계 품수.

1984년 한국불교태고종 보건공제회 설립, 전무이사 역임.

1985년 월간불교사 부사장, 주간 역임.

1987년 한국불교태고종 신용협동조합 설립, 부이사장 역임.

1987년 한국불교태고종 종승연구원 연구위원장, 고시위원장 역임.

1989년 한국불교태고종 상조회 설립, 전무이사 역임.

1989년 동국대학교 교육대학원 윤리교육과 수료.

1996년 한국불교태고종 백련사 35세 주지 역임.

1996년 한국불교태고종 종립 동방불교대학 교수 역임.

1996년 보건복지부장관으로부터 사회봉사상 수상(총 2회).

1997년 대통령으로부터 신한국인상 수상.

1997년 서울특별시 시장 청소년지도 표창장 수상.

1998년 백련산 일대 토지 봉증 법회.

1999년 덕암 종정 예하로부터 종사 법계 품수.

2001년 백련사 금봉 회주 스님으로부터 백련사 회주 전승.

2017년 혜초 종정 예하로부터 대종사 법계 품수.

2018년 한국불교태고종 원로위원 추대.

2023년 한국불교태고종 제21세 종정 추대.

無說以說真如門
不聞以聞上乘門
八萬藏経如来說
不傳以傳達磨義

법어 法語

무설이설無說而說　진여문眞如門
불문이문不聞而聞　상승문上乘門
팔만장경八萬藏經　여래의如來義
이심전심以心傳心　조사의祖師義

말 없는 말이 진여의 도리이고
들은 바 없이 듣는 것이 최상승의 도리인데,
여래께서는 설할 것 없는데도
팔만장경을 말씀하셨으며
조사께서는 전할 것 없는데도
이심전심으로 전하셨네.

헌정사

제자들의 못남을 용서하소서

항상 젊으신 줄만 알았던 사부님께서 벌써 팔순八旬을 넘기셨습니다. 실로 저희 제자들은 나이만 들었지, 돌아보면 스스로 성장한 게 없다는 생각에 세월 가는 줄을 몰랐습니다.

사부님께서는 임오년壬午年 섣달생이신데, 요즈음 사람들 알기 쉽게 서기로 환산하면 1943년 1월생이십니다. 일본에서 출생하시어 해방 후 오래지 않아 가족과 함께 귀국하셨으니, 일본에서는 쇼와(昭和)로 햇수를 세던 17년째가 됩니다. 당시 우리나라는 단군檀君 자손의 민족정기를 살려 단기 4275년이라 부르던 해입니다. 태어나신 분은 한 분이신데, 태어난 해를 표기하는 방법이 이렇게 셋이나 됩니다. 당시가 어떤 시절인 줄을 단적으로 보여주는 역사라 생각하여 헌정사의 첫 말씀을 이렇게 시작합니다.

사부님께서는 1960년에 출가하셔 공문空門에 드셨으니 그때가 19세의 젊은 나이셨습니다. 그 후 지금까지 서울 서대문구 소재 백련사白蓮寺에 주석하십니다. 태어나신 분은 한 분이시데 때로는 쇼와로, 때로는 단기로, 때로는 서기로 출생연도를 달리 표기하듯, 긴 세월 속에서 백련사는 그저 백련사인데, 백련사를 둘러싼 환경들은 많은 변화가 있었습니다.

역사가 말하듯이 백련사는 통일신라 시대 진표율사께서 창건하여 고려를 거쳐 조선에 이르고, 다시 대한민국으로 국호를 정하면서 이 나라의 유서 깊고 근원이 유장한 도량이 되었습니다. 역사의 풍상 속에서 시련과 극복이 굽이치지만, 그 속에서도 여래如來이며 세존世尊이신 부처님의 가르침은 등불에서 등불로 전해지듯 전등傳燈되어 오늘에 이릅니다. 사부님은 바로 이런 현장을 살아 지금에 계십니다.

명망 높던 백련사 전통강원傳統講院은, 일본 제국의 중일전쟁 징병으로 인한 조선 팔도의 강원 폐쇄 과정에서 문을 닫게 되었습니다. 그러나 그 남은 온기는 해방 후에도 이어져 사부님께서는 백련사 도량에서 경학經學을 닦으실 수 있으셨습니다. 기억력 좋으시고 부지런하신 사부님께서는 당시 설봉雪峰 스님의 훈도 아래 일대시교一代時敎를 마치십니다.

후일, 사집반四集班 강석講席에 앉으셔서는 강본講本은 물론

제경諸經의 서문序文을 모두 외우시니, 학인들의 존경을 한 몸에 받으셨습니다. 경재京齋의 전통이 면면한 백련사이니 어산魚山에 밝으심은 말할 것도 없고, 제반 행정에도 안목이 있으십니다. 그러면서도 사부님의 살림살이는 조사서래祖師西來의 임제臨濟 가풍이 가득하셨습니다. 행주좌와行住坐臥는 물론 심지어는 선탑禪榻에 드실 때도 화두話頭를 놓지 않으셨습니다.

 저희 제자 중에는 소위 '올깎이'도 있지만 '늦깎이'도 적지 않습니다. 일찍 불문에 들어온 문형제門兄弟는 숲에 살면서도 마을을 그리워했고, 인연이 늦은 문형제는 청산靑山에 살면서도 속진俗塵을 떨치지 못했습니다. 그럴 때마다 사부님께서는 기연 따라 저희를 가르치셨습니다. 배움이 낮은 자는 북돋으시고 아만심 높은 자는 쓰다듬어 주셨습니다. 이렇게 저희는 세월 가는 줄 모르고 살았습니다.

 그러던 어느 날, 사부님께서 공책이 가득 담긴 상자 하나를 불초不肖 영원靈源에게 내놓으시며 말씀하셨습니다. "나도 이제는 세월을 기약할 수 없네. 부지런히 정진하시게." 아직도 정정하신데 별말씀을 다 하신다 생각하여 무심코 지내다, 우연히 살펴보게 되었습니다.

긴 세월 속에서 굽이굽이마다 촘촘히 적어두신 사부님의 살림살이가 빼곡했습니다. 본래의 분상分上에서 밟으셨던 수많은 수행 기연들이며, 인연 따라 응대하셨던 세상 사연들이며, 말 그대로 본분本分과 수연隨緣이 현현玄玄하며 역력歷歷했습니다.

공책에 손수 쓰신 글들을 사람 시켜 컴퓨터에 입력하게 하고, 내용을 분류하여 두 권의 책으로 엮었습니다. 한 권은 법어집法語集으로, 또 한 권은 회고록回顧錄으로 세상에 내놓게 되었습니다.

그간의 일을 말씀드리면, 이 두 책은 사부님 '팔순' 기념으로 2022년 봄에 출간하려 했습니다. 작업을 다 마치고 사부님께 말씀드렸더니, "그 공책은 내 권속 안에서 돌려보고, 스스로 경책하라고 전한 것이니, 밖으로 공개할 일은 아닐세."라고 하셨습니다.

그런 줄 알고 그해를 보내는데, 문형제 사이에 '그래도 그게 아닌데' 하는 의견들이 돌았습니다. 스승의 문집을 만들었던 다른 문중 스님들께 경험담을 여쭈었더니, 펄쩍 뛰며 "무슨 말이냐! 스승은 스승의 일을 하신 것이고, 제자들은 제자들의 몫이 있지!" 그리하여 다음 해 2023년 봄에는 출간을 하자고 의견을 모았습니다.

이러던 중, 지허당指墟堂 지용智溶 종정 예하의 건강이 나빠져 종정좌宗正座가 비게 되었습니다. 태고太古의 종통宗統을 상징하는 그 자리는 한시라도 비울 수 없다며, 종단 안팎에서 사부님을 종정宗正으로 모시자는 여론이 일기 시작했습니다. 이런 때에, 문집을 낸다고 하면 사부님께서 단호하실 게 분명한데, 사부님의 성정을 누구보다도 잘 아는 제자들로는 난감했습니다.

그러나 시절 인연이란 어찌할 수 없는 것인가 봅니다. 지난해 2023년 12월 사부님께서 한국불교태고종 제21세 종정으로 추대되셨습니다. 제자들은 다짐했습니다. 이제는 더 물릴 수 없다고 말입니다.

저희 제자들이 스승의 수행을 제대로 따르지 못하니, 이 책이라도 세상에 전해 사부님의 수행 가풍을 알려야겠다고 출판을 감행합니다. 사부님의 분상에서는 당신의 글이나 말씀이 모두 허공[空] 같고, 허깨비[幻] 같고, 물거품[泡] 같고, 그림자[影] 같으시지만, 제자들 눈에는 귀한 말씀입니다.

　스승을 넘어서도록 수행해야 스승을 제대로 계승한다고는 하지만, 어찌하겠습니까? 제자들의 갈팡질팡하는 이 심정을 어떻게 표현해야 할지 모르겠습니다. 독자님들께서는 너른 혜량 부탁합니다.

　사부님.
　하늘의 북극성처럼
　그 자리에 그냥 그렇게 머무시어
　뭇 제자들의 둘림을 오래오래 받으소서.

2024년 정월 보름 다음날
운림문도일동 분수예배
甲辰年 正月 旣望
雲林門徒一同 焚修禮拜

축 사

  한국불교의 큰 어른이신 운경 큰스님께서 한국불교태고종 제21세 종정 추대법회에 앞서 출가 60여 년 동안 중생구제를 위해 설해 오셨던 주옥같은 법어들을 모아 『운림공곡집雲林空谷集』을 발간하게 된 것을 한국불교태고종 전 종도와 함께 진심으로 축하드립니다.

  운경 종정 예하께서 발간하신 『운림공곡집』을 보니 문득 이력履歷이라는 단어와 조고각하照顧脚下라는 사자성어가 떠오릅니다.
  사람의 발자취를 담은 기록을 흔히 이력履歷이라고 합니다. 여기에서 이履라는 한자는 '신발', '밟다'라는 뜻이 내포되어 있습니다. 그래서 신발을 신고 걸어온 역사라는 뜻이기도 합니다.
  출가수행승은 모름지기 부처님의 가르침인 경經과 수행승으로서 지켜야 할 청정한 규범인 율律은 물론 부처님의 설법을 체계적으로 설명한 논論에 이르기까지 어느 것 하나 등한시하지 않고 배우고 닦아야만 합니다. 운경 큰스님의 법어집 『운림공곡집』에는 이처럼 출가수행승이 경 · 율 · 론 삼장三藏을 일상

생활 속에서 하루도 거르지 않고 자연스럽게 익힐 수 있도록 구성해 놓은 스님의 수행이력이 고스란히 담겨있는 듯합니다.

또 불가에서는 예로부터 법당이나 요사채 등의 신발 벗는 자리에 조고각하照顧脚下라는 글귀를 써놓고 자신의 수행을 스스로 점검했습니다.

조고각하를 글자 그대로 뜻풀이 하자면 '자신의 발밑을 항상 비추어 돌이켜보라.'는 뜻입니다. 신발 벗어놓는 자리에 이 글귀를 써놓은 이유는 방에 들기 전에 마음을 바로하기 위해서는 신발을 바르게 벗어놓는 데서부터 시작하라는 의미일 것입니다. 또한 현재 자기가 서 있는 위치를 잘 살피고 언제나 하심下心하는 마음자세를 견지하라는 뜻일 것입니다. 그래서 『법화경法華經』「상불경보살품常不經菩薩品」에서도 "나는 당신을 깊이 존경해 감히 가볍게 여기거나 업신여기지 않습니다. 왜냐하면 당신들은 모두 다 보살도를 실천하여 앞으로 부처가 될 것이기 때문입니다."라고 가르치고 있는 것입니다.

종정예하이신 운경 큰스님께서 펴내신 법어집『운림공곡집』에는 '모든 일은 신발 하나 벗어놓는 작고 사소한 일에서부터 시작된다.'는 가르침이 담겨 있는 듯하여 환희심이 솟습니다.

한편 오늘의 한국불교에 있어서 가장 바람직한 승려상은 자기 수행을 통하여 수행자로서의 인격을 갖추고 중생제도를 위한 이타행을 실천하면서 불교를 대중화하여 대중의 삶 속에서 대중과 함께 호흡하며 현하 우리 사회가 지향해 나아가야 할 방향을 제시하고 솔선수범하는 스님이어야 한다고 생각합니다.

　운경 큰스님은 1960년 홍은동 백련사로 출가하신 이후 2023년 한국불교태고종 제21세 종정에 추대되시기까지 60년이 넘는 세월동안 백련사와 한국불교태고종의 중요 요직을 거치시면서 한국불교와 우리 사회의 발전을 위해 각고의 수행과 정진을 해 오신 어른 스님이십니다.

　뿐만 아니라 큰스님은 대통령으로부터 신한국인상, 보건복지부장관으로부터 사회봉사상, 서울특별시장으로부터 청소년지도자표창장 등의 수상 이력에서 보이듯이 사회봉사를 통한 불교포교활동도 왕성하게 펼치셨을 뿐 아니라 『제경요제諸經要諦』를 발간하여 전국의 강원과 주요 사찰에 법보시하며 수행승의 교육에도 남다른 열정을 보이셨습니다.

　그리고 이렇게 지난 60여 년간 수행과 전법의 삶을 살아오시면서 설하셨던 법어집『운림공곡집』을 발간하기에 이르렀습니다.

　따라서 이 책을 읽는 이들에게는 현대 사회에서 불교가 지향해 나아가야 할 방향을 찾고 이해하는데 크게 도움이 되리라 생각합니다.

　아무쪼록 여러 가지로 바쁘고 어려운 여건 속에서도 굳건한 종단관과 불교관으로 이처럼 문학적이면서도 사회교화적인 훌륭한 법어집을 출간하신 운경 큰스님께 진심으로 경하 드리면서 아울러 독자 여러분도 이 법어집을 만난 인연공덕으로 마음을 맑히고 정신적 안정을 얻어서 건강하고 안락한 삶을 향유하기 기원드립니다.

한국불교태고종 총무원장 상진 합장

서문

"여래는 모든 법의 왕이니 설하는 바가 다 허망치 않다.
여래는 일체 중생이 깊은 마음으로 행하는 바를 알아서
통달하여 걸림이 없으며, 모든 중생에게 지혜를 보인다.
비유하면 먹구름이 가득히 퍼져 3천대천세계를 두루
덮고, 일시에 큰비가 고루 흡족하게 내리면 모든 초목
이 크기에 따라서 제각기 비를 받는 것과 같다.
한 구름에서 내리는 비가 그들의 종류와 성질을 따라서
자라고 크며 꽃이 피고 열매를 맺는데, 비록 같은 땅에
서 나서 같은 비를 맞지만 초목들은 모양과 크기가 다
르다. 여래도 그와 같아서 세상에 출현함은 큰 구름이
일어나는 것과 같고, 큰 음성으로 온 세계의 하늘과 사
람과 아수라에게 두루 들리는 것은, 저 큰 구름이 삼천
대천세계에 두루 덮이는 것과 같다."

– 『법화경』 「약초유품」 –

불교의 가르침은 종교적 가르침을 담고 있는 동시에 철학의
가르침과 과학의 가르침도 지니고 있습니다. 논리적이라는 특
성이 불교의 장점인 동시에 단점입니다. 반면 일신교는 맹목

적인 신앙을 강조하는 까닭에 비논리적임에도 불구하고 한국 사회에서 번창하고 있습니다. 사람의 본성은 절대적인 자유를 추구하면서도 남에게 의지해 종속되고 싶어 합니다.

타력신앙인 일신교의 가르침과 달리 불교의 가르침은 자력신앙인 까닭에 자율성을 전제로 하고 있습니다. 그러다보니 각기 다른 종지 종풍을 지닌 종단들이 난립하고 있는 현실입니다. 게다가 각기 종단의 가르침도 통일돼 있지 않아서 출가자들을 대상으로 한 교육 내용은 물론이고, 신도들을 대상으로한 법문 내용도 제 각각입니다. 같은 경전의 같은 경구라고 해도 강사마다 해석을 달리 하는 것입니다.

납승도 불교를 공부하면서 가장 어려웠던 것은 교육제도가 통일돼 있지 않고 체계적이지 못하다보니, 만나는 강사마다 가르침이 달랐다는 것입니다.

어찌 보면 이러한 문제는 불교가 원체 심원한 가르침이기 때문에 비롯된 것인지도 모르겠습니다. 팔만대장경을 살펴보면, 불교의 근본 도리에 대해서도 경전마다 각기 다르게 표현하고 있습니다. 『화엄경』에서는 일심一心이라고 표현하는가 하면, 『법화경』에서는 실상實相이라고 표현했고, 『금강경』에서는 반야般若 내지는 공空이라고 표현했고, 『원각경』에서는 원각圓覺이라고 표현했고, 『능엄경』에서는 신주神呪라고 표현했고, 『범망경』에서는 계율이라고 표현했고, 『아미타경』에서는 정토淨土라고 표현했고, 『부모은중경』에서는 은혜라고 표현했습니다. 이처럼 다양한 표현이 있지만 결국 이 표현들은 하나의 의미인 것입니다. 이를 일컬어 선문禪門에서는 '본래면목의 주인공'이라고 합니다.

앞서 인용한 『법화경』 「약초유품」의 말씀에서 알 수 있듯 불교의 가르침은 획일성이 아닌 다양성을 지향하고 있습니다. 이는 부처님께서 중생의 각기 다른 근기에 따라 대기설법對機說法하셨던 것에서 기인하기도 합니다. 따라서 부처님의 가르침은 '일시에 큰비가 고루 흡족하게 내리면 모든 초목이 크기에 따라서 제각기 비를 받는 것'과 같습니다. 부처님의 가르침은 평등하여서 누구나 바르게 수행하면 깨달음에 이를 수 있습니다.

『열반경』에 이르길, "일체중생이 모두 부처님의 본성을 지니고 있다"고 했습니다. 부처님의 10대 제자 중 아나률은 눈이 멀었음에도 마음의 눈을 떠서 '천안제일'이라는 호칭을 얻었으며, 정신병을 앓았던 주리반특가는 마음의 병을 치료한 뒤 깨달음을 얻어서 '가장 진실한 사람'이라고 불리었습니다. 심지어 살인마인 앙굴마라도 부처님께 귀의하여서 아라한의 경지에 올랐습니다.

  납승은 불교적인 깨달음을 성취하고자 염불, 기도, 만행, 주력, 참선 등 다양한 수행을 해봤습니다. 여러 수행 끝에 납승은 불교의 진정한 가르침은 아픈 사람들의 눈물을 닦아주고, 병상에 염주를 걸어주는 것임을 깨달았습니다. 『대지도론』의 가르침처럼 '중생이 겪고 있는 고통의 뿌리를 제거하고 마침내 행복의 언덕에 오를 수 있도록 인도하는 것'이 바로 불제자의 역할일 것입니다.

  『불본행집경佛本行集經』에 따르면, 부처님께서는 이러한 원력을 세우셨다고 합니다.

  "나는 응당 정진하는 마음을 내어 복덕을 기르고 큰 서원을 일으켜 세간을 건지리라. 구해줄 이가 없는 중생에게 구호가 되며, 양육할 이 없는 사람들에게 귀의할 데가 되고, 집이 없는 중생에게 집이 되리라."

  안으로는 깨달음을 구하고 밖으로는 중생을 구제하는 것이 불제자의 본분사本分事임을 잘 알기에 납승은 법문 요청에 응하지 않을 수 없었습니다. 납승의 재적 사찰인 백련사에는 금봉 스님이 주석하고 계셔서 법회 때마다 백련사 대중은 감로법문을 들을 수 있었습니다. 납승의 세납 39세에 백련사 대중의 요청이 잇따라서 부득이 백련사에서도 법문을 하였습니다. 다행이 납승의 법문에 대한 신도들의 반응이 좋았습니다. 언젠가부터 납승이 법문을 하면 법당은 물론이고 마당까지 신도들이 모여 앉기 시작했습니다.

　납승은 젊었을 때는 수첩에 간단히 메모한 내용만 보고서 법문을 했습니다. 그런데 한국불교태고종 종정이신 보성 스님께서 두 차례나 "원고를 작성한 뒤 법문을 하라"고 일러주셨습니다. 하여 경오년(1990)부터 노트에 법문 원고를 쓴 뒤 그 원고를 바탕으로 법문을 하기 시작했습니다. 세월이 쏜살같이 지나서 30여 년 넘게 법문을 하다 보니 납승이 쓴 법문 노트도 15권에 이르게 되었습니다. 이 법문 노트들을 본 제자들과 신도들이 후학을 위해서라도 법문집을 출간하길 권유하였습니다. 이런 권유에 납승은 처음에는 손사래를 쳤습니다. 그런데 여러 차례의 권유를 듣다 보니 빈한한 납승의 살림살이도 누군가에게는 도움이 될 수 있다는 데 생각이 미쳤습니다.

『벽암록』의 제43칙의 주제는 동산 선사의 '무한서無寒暑' 화두인데 그 내용인즉슨 이렇습니다.

한 스님이 동산 스님에게 와서 물었습니다.

"추위와 더위가 닥치면 어디로 피해야 합니까?"

"그대는 왜 추위도 더위도 없는 곳으로 가지 않느냐?"

"추위와 더위가 없는 곳이 어디입니까?"

"추울 때는 그대가 추위와 혼연일체가 되고, 더울 때는 그대가 더위와 혼연일체가 되어라."

동산 선사의 말씀에서 피할 수 없는 것이라면 직접 부딪혀야한다는 지혜를 얻을 수 있습니다. 더위, 추위와 마찬가지로 삶과 죽음은 도망갈 수도 없고 피할 수도 없는 것입니다. 더위와 추위는 생사망념生死妄念의 차별심인 반면 추위와 더위가 없는 곳은 불생불멸不生不滅의 경지를 일컫습니다. 동산 스님이 설한 '무한서'와 유사한 내용이 백낙천의 시구에도 있습니다.

"사람들이 더위를 피하려고 미친 듯이 뛰어 다니지만, 홀로 항恒 선사는 방에서 나오지도 않네. 선방엔들 무더위가 없으랴만, 단지 마음이 차분하면 몸도 시원한 것이다."

후학들은 납승의 이 누추한 살림살이를 보고서 춥지도 덥지도 않은 거처를 얻길 바랍니다. 그런가 하면 일반 독자들은 납승의 졸고拙稿에서 사계四季의 변화를 읽길 바랍니다.

봄에는 꽃이 피고 여름에는 바람 불고	春有百花秋有月
가을에는 달 밝고 겨울에는 눈 내리니	夏有涼風冬有雲
쓸 데 없는 생각만 마음에 두지 않으면	若無閑事珪心頭
언제나 한결같이 좋은 시절일세	便是人間好時節

무문 선사가 『무문관』에서 '평상시도平常是道'에 붙인 게송입니다.

초목들은 꽃을 피움으로써, 자신의 존재를 드러내고 서로의 관계를 확인합니다. 사람들도 꽃을 피우는데, 그 꽃은 다름 아닌 자비심입니다. 자비심을 지님으로써 자신의 존재를 드러내고, 자비행을 펼침으로써 더불어 살아가는 세상을 만드는 것입니다. 꽃은 그 자체로도 아름답지만 꽃과 꽃이 어우러져 꽃밭을 이룰 때 더욱 아름답습니다. 사람 사는 세상도 마찬가지입니다.

한 사람의 존재도 더 없이 고귀한 존재이지만, 여러 사람이 어우러졌을 때 더욱 그 가치가 빛나는 것입니다. 『화엄경』에서 화엄 세계를 온갖 꽃들이 만개한 꽃밭으로 비유한 것도 이 때문입니다. 그런가 하면, 가을은 들녘마다 황금 물결이 출렁이는 수확의 계절인 동시에 단풍잎들이 떨어져서 끝내 나목만 남게 되는 조락의 계절이기도 합니다. 그런 까닭에 가을에는 그 어느 때보다도 자신의 본래면목을 살펴보기 좋습니다.

『벽암록』에는 '운문체로금풍雲門體露金風'이라는 화두가 실려 있습니다.

한 수좌가 운문 선사에게 물었습니다.

"나무의 낙엽이 떨어질 때는 어떠합니까?"

운문 선사가 대답했습니다.

"가을 바람에 전체가 드러난다體露金風."

납승의 이 졸고는 가을바람에 드러낸 앙상한 나뭇가지일 따름입니다.

목차

1부　마음에서 배웁시다

2부 삶과 죽음에서 배웁시다

3부 부처님의 생애에서 배웁시다

목차

6부 간절한 발원으로 이룹시다

7부 불자의 신행생활에서 배웁시다

1부
마음에서 배웁시다

- 삼계유심
- 일체유심조
- 영유형기 향자성래
- 단리망연 즉여여불
- 일면불 월면불
- 여자출정화
- 도불용수와 무수무증
- 본원청정심 본원청정불
- 은현원무정 광음각유시
- 무량겁래생사본 치인환작본래인
- 유심정토
- 신득가중여의보
- 일념즉시무량겁
- 수처작주 입처개진
- 무변허공 각소현발
- 번뇌즉보리

삼계유심三界唯心

부구법자夫求法者 응무소구應無所求
심외무별불心外無別佛 불외무별심佛外無別心
불취선불사악不取善不捨惡 정예양변淨穢兩邊 구불의호俱不依怙
달죄성공達罪性空 염념불가득念念不可得
죄무자성고罪無自性故 고삼계유심故三界唯心
삼라급만상森羅及萬象 일법지소인一法之所印

진정으로 법을 구하는 사람은 구하는 것이 없어야 한다.
마음 밖에 부처가 따로 있지 않고, 부처를 떠나서 따로
있는 마음도 없다. 선을 취하지도 말고, 악을 버리지도
말며, 깨끗함과 더러움, 어느 것도 의지하지 마라.
죄의 본질이 공空이라는 사실을 깨달으면, 쉬지 않고
오가는 번뇌의 고리도 끊어진다.
자성이 없기 때문에 번뇌는 사라지는 것이다. 그러므로
삼계는 오직 마음이며, 삼라만상은 한갓 마음의 흔적
이다.

– 『경덕전등록』 제7권 –

마조 도일(馬祖 道一; 709~788) 선사의 이 말씀은 수행자들이 어떻게 구도해야 하는지 잘 알려주고 있습니다.

남천축국南天竺國에서 온 달마 대사는 최고의 가르침인 '일심지법一心之法', 즉, 한마음의 가르침을 전해주었고, 이로 말미암아 많은 사람이 깨달음을 얻었습니다. 달마 대사가 『능가경楞伽經』을 통해 중생의 마음 바탕을 보여준 까닭은, 사람들이 혹시 이 '일심지법'이 본래부터 모두에게 각기 있어온 것이라는 사실을 믿지 않을까봐 염려했기 때문입니다.

달마 대사는 『혈맥론血脈論』에서 "삼계가 혼돈 속에서 일어났으나 본체에서 보면 도두 일심一心으로 귀결된다. 과거의 부처님과 미래의 진리를 깨달을 부처님들은 마음으로써 깨달은 그 마음을 전할 뿐, 말이나 문자를 빌리지 않는다"고 설했습니다. 이 가르침을 듣고서 한 사람이 달마 대사에게 물었습니다.

"문자에 의지하지 않는다면 무엇으로 마음을 전합니까?"

달마 대사가 이렇게 대답했습니다.

"지금 그대가 묻는 것이 바로 그대의 마음이다. 그대의 질문을 받고서 내가 대답하는 것이 내 마음이다. 만약 그대에게서 마음이 없다면 무엇에 근거해 나에게 질문하는 것을 알 것이며, 내게 마음이 없다면 무엇에 근거해 그대에게 대답하는 것을 알 것인가? 오랜 옛날부터 지금에 이르기까지의 시공간이 모두 그대의 근본 마음이니, 이것이 바로 그대의 근본 부처이다. 청정한 마음이 곧 부처即心是佛이니, 이 마음을 떠나서는 부처를 얻을 수 없고, 이 마음을 떠나서 보리와 열반을 찾을 수 없다."

달마 대사의 말씀에서 알 수 있듯, 청정한 마음이 곧 보리이고 열반입니다.

구도자들은 삼계는 오직 마음이며, 삼라만상은 마음의 흔적임을 알아야 합니다. 마음이 곧 부처인 것입니다.

마조 선사에게 대매 법상(大梅 法常; 752~839) 화상이 찾아와 물었습니다.

"어떤 것이 부처입니까?"

마조 선사가 대답했습니다.

"이 마음이 곧 부처님이니라."

마조 선사의 말을 듣는 순간 대매 화상은 크게 깨달았다고 합니다. 대매 화상은 마조 선사에게 하직인사를 하고 대매산으로 들어가, 스스로를 은산철벽銀山鐵壁에 가뒀습니다. 대중이 찾아가 세상에 나와 교화를 펴줄 것을 간청했으나, 대매 화상은 거절하면서 아래와 같은 게송을 남겼습니다.

최잔고목기한림摧殘枯木倚寒林

기도봉춘불변심幾度逢春不變心

초객우지유불고樵客遇之猶不顧

영인나득고추심郢人那得苦推尋

부러져 꺾인 나뭇가지 찬 숲에 의지하니

해마다 봄이 와도 변함없이 그 모양이네.

나무꾼도 그대로 내버려두는데

목수가 가져간들 무엇에 쓰겠는가?

– 『경덕전등록』 제7권 –

이 게송에서 한림寒林에 의지한 최잔고목摧殘枯木은, 지극히 청빈한 삶 속에서도 모든 번뇌 망상에서 벗어나, 영원한 진리를 깨닫고자 하는 구도자의 비유라고 할 수 있습니다. 대매 화상이 한림에 의지한 최잔고목의 생활을 하고 있다는 소문을 듣고서, 마조 선사는 대매 화상의 공부를 점검했습니다. 마조 선사의 지시를 받고서, 한 사람이 대매 화상을 찾아갔습니다.

"스님은 마조 선사에게 무엇을 배웠기에 대매산에서 머물고 계십니까?"

"마조 선사는 내게 즉심즉불卽心卽佛을 가르쳤으니, 나는 즉심즉불에 머물고 있네."

"마조 선사는 최근 다른 말씀을 하고 있습니다."

"뭐라고 하는가?"

"마음도 아니고 부처도 아니다非心非佛라고 합니다."

"마조 선사가 뭐라고 하든, 나는 즉심즉불에 머물겠네."

대매 화상의 근황을 전해들은 마조 선사는 "매실이 잘 익었구나"라고 칭찬했습니다. 매실이 잘 익었다는 것은 공부가 완숙해졌다는 의미입니다.

이 세상의 모든 현상은 마음이 빚어낸 것입니다. 이를 알면 부처가 본원청정심本願淸淨心임을 절로 깨닫게 됩니다. 그렇다면 본원청정심은 어떤 모습일까요? 견색견심見色見心, 즉, 이 세상의 모든 현상을 보는 것이 바로 마음을 보는 것입니다. 이 세상의 모든 현상은 마음의 그림자입니다. 본원청정심은 형체가 없습니다. 텅 빈 허공과 같습니다. 마조 선사가 "죄의 본질이 공空이라는 사실을 깨달으면, 쉬지 않고 오가는 번뇌의 고리도 끊어진다"고 설한 것도 같은 이유입니다. 선업善業을 쌓는 것도, 악업惡業을 쌓는 것도 모두 마음의 분별에 따른 것입니다. 시비是非도, 선악善惡도, 미추美醜도, 진망眞妄도 모두 분별에 의해 나뉘는 것입니다. 물은 얼면 얼음이 되고, 증발하면 수증기가 됩니다. 고정적 본질이 없지만 고체도 되고, 액체도 되고, 기체도 되는 것입니다. 본원청정심은 고정적인 실체가 없습니다.

일체유심조一切唯心造

일체유심조는 모든 것은 마음으로부터 만들어진다라는 말로, 불교의 인연법과 함께 불교의 핵심 사상입니다. 유심소작唯心所作도 똑같은 말로 마음이 모든 것을 만든다고 표현합니다.

원효 스님도 깨달은 다음에 "심생즉 종종생心生即 種種生 심멸즉 종종멸心滅即 種種滅; 마음이 생긴즉 여러 가지가 생겨나고, 마음이 없어진즉 여러 가지가 다 없어진다"고 하였습니다. 마음이 있기 때문에 마음의 작용에 의해서 만물이 생겨나고 천차만별의 조화를 이루고, 천차만별을 이루는 것이 결국 마음의 작용이라고 생각합니다. 그런데 나한테 내재되어 있다고 생각하는 내 마음은 내 마음이면서, 우주에 가득한 모두의 마음 너의 마음 당신의 마음 이 모두가 한마음으로부터 시작과 끝이 없이 상존하고 있습니다. 그렇기 때문에 우주 만물이 모두 마음으로 인해 이루어졌고, 마음에 의해 운용이 되며 마음에 의해 현상하고 있는 것입니다. 그런데 우리가 느낌 즉 앎에 의해 모든 존재가 형성이 되어서, 이루어지고 없어지기도 하기 때문에 일체가 마음으로부터 생겨난다고 합니다.

느껴 '앎'으로 인식되고 존재한다고 하면, 자칫 '서양의 철학자 임마뉴엘 칸트'의 인식론과 유사하게 생각될 수 있고 불교의 유식론에 의한 의식意識의 작용이라고도 할 수 있습니다. 여기에서 깊이 생각하면 제6식의 의식 작용이 없으면 존재를 모를 수 있기 때문에 의식 작용이라고 할 수도 있지만, 본질적으로 우리가 알고 모르는 모든 유심소작의 작용은 의식의 한계를 벗어난 본래의 마음, 청정 법신의 마음 그것이 일체유심조의 주인공인 것입니다.

우리가 인간의 입장에서 생각해 보면, 내가 내 마음이 있어야 우주가 존재한다는 것은 육식의 작용에 의해서 인지되고 분석되고 판단되는 그 자체가 마음이라는 것입니다. 그런데 마음이 인지하지 못해 보지 못하고 듣지 못한다면 실제로 존재하고 나타나는 현상도 느끼지 못하고 알지 못한다면 그것은 없는 것입니다. 또 현상에 나타나지 않은 무작용(실체 없음)의 상태에서도, 내 마음이 여러 가지로 생각하고 잘못 알고 잘못 믿고 없는 상태의 형상이나 존재가 작용한다고 생각하면 없는 것이 있는 것으로 착각되기도 합니다.

그래서 일체유심조는 마음의 근본 작용에서 나타나는 현상이지만, 한사람 한사람 개개인의 마음의 생각이 어떻게 인지하고 어떻게 판단하느냐에 따라 있고 없고 검고 푸르게 인지되기도 한다는 것입니다.

정신을 통일하고 집중을 하게 되면 초능력적 현상이 나타납니다. 내가 현재 하고 있는 '장출식長出息'도 일반적으로는 절대로 불가능한 일이고, 나는 또 생각만 바꾸고 집중을 하면 피부가 바뀌고 피부에 다른 현상이 나타납니다. 이것도 초기에는 정신을 모아 집중해야 나타나는 현상이었지만, 지금은 사람들과 대화를 하거나 아무 행동을 해도 상관없이 피부 변신이 가능하고 심지어 사우나에서나 숯불가마에서도 변하는 현상을 도출시킬 수가 있습니다. 이것은 오직 집중을 어떻게 하느냐에 따라 모든 현상을 자유자재 할 수 있는 일체유심조의 현현玄玄한 현상입니다.

　　한편으로 우주의 모든 존재를 물리학적으로 시원을 살펴서 일체유심조의 논리에 부합시켜 보면 모든 물질의 근본을 우리는 마음으로 보는데, 물리학적으로 보면 모든 존재는 물질이 시초가 되어 인연에 의해 변화하고 창제되고 소멸되면서 유정무정의 모든 존재가 형성이 되고, 진화하고 변화하면서 삼라만상으로 각기 다른 현상을 나투며 이 세상이 유지되고 있는 것입니다.

　　그러면 최초의 물질을 한번 분석해 볼 필요가 있습니다. 모든 물질은 물리학에서는 원자(원소)로 이루어져 있다고 합니다. 더 살펴보면 원자는 분자가 모인 것이고, 분자는 미립자가 모인 것이고, 미립자는 소립자가 모여서 이루어진 것이고, 소립자는 쿼크(Quark)가 모인 것이라고 합니다. 현재까지 발견된 최초 단위 원소인 쿼크는 10억번 실험을 해야 두 번 나타나는 현상의 원소 즉 최초의 물질입니다. 10억번을 실험하여 두 번 나타나는 물질(원소)을 있다고 해야 하나, 없다고 해야 하느냐. 나는 여기까지 밝혀낸 물리학자들의 노고를 깊이 칭찬하면서 과연 쿼크란 물질이 있다고 하기도 없다고 단정할 수도 없는 존재라고 생각합니다. 조금 다르게 표현된 말이지만, 있기도 하고 없기도 한 물질 그것은 공즉시색 색즉시공을 연상하게 됩니다.

쿼크가 최초 물질로 없기도 하고 있기도 하는 이 존재를 물리학자들은 물질로 보고 있지만, 내 생각에는 이것이야말로 보이지도 않고 존재하지도 않은 것이, 시작과 끝이 없이 시작하고 있는 마음이라고 표현해야 할 것 같습니다. 쿼크는 유일신의 창제도 아니고, 진화에 의한 물질도 아니고, 우주공간이 생기기 전부터 있던 그것 즉, 법성−불성−자성이라고 하는 우리의 근본 마음이 공즉시색空卽是色의 원리에 의해 나타나는 현상의 성품으로 자성인 마음이라고 밖에 할 수가 없습니다. 이런 현상은 물리학적 현상이지만, 일체유심조의 역역歷歷한 현상 즉 현상계의 확실한 일체유심조의 실상입니다.

마음으로 느껴서 알고, 마음 작용의 현상에 나타나는 현상을 일체유심조의 현현玄玄한 즉 현묘한 현상이라고 한다면, 한편으로 물리학적 논리에 의하더라도 일체유심조의 최초 단위인 쿼크로부터 우주의 생성원리는 역역歷歷하고 확실한 현상계의 유심소작이라고 할 수 있기 때문에 이를 일컬어 일체유심조의 다른 현상이라고 합니다.

영유형기影由形起 향자성래響藉聲來

일휘상도참춘풍一揮霜刀斬春風
설만공정낙엽홍雪滿空庭落葉紅

서릿발 같은 칼날로 봄바람을 베니,
눈 쌓인 빈 뜰에 붉은 잎 떨어지네.

－『청매집』하권 －

우리나라 조선시대 청매 인오(靑梅印悟; 1548~1623) 선사가 남긴 선시의 한 구절입니다. 이 시구는 설중단비雪中斷臂를 묘사한 것입니다. 설중단비가 무엇입니까? 말 그대로 눈 속에서 팔을 자른다는 뜻입니다.

달마 대사는 숭산 소림사에 은둔하며 면벽 수도하였습니다. 신광이라는 젊은이가 달마 대사를 찾아와 깨달음을 구했습니다. 하지만 달마 대사는 뒤도 돌아보지 않았습니다. 신광은 법을 구하려는 일념으로 눈밭에서 밤을 지새웠습니다. 그런 뒤에야 달마 대사가 물었습니다.

"무슨 까닭으로 찾아왔는가?"

신광이 답했습니다.

"법을 구하러 왔습니다."

"너의 믿음을 바쳐라."

신광은 지체하지 않고 칼로 왼팔을 잘라버렸습니다. 그러자 땅에서 파초 잎이 솟아나 잘린 팔을 고이 받들었다고 합니다.

신광은 단검으로 팔을 잘라서 구법의지를 보임으로써 달마 대사에게 혜가慧可라는 법명을 얻었습니다. 설중단비를 통해 스승인 달마와 제자인 혜가가 혈맹을 맺게 됐다고 볼 수 있습니다.

설중단비 후 혜가 스님이 스승인 달마 대사에게 물었습니다.

"스승이시여, 제 마음을 편케 해주소서."

달마 대사가 답했습니다.

"그 마음을 가져오너라."

"마음을 찾아도 찾을 수 없습니다."

"이제 네 마음을 편안하게 해주었다."

초조 달마와 이조 혜가가 주고받은 이 대화는 너무도 유명한 안심安心 법문입니다. 혜가 스님은 이 안심 법문을 통해 불생 불멸不生不滅의 진리를 깨달았습니다.

혜가 스님에게는 담림 스님이라는 사제가 있었는데, 담림 스님 역시 팔이 하나 없었습니다. 산 도적을 만나 팔을 하나 잘리게 된 것입니다. 담림 스님이 혜가 스님을 찾아와 고통을 호소했습니다. 혜가 스님이 상처를 불에 태워 지혈을 시킨 뒤 천으로 잘린 팔을 싸맸습니다. 이튿날 혜가 스님이 담림 스님에게 공양물을 앞에 주고는 말없이 밖으로 나가려고 했습니다. 그러자 담림 스님이 화를 냈습니다.

"아무리 내 팔이 잘려 이 꼴이 됐다지만 어떻게 혜가 스님마저 나를 병신 취급하는가?"

"어서 앞에 둔 보리떡이나 들게나."

"산 도적에게 팔이 잘려서 꼼짝도 못하지 않나."

"담림 스님, 나 역시 팔이 하나 잘려서 없긴 마찬가지네."

일찍이 혜가 스님이 팔이 잘린 고통을 극복할 수 있었던 것은 공관空觀을 익혀 마음을 다스렸기 때문입니다. 그 이야기를 듣고서 담림 스님은 혜가 스님에게 사과했습니다. 사람들은 팔이 하나 없는 수행자라는 의미로 그들을 '무비 림無臂 林'이라고 불렀습니다.

혜가 스님은 달마 대사에게서 가사와 『능가경楞伽經』을 물려받아 2조가 됐고, 담림 스님은 『이입사행론二入四行論』을 받아 적어 스승의 가르침을 문자로 전했습니다. 부처님의 제자로 비유하자면, 혜가 스님은 마하 가섭 존자의 역할을, 담림 스님은 아난 존자의 역할을 한 것입니다.

달마 대사가 독살된 뒤 혜가 스님은 몸을 사려야 했습니다.

그럼에도 불구하고 혜가 스님은 대오大悟를 이룬 터라 따르는 이가 많았습니다. 이를 시기한 보리유지 제자들이 혜가 스님을 '수상한 사람'이라고 관가에 고발했습니다. 결국 혜가 스님은 처형을 당하게 됐습니다. 이때 혜가 스님은 "전생에 지은 묵은 허물의 빚을 이제야 갚는구나"라고 말했습니다. 처형당한 혜가 스님의 몸에서는 흰 젖이 흘러나왔다고 합니다.

혜가 스님에게는 향 거사向 居士라는 제자가 있었습니다. 향 거사는 혜가 스님에게서 깨달음을 인가 받고자 아래와 같은 글을 지었습니다.

영유형기影由形起 향축성래響逐聲來
롱영노형弄影勞形 불식형위영본不識形爲影本
양성지향揚聲止響 부지성시향근不知聲是響根
제번뇌이구열반除煩惱而求涅槃
유거형이멱영喩去形離覓影
이중생이구불과離衆生而求佛果
유묵성이심향喩默聲而尋響

"그림자는 형상에 의해 생기고, 메아리는 소리에 따라
일어난다.

그림자를 버리고 형상을 쫓는 것은 형상이 그림자의 근
본임을 모르기 때문이요,
소리를 내면서 메아리를 없애려 함은 소리가 메아리의
뿌리임을 모르기 때문이다.
번뇌를 제거하고 열반에 나아가려는 것은 형상을 버리
고 그림자를 찾는 것과 같고, 중생을 떠나서 부처를 이
루려 함은 소리를 내지 않고 메아리를 찾는 것과 같다."

– 『경덕전등록』 제3권 –

    향 거사는 스승 없이 수행했음에도 불구하고 정법正法을 제
대로 깨달았던 것입니다. 이를 혜가 스님이 모를 리 없었습니
다. 향 거사가 혜가 스님에게 보낸 서신을 보면 '번뇌煩惱가 곧
보리菩提'이고, '중생이 곧 부처'라는 불이不二 중도中道의 깨달
음이 곳곳에 담겨 있습니다. 하여 혜가 스님은 아래와 답신을
보냈습니다. 역시 『경덕전등록』 제3권 향 거사 조항에서 인용
합니다.

"보내 온 글의 뜻을 자세히 살펴보니 모두가 여실지견
에 부합되고, 참되고 그윽한 이치가 조금도 다르지 않
다. 본래 마니주를 잘못 알아 자갈이라 하였으나 활연
히 깨우치고 보니 진주임에 틀림없다. 무명과 지혜가

차별이 없으니 만법이 모두 그러한 줄 알아라. 두 가지 견해二見를 가진 무리들을 불쌍히 여겨 이글을 쓰노니, 중생과 부처가 다르지 않음을 알면 무여열반은 구해서 무엇 하겠는가."

중생의 자성이 본래 불성임을 알지 못하여, 마치 마니보주를 자갈이라 여긴 것과 같다. 그러나 활연히 깨닫고 보니, 보배구슬이 그대로 진주였음을 알게 된 것이다. 무명의 중생이 지혜의 부처임을 바로 깨달아야 무여열반을 성취할 수 있다. 무명이 지혜인 줄 알고, 범부가 그대로 부처인 줄 안다면 구태여 유여열반이니, 무여열반이니 시비할 것이 없다. 그대로 명백할 따름이다.

삶은 죽음에 환귀본처還歸本處하고, 죽음 또한 삶에 환귀본처한다는 사실을 알면, 태어나고 죽는 것을 나눠서 생각하지 않습니다. 혜가 스님이 눈앞에 죽음이 찾아와도 조금도 꺼리지 않았던 것도 이 때문입니다.

혜가 스님이 처형당함으로써, 달마 대사가 건넨 가사는 나병 환자인 승찬 스님에게로 전해졌습니다. 전법 당시 혜가 스님과 승찬 스님도 선문답을 주고받는데, 그 내용이 안심 법문과 상당히 유사합니다.

나병에 걸려서 얼굴이 일그러진 사내가 혜가 스님을 찾아와 법을 구했습니다.

"전생의 업으로 나병에 걸렸으니, 스님께서 제 죄를 참회하게 해주십시오."

혜가 스님이 답했습니다.

"그 죄를 가지고 오너라. 그럼 참회하게 해주마."

"그 죄를 찾아도 찾을 수 없습니다."

"이미 네 죄는 사라졌으니 참회할 것도 없다. 이제부터 불佛, 법法, 승僧 3보三寶에 귀의해 열심히 수행하도록 하라."

"스님을 뵙고 승은 알았으나, 불과 법이 무엇인지 아직 모르겠습니다."

"마음이 불인 동시에 법이다. 불법에는 어떤 차별도 없느니라."

이 말을 듣고서야 나병 환자는 자신의 안팎은 물론이거니와, 중간에는 더욱 더 죄가 깃들 수 없다는 사실을 깨달았습니다.

혜가 스님은 나병 환자 청년에게 승찬이라는 법명을 내려줬습니다. 훗날 승찬 스님도 법기法機라고 할 수 있는 제자와 법연法緣을 맺게 됐습니다. 열 네 살짜리 행자行者가 승찬 스님을 찾아왔습니다.

"스승이시여, 자비를 베푸시어 부디 해탈의 법을 일러주소서."

"누가 너를 결박했느냐?"

"아무도 저를 결박하지 않았습니다."

"그렇다면 굳이 해탈을 구할 이유가 없지 않은가?"

승찬 스님은 어린 행자가 법기임을 알아 봤습니다. 이 어린 행자가 바로 4조 도신道信 스님입니다.

달마에게서 혜가로, 혜가에서 승찬으로, 승찬에게서 도신으로 이어지는 안심 법문은 듣는 이가 단박에 깨닫게 합니다.

혜가 스님은 찾아도 찾을 수 없는 마음에서 '참된 마음'을 봤고, 승찬 스님은 찾아도 찾을 수 없는 죄에서 일체 '분별이 없는 불성'을 봤고, 도신 스님은 찾아도 찾을 수 없는 구속에서 '참된 해탈'을 봤습니다. 이렇듯 애써 구하지 않아도 지니고 있는 게 바로 불성인 것입니다.

그래서 중국의 황벽黃蘗 선사는 "추우면 옷을 입고 더우면 옷을 벗어라. 걷고 싶으면 걷고 앉고 싶으면 앉아라. 조금이라도 불과佛果를 바라는 생각조차 없게 하라"고 일러줬던 것입니다.

단리망연但離忘緣 즉여여불即如如佛

공문불긍출空門不肯出 투창야대치投窓也大癡
백년찬고지百年鑽古紙 하일출두시何日出頭時

활짝 열린 문으로는 나가지 않고
닫힌 문으로 나가려고 하니 어리석도다.
백 년 동안 옛 경전만 뚫어지게 본들
어느 날 깨달을 때가 있으리오.

— 『지월록』제11권 신찬 선사 —

　중국 당나라의 계현戒賢 스님은 학식이 높아서 문하에는 유
불선儒佛仙에 정통한 수많은 학인들이 모여들었습니다. 신찬神
讚 스님도 계현 스님의 제자입니다. 신찬 스님은 불교의식을
익힌 뒤 경전을 공부하는 한편 틈틈이 참선을 했습니다.
　하루는 계현 스님이 세 명의 제자를 부른 뒤 한 제자에게는
"너는 유가에 밝으니 유교를 더욱 깊이 배워오너라"라고 말했
고, 다른 한 제자에게는 "너는 도교에 밝으니 노장사상을 더욱
깊이 배워오너라"라고 말했고, 또 다른 한 제자에게는 "너는

선미禪味를 맛봤으니 선방에 가서 깨달음을 얻어오너라"라고 말했습니다. 계현 스님은 이렇게 덧붙였습니다.

"너희는 돌아와서 각기 얻은 바를 드러냄으로써, 천하의 자웅을 가려보도록 해라."

계현 스님으로부터 "선방에 가서 깨달음을 얻어오라"는 지시를 받은 것이 바로 신찬 스님입니다. 계현 스님은 세 제자에게 3년 동안 쓸 학비를 하루에 한 냥씩 계산해서 1천 냥씩 건네주었습니다. 하지만 신찬 스님은 은사 스님이 건넨 돈을 마다했습니다. 돈을 지니고 있는 것만으로도 부담이 돼서 참선하는데 장애가 될 것 같았기 때문입니다.

신찬 스님은 백장산의 백장百丈 회해懷海 선사를 찾아갔습니다. 백장 선사는 '일일부작一日不作 일일불식一日不食', 즉, '하루라도 일하지 않으면, 하루 동안 굶는다'는 엄격한 청규淸規를 만든 사람입니다. 신찬 스님은 백장청규에 따르다 보니, 아침저녁 예불시간 말고는 쉴 새 없이 울력에 동참해야 했습니다. 잠자는 시간 말고는 하루 종일 일을 하다 보니, 신찬 스님은 번뇌망상이 일어날 틈이 없었습니다. 바쁜 와중에도 신찬 스님은 틈날 때마다 참선을 했고, 백장 회해 선사로부터 인가를 받았습니다. 그렇게 3년이 흐른 뒤 신찬 스님은 은사 스님이 주석하는 대중사大中寺로 돌아왔습니다. 세 제자가 모두 돌아오자 계현 스님이 차례대로 물었습니다. 먼저 유교를 배운 제자에게 물었습니다.

"너는 그동안 무엇을 배워 왔느냐?"

"삼강오륜三綱五倫으로써 수신제가修身齊家하고 치국평천하治國平天下하는 도리를 배웠습니다."

"유교에는 내생법來生法이 있던가?"

"공자님께서는 전생前生이나 내생來生 이야기는 일체 하시지 않았습니다. 단지 죽음 이전에 선행을 하여 자손만대에 덕德을 심어 갈 것을 강조하였습니다."

계현 스님은 다음으로 도교를 배운 제자에게 물었습니다.

"너는 무엇을 배워 왔느냐?"

"단전복기丹田腹氣함으로써 신선神仙이 되는 도리를 공부하였습니다."

"노자님은 신선神仙 이외의 말은 하지 않던가?"

"복福이 다 하면 타락하여 다시 인간이 되는 것이니, 타락하지 않도록 마음을 무위자연無爲自然하게 살라고 하였습니다."

계현 스님은 끝으로 신찬 스님에게 물었습니다.

"신찬은 무슨 공부를 하였느냐?"

"아무것도 한 것이 없습니다. 그저 밥 먹고 일만 부지런히 하고 왔습니다."

"다른 두 사람은 돈을 짊어지고 갔으니 돈값을 하느라고 애를 썼겠지. 너는 돈 한 푼 없이 빈 몸으로 갔으니 올 때도 가볍게 올 수밖에."

　하루는 신찬 스님이 목욕하는 은사 스님의 등을 밀게 되었습니다. 신찬 스님은 은사 스님의 등을 밀다가 "호호법당好好法堂 불무영험佛無靈驗"이라고 말했습니다. 법당은 참으로 좋은데, 부처님이 영험이 없다는 뜻입니다.

　이 말을 듣고서 은사 스님이 뒤를 돌아봤습니다. 신찬 스님은 "불무영험佛無靈驗 야능방광也能放光"이라고 말했습니다. "영험이 없는 부처님이지만 빛을 발하는 구나"라는 의미입니다.

　여기서 좋은 법당이란 육신을 뜻하고, 영험이 없다는 것은 깨닫지 못했다는 것을 뜻합니다. 그리고 빛을 발한다는 것은, 말을 들을 수 있고, 꼬집히면 아픈 줄 안다는 의미입니다. 계현 스님은 제자의 말이 무슨 의미인지 몰랐습니다.

　며칠 뒤 은사 스님이 경전을 읽고 있었습니다. 때마침 벌 한 마리가 방에 들어와서 열려있는 문으로는 나가지 않고, 종이 창문에 가서 부딪혔습니다. 이 광경을 보고서 신찬 스님이 읊은 시가 바로 위의 게송입니다. 은사 스님은 이 게송을 듣고서야 제자가 심상치 않음을 알았습니다. 하여 계현 스님은 제자에게 무슨 일이 있었는지 자초지종을 물었습니다. 신찬 스님은 백장 스님 문하에서 수행하다가 깨달음을 얻었음을 일러주었습니다. 이 말을 듣고서 계현 스님은 곧바로 대종을 쳐서 대중을 모으고 법석法席을 마련하였습니다. 계현 스님은 제자를 법상에 올려 앉히고, 자신은 제자의 법문을 들었습니다. 법문을 듣기에 앞서 청법게請法偈를 하고 제자에게 3배를 올리기도 했습니다. 이날 법회는 여러모로 기이한 법회였습니다. 제자에게 은사 스님이 절을 하는 것도 기이하고, 은사 스님의 절을 받는 상좌도 기이하였습니다.

법상에 오른 신찬 스님은 이미 이전의 신찬 스님이 아니었습니다. 이날 법회는 신찬 스님이 백장 선사를 대신해 법을 설하는 것이었습니다. 법상에서 신찬 스님이 소리 높여 외쳤습니다.

영광독요靈光獨耀 형탈근진逈脫根塵
체로진상體露眞常 불구문자不拘文字
진성무염眞性無染 본자원성本自圓成
단리망연但離忘緣 즉여여불卽如如佛

신령스러운 빛이 홀로 드러나서 육근六根을 벗어나고
참모습이 나타나니 문자에 구애받을 일이 없도다.
마음은 번뇌망상에 물들지 않아 본래부터 원만하니
망령된 생각만 여의면 그대로가 부처로다.

— 『경덕전등록』 제9권 —

백장 회해 선사의 가르침을 담은 이 법문을 듣는 순간 계현 스님은 그대로 망령된 생각을 여의고, 그대로 부처가 되었습니다. 이후 계현 스님도 제자인 신찬 스님과 함께 백장 선사의 법을 이었습니다.

　　후대의 조사들께서는 신찬 스님의 여여불如如佛이라고 한 불佛 자에 때가 묻었으니 불佛 자가 아닌 도리를 일러보라고 하셨습니다.

　　여러 불자들도 한번쯤 대구를 일러보십시오.

일면불日面佛 월면불月面佛

계성변시광장설溪聲便是廣場舌
산색기비청정신山色豈非淸淨身
야래팔만사천게夜來八萬四千偈
타일여하거사인他日如何擧似人

시냇물 소리가 부처님 설법이고
산 빛이 부처님 법신이니
밤새 내린 비로 물소리 법문을
어떻게 남에게 전해줄 수 있을까?

- 『벽암록』 제37칙 -

 불교의 근본적인 목적은 성불成佛하는 것입니다. 우리 모두
는 불성의 씨앗을 지니고 있습니다. 그런데도 불구하고 부처
님이 되지 못하고 중생으로 살고 있습니다.
 그렇다면 어떻게 성불할 수 있을까요? 내가 누구인지 아는
것입니다. 내가 누구인지 아는 것은 손바닥 뒤집기보다 쉽고
간단합니다.

나옹 스님께서 이르길 "내 이름을 듣는 이는 3악도를 면하고, 내 모양을 보는 이는 곧 해탈을 얻도록 수행하겠습니다"고 발원하셨습니다. 우리는 하루 종일 누군가의 얼굴을 보고 있고, 누군가의 이름을 부르고 있습니다. 그렇다면 하루 종일 보고 있는 얼굴, 부르는 있는 이름의 그 사람이 누구인지 알면 되는 것입니다.

도인으로 알려진 스님에게 한 사람이 찾아왔습니다.
"스님, 도道를 배우러 왔습니다."
"내가 도를 가르쳐줄 테니 잘 배우도록 해라."
이튿날부터 스님은 제자에게 온갖 허드렛일을 시켰습니다. 산에 가서 나무땔감을 구해오고, 그 나무땔감으로 군불을 지피고, 끼니때마다 밥을 짓고, 밭에 나가서 푸성귀도 가꿨습니다. 그렇게 3년이 흘렀습니다. 제자는 스님이 한 번도 도에 대해서는 말하지 않았던 터라 더 이상 헛고생하지 말자고 각오했습니다. 하여 제자는 스님 몰래 걸망을 지고 하산했습니다. 제자가 떠났다는 사실을 뒤늦게 듣고서 스님은 소리쳤습니다.
"이 도적놈아."
이 소리를 듣고서야 제자는 3년 동안 스승이 시킨 허드렛일이 다름 아닌 도에 이르는 길임을 깨달았습니다. 물을 나르고 땔감을 운반하는 것도 묘용妙用 아님이 없습니다. 이런 이치로 보면, 시냇물 소리가 바로 부처님의 소리이고, 산 빛이 바로 부처님의 모습인 것입니다. 앞에 인용한 중국 송나라의 문장가 소동파가 읊은 게송도 그런 소식입니다.

중국의 마조 도일 선사는 "평상심시도平常心是道"라고 설하셨습니다. 평상 시의 마음이 바로 도라는 뜻입니다. 연로한 마조 스님이 몸이 편치 못하자 원주院主 스님이 문안 인사를 왔습니다.
"화상께서는 요즘 몸이 좀 어떠하십니까?"
"일면불日面佛 월면불月面佛이다."
『벽암록碧巖錄』 제3칙 '마대사불안馬大師不安'에 나오는 내용입니다. 평상심시도의 깨달음에 이르면 해의 얼굴을 한 부처님과 달의 얼굴을 한 부처님은 다르지 않은 것입니다. 이는 마치 해가 지면 달이 뜨고, 달이 지면 해가 뜨는 바로 그것입니다.

임제 선사만큼이나 거친 가풍의 소유자였던 운문 선사는 젊은 수좌가 와서 "무엇이 부처입니까?"라고 물었을 때 "간시궐乾屎厥"이라고 답했습니다.
운문 선사는 너무도 잘 알려진 '일일시호일日日是好日'이나 '화약란花藥欄' 같은 공안을 남겼습니다. 젊은 수좌는 불성佛性에 대해 질문했는데, 운문 스님은 난 데 없이 간시궐, 즉 똥 막대기라는 답을 던진 것입니다. 초목에 이르기까지 불성을 지니고 있으니, 무엇을 예로 들어도 상관은 없습니다. 하지만 굳이 부정한 똥 막대기의 비유를 든 이유는 무엇일까요? 철저히 깨달은 사람에게는 깨끗함[淨]과 더러움[不淨]의 경계마저도 없기 때문일 것입니다. 무심의 경계에 들면 똥 막대기를 보는 것입니다.

만해 한용운 스님은 『조선불교유신론朝鮮佛教維新論』을 통해 이렇게 역설했습니다.

"한 마디로 참선의 요점을 나타낸다면 '적적성성寂寂惺惺'이라고 하는 것이 옳을 것이다. 적적寂寂, 즉, 마음이 고요하면 움직이지 않고, 성성惺惺, 즉, 마음이 늘 깨어 있으면 어둡지 않을 수 있다. (중략) 요즘의 참선하는 사람들은 참 이상하다. 옛사람들은 그 마음을 고요하게 가졌는데, 요즘 사람들은 그 처소를 고요하게 가지고 있다. 옛사람들은 그 마음을 움직이지 않았는데 요즘 사람들은 그 몸을 움직이지 않고 있다. 그 처소를 고요하게 가지면 염세厭世가 되는 것뿐이며, 그 몸을 움직이지 않으면 독선이 안 되려고 해도 안 될 수 없을 것이다. 불교는 구세의 가르침이요, 중생 제도의 가르침인데 부처님의 제자 된 사람으로서 염세와 독선에 빠져 있을 따름이라면 잘못된 일이 아니겠는가?"

이는 생활선을 일깨우신 것입니다. 수행자는 고요한 처소가 아니라 고요한 마음을 지녀야 합니다. 모든 것은 마음이 만든 것이기 때문입니다. 한 번 눈에 가려지면 헛꽃[空華]이 어지러이 떨어지게 마련이니, 만물은 마음이 빚어내는 헛꽃이며 마음은 만물에 의해 가려져 있는 것입니다.

『법구경』에 이르길 "마음은 잠시도 가만히 있지 못하고 변덕스러워서 지키기가 어렵고 제어하기가 어렵지만, 활 만드는 장인이 화살을 곧게 하듯이 지혜로운 이는 마음을 바르게 할 수 있다"고 했습니다.

옛날 중국의 유명한 장수가 말을 타고 산길을 가다가, 길 앞에 호랑이 한 마리가 웅크리고 있는 것을 보고서 본능적으로 활을 쏘았습니다. 그런데 조심스럽게 가서 살펴보니 호랑이가 아니고 호랑이처럼 생긴 바위 덩어리였습니다. 장수는 바위에 화살이 깊이 박힌 것을 보고서 놀랐습니다. 장수는 활을 쏘았던 장소로 다시 가서 활을 다시 쏘았습니다. 화살은 바위를 뚫지 못하고 튕겨나가고 말았습니다. 마음먹기에 따라서 화살이 바위도 뚫을 수 있는 것입니다.

깃발이 흔들리는 것을 보고 어떤 사람은 깃발이 흔들린다고 하고 어떤 사람들은 바람이 흔들린다고 했습니다. 하지만 육조 혜능 대사는 "흔들리는 것은 깃발도 아니고 바람도 아니다. 마음이 흔들리는 것이다"라고 설했습니다. 지혜로운 사람은 절대로 칭찬하거나 비난하는 말에 마음이 흔들리지 않습니다.

여자출정화女子出定話

공수파서두空手把鋤頭
보행기수우步行騎水牛
인종교상과人從橋上過
교류수불류橋流水不流

맨손인데 호미를 잡았고
걸어가는데 소를 탔다.
사람이 다리 위를 건너가는데
다리는 흐르고 물은 멈추어 있네.

- 『경덕전등록』 제27권 -

'여자출정女子出定' 화두는 『선문염송』 제32화로 유명합니다. 하루는 부처님께서 설법을 마치시자 청법聽法 대중이 모두 각자의 처소로 돌아갔는데, 한 여인이 부처님 근좌近座에서 좌정한 채 자리를 뜰 줄 몰랐습니다. 문수보살이 그 광경을 보고 부처님께 여쭈었습니다.

"대중이 모두 돌아갔는데, 어찌하여 저 여인은 자리를 뜨지 않고 저렇게 앉아있습니까?"

"저 여인이 정定에 들어 있으니, 문수 너의 신력神力으로 저 여인이 정에서 나오도록 한번 해 보아라."

부처님의 말씀을 듣고서, 문수보살이 신통으로 백천 문수를 허공중에 나투게 하고, 위요삼잡圍繞三匝을 하고, 탄지彈指를 해보았으나, 여인은 선정에서 나오지 않았습니다. 부처님께서 그 광경을 지켜보시고는 말했습니다.

"문수야, 네가 비록 백천 신통묘용百千神通妙用을 나투어도 너의 신력으로는 저 여인을 정에서 나오게 할 수 없다. 하방下方 42국토를 지나가면 망명罔明이라는 초지 보살初地菩薩이 있는데, 그 보살이라야 저 여인을 정에서 나오게 할 수 있다."

이 말씀이 끝나자마자 망명 보살이 땅에서 솟아나와 부처님께 예배를 올렸습니다. 부처님께서 입정入定한 여인을 가리키셨습니다.

"저 여인이 정에 들어 있으니, 망명 네가 여인을 정에서 나오게 해 보아라."

망명 보살이 여인을 향하여 손가락을 한 번 튕기자, 여인이 바로 정에서 나왔습니다.

이상이 부처님께서 설하신 '여자출정화女子出定話'의 가르침입니다. 석가모니 부처님께서 3처전심三處傳心 말고도 특별히 고준高峻한 공안公案을 제시한 것입니다.

10지 이상 보살十地以上菩薩로서 과거 7불過去七佛의 스승이란 문수보살文殊菩薩조차 출정出定시키지 못한 것을 어떻게 겨우 초지 보살初地菩薩인 망명 보살罔明菩薩이 출정시켰던 것일까요?

깨치고 보면 십지 보살이나 초지 보살이 다름이 없으니, 이는 6십2억 보살六十二億菩薩과 한 분의 관음觀音보살이 평등平等하다는 의미와 같습니다. 문수보살文殊菩薩조차 출정出定시키지 못한 것을 망명보살罔明菩薩이 출정시킨 해답은 유마 거사의 침묵에서 찾을 수 있을 것입니다.

서른 한 분의 보살이 입불이법문入不二法門에 대해 설한 뒤 유마 거사가 말했습니다.

"어떻게 해야 상대적인 차별을 뛰어넘는 법문에 들어가는지 말씀해 보십시오."

문수보살이 말했습니다.

"일체 법에 언설言說이 없으며 보임도 없고 앎도 없어서, 모든 문답을 떠난 것이 둘이 아닌 법문에 들어가는 것입니다. 저희는 각자 자신들의 생각을 말하였습니다. 당신께서 말하실 차례입니다. 입불이법문이 무엇입니까?"

유마 거사는 대답 대신 아무 말 없이 침묵하였습니다. 문수보살은 감탄한 뒤 말하였습니다.

"참으로 훌륭합니다. 언어와 문자를 떠난 것이야말로 불이의 경지에 들어가는 법문입니다."

유마 거사의 침묵을 보고서 5,000여 보살이 무생법인無生法忍을 얻었습니다. 유마 거사의 말 없는 법문을 일컬어 '유마의 일묵一默', '묵불이默不二'라고 합니다. 예부터 선가禪家에서는 "유마의 일묵一默이 만뢰萬雷와 같다"고 찬탄해왔습니다. 『벽암록』 84칙에서는 유마 거사의 침묵이 무슨 뜻이냐고 묻고 있습니다.

유마 거사의 침묵은 '언설을 떠난 경지'입니다.

의상 대사의 「법성게法性偈」에는 아래와 같은 구절이 있습니다.

> 법성원융무이상法性圓融無二相
> 제법부동본래적諸法不動本來寂
> 무명무상절일체無名無相絕一切
> 증지소지비여경證智所知非餘境

> 법성은 원융하여 두 모습이 아니고
> 모든 법은 움직이지 않고 본래 고요하니
> 이름도 모양도 없으며 모든 것이 끊겨
> 증득한 지혜로 안다는 것이 다른 경계가 아니네.

법성은 깨달아야 알 수 있는 것입니다. 중국의 황벽黃檗 스님이 지은 『전심법요傳心法要』에는 아래와 같은 구절이 있습니다. 이 구절은 배휴裵休에게 전한 가르침입니다.

"모든 부처님과 일체중생이 오직 한마음—心이요, 다시 다른 법은 없느니라. 이 마음이 시작함이 없는 그때로부터 지금까지 생기거나 멸하지 않았다. 푸른 것도 누런 것도 아니며 형상도 없고 모양도 없다. 있는 것에도 속하지 않으며 없는 것에도 속하지 않으며, 새롭거나 오래됨을 따질 수도 없다. 긴 것도 아니고 짧은 것도 아니며, 큰 것도 아니고 작은 것도 아니다."

황벽 스님은 백장 회해百丈懷海 선사의 문하로서, 황벽산에 살면서 선풍을 일으켰고, 문하에 임제 선사와 같은 걸물을 배출하였습니다.

황벽 스님의 가르침에서 알 수 있듯 일체의 모든 분별을 뛰어넘은 것이 곧 마음입니다. 이 마음을 황벽 스님은 일심—心이라고 했고, 의상 대사는 법성法性이라고 했습니다. 이 마음이 바로 우주만물의 진여眞如인 것입니다.

도불용수道不用修와 무수무증無修無證

어떻게 하면 성불할 수 있을까요?

예부터 조사스님들은 다양한 공부 방법을 후학들에게 일러 주셨습니다. 경전을 공부해 혜안을 얻는 방법, 염불을 많이 해서 삼매에 드는 방법, 주력진언을 외워서 삼매에 드는 방법 등이 불교의 공부입니다. 이러한 불교공부 중에 단연 최고는 참선이라고 할 수 있습니다.

참선은 출가자든 재가자든, 남자든 여자든, 젊었든 늙었든 누구나 할 수 있는 수행이기도 합니다.

마조 도일 선사는 당나라 개원開元 년간年間 전법원傳法院에서 선정禪定을 하다가 남악 회양南岳懷讓 선사를 만났습니다. 남악 회양 선사는 마조 도일 선사가 법기法機임을 알아보고는 물었습니다.

"대덕大德은 좌선坐禪하여 무엇을 하려 하시오?"

마조 도일 선사가 답했습니다.

"부처가 되려고 합니다."

남악 회양 선사는 벽돌 한 개를 가져와 갈기 시작했습니다. 이 모습을 보고서 마조 도일 선사가 물었습니다.

"벽돌을 갈아서 어쩌려 하십니까?"

"갈아서 거울을 만들려 하오."

"벽돌을 간다고 어떻게 거울이 되겠습니까?"

"벽돌을 갈아 거울이 되지 못한다면, 좌선하여 어떻게 부처가 되겠는가?"

이 말을 듣는 순간 마조 도일 선사는 정신적 충격을 받았습니다.

"그러면 어떻게 해야 합니까?"

"소 수레가 가지 않는다면 수레를 때려야 하겠는가? 소를 때려야 하겠는가?"

마조 도일 선사가 대답이 없자 남악 회양 선사가 다시 말을 이었습니다.

"그대는 좌선을 배우고자 하는가? 아니면 좌불坐佛을 배우고자 하는가? 만약 좌선을 배우고자 한다면 선禪은 앉거나 눕는 것이 아니며, 좌불을 배우고자 한다면 부처는 정해진 모습이 아니다. 머묾 없는 법에서는 취하거나 버리지 말아야 한다. 그대가 좌불을 따른다면 곧 부처를 죽이는 것이니, 만약 앉은 모습에 집착한다면 그 이치에 통하지 못하기 때문이다."

마조 도일 선사는 깨달은 바가 있어서 남악 회양 선사에게 절을 한 뒤 물었습니다.

"어떻게 해야 무상삼매無相三昧에 부합할까요?"

"그대가 심지법문心地法門을 듣는 것은 종자[佛]를 뿌리는 것 같고, 내가 법요法要를 설하는 것은 하늘에서 비를 뿌리는 것과 같으니 그대의 인연이 맞아 도를 본 것이다."

"도는 빛이나 형상이 아닌데 어찌 보았다고 하십니까?"

"심지법을 보는 눈이라야 도를 볼 수 있느니 무상삼매의 경우도 그렇다."

"이루어짐과 무너짐이 있습니까?"

"만일 이룸, 무너짐, 모임, 흩어짐 따위로 도를 보면 도를 본 것이 아니다."

말끝에 남악 회양 선사는 이렇게 게송을 읊었습니다.

"마음 바탕에 모든 종자가 묻혔으니 비를 만나면 모두 싹이 튼다. 삼매의 꽃은 형상이 없거늘 무엇이 무너지고 무엇이 이루어지랴."

육조 혜능 선사로부터 남악 회양 선사에게로, 다시 마조 도일 선사에게로 계승되는 전법상승의 가르침은 도불용수道不用修와 무수무증無修無證입니다. 도불용수는 '도는 닦아서 이루는 것이 아니다'는 의미입니다.

남악 회양 선사가 찾아왔을 때 육조 혜능 선사는 "어떤 물건이 왔느냐?"고 물었습니다. 남악 회양 선사는 "설사일물즉부중設似一物卽不中"이라고 대답했습니다. "설령 한 물건이라 해도 맞지 않습니다"라는 뜻입니다. 이에 육조 혜능 선사는 "수행해 증득할 것이 있느냐?"고 물었고, 남악 회양 선사는 "오염시켜서는 안 된다"고 대답했습니다. 남악 회양 선사의 제자였던 터라 마조 도일 선사도 "도불용수道不用修 단지오염但只汚染"를 역설했던 것입니다. 도는 닦아서 이루는 것이 아니다. 다만 오염시켜서는 안 된다"는 뜻입니다.

　좌선을 한다고 부처가 될 수 있는 게 아닙니다. 작위적인 행동은 오히려 도에서는 멀어지게 합니다. 무념무작無念無作할 때만이 오염되지 않은 도를 지닐 수 있는 것입니다. 『소품반야경小品般若經』에 이르길, "반야무오염般若無汚染"이라고 했습니다. 반야는 더러움에 물들지 않는다는 의미입니다. 본원청정심은 더러움에 물들지 않는 청정한 마음이니 닦거나 증득할 것이 없는 것입니다.

　남악 회양 선사와 마조 도일 선사의 선문답에서 알 수 있듯, 성불을 하기 위한 방법은 선방에 앉아 있는 것만이 능사는 아닙니다. 그렇다고 해서 선방에서 용맹정진하는 수좌들을 업신여기는 것은 아닙니다. 하지만 철마다 선방에 가서 동안거와 하안거 결제에 동참해 화두를 들고 참선하더라도 그 공안을 투관하지 못한다면, 이는 남악 회양 선사가 설하신 가르침을 새겨야 할 것입니다.

화두라는 게 다른 데 있는 게 아닙니다. 많은 불자가 관세음보살을 염호念呼합니다. 그런데 이 관세음보살을 부르는 사람이 누구인지는 잘 모르고 있습니다. 다시 말해 관세음보살을 부르고 있는 자신이 누구인지 모르고 있다는 것입니다. 관세음보살을 부르고 있는 사람이 누구인가, 하는 질문. 이 화두가 바로 '이 뭣고'입니다.

관세음보살을 부르는 이 사람을 살펴보십시오. 관세음보살을 입이 부르고 생각이 부르고 마음이 부르는 사람을 살펴보노라면, 절로 스스로를 바로 보는 견해가 생기고, 그러면 통찰의 경계, 즉, 심지법心地法을 보는 안목이 열릴 것입니다.

화두를 투철히 관하다 보면 어느 순간 잡념이 사라집니다. 자신도 모르는 사이에 일념에 드는 것입니다. 이를 일컬어 바로 정定이라고 합니다.

관세음보살을 부르는 사람을 확실하게 아는 것이 바로 밝은 지혜인 혜慧입니다. 정과 혜는 떨어질 수 없는 불가분不可分의 관계입니다.

본원청정심本源淸淨心 본원청정불本源淸淨佛

여력사미액내주如力士迷額內珠
향외구멱向外求覓 주행시방周行十方 종부능득終不能得
지자지지智者指之 당시자견본주여고當時自見本珠如故

마치 역사가 저기에게 보배 구슬이 있는 줄 모르고
밖에서 구슬을 찾아 시방세계를 두루 다녀 보았지만 끝
내 찾지 못하다가 지혜 있는 사람이 그것을 가르쳐 주
면 그 자리에서 스스로 본래 구슬을 보는 것과 같은 까
닭이다.

황벽 스님이 지은『전심법요』의 한 구절입니다. 위 구절은『대
반열반경大般涅槃經』「여래성품如來性品」에 나오는 우화를 근간으
로 한 것입니다. 오래 전 왕족을 지키는 역사力士가 살았습니다.
이 역사는 미간에 다이아몬드를 붙이고 있었지만, 수시로 다른
역사와 다투다가 머리를 부딪치는 바람에 다이아몬드가 피부 속
으로 들어가 보이지 않게 되었습니다. 역사는 다이아몬드를 잃
어버린 줄 알고 몹시 안타까워했습니다. 훗날 양의良醫로부터

다이아몬드가 자신의 미간에 파묻혀 있다는 사실을 알고서 크게 깨달았다고 합니다. 위 구절의 앞 구절은 아래와 같습니다.

불가장심갱구어심不可將心更求於心
력천만겁종무득일歷千萬劫終無得日
불여당하무심不如當下無心 변시본법便是本法

마음을 가지고 다시 마음을 구해서는 안 되며
천만 겁이 지나도 끝내 체득하는 날이 없을 것이다.
지금 즉시 무심한 것만 못하니 그 무심이 본래 법이다.

『대반열반경大般涅槃經』에는 "자신을 등불로 삼아 스스로 귀의할 곳으로 여기고 남을 귀의할 곳으로 여기지 않으며, 불법佛法을 등불로 삼아 불법을 귀의할 곳으로 여기고 다른 곳을 귀의할 곳으로 여기지 말라"는 구절이 있다. 이 구절을 줄여서 '자등명自燈明 법등명法燈明'이라고도 하고, '자귀의自歸依 법귀의法歸依'라고도 합니다. '자등명 법등명' 혹은 '자귀의 법귀의'는 열반이 가까워진 부처님께서 아난 존자의 간청에 따라서 설하신 말씀이어서 열반게송으로도 소개되기도 합니다.
　'자등명 법등명'이라는 부처님의 가르침에서 알 수 있듯 불교는 타력신앙보다는 자력신앙에 가깝습니다. 자신과 불법을 귀의처를 삼아야지, 타인을 귀의처로 삼아서는 안 되는 것입니다. 자신에게 의지하라는 가르침은 『법구경法句經』에도 쓰여 있습니다.

> "자신의 마음을 스승으로 삼아라. 남을 스승으로 삼지 말라. 자신을 잘 닦아 스승으로 삼으면 능히 얻기 어려운 스승이 되나니, 너는 너의 귀의할 곳을 만들라. 부지런히 힘쓰고 지혜로워지도록 해라. 마음의 더러움이 없는 사람은 거룩하고 빛나는 하늘에 날 것이니, 나는 나를 주인으로 한다. 나 밖에 따로 주인은 없다. 그러므로 마땅히 나를 잘 다루어야 한다. 말을 다루는 장수처럼."

실제로 사람은 약해서, 작은 일에도 동요하면서 부화뇌동附和雷同하기 쉬운 존재입니다. 사람들은 무리를 지어서 행동하는 까닭에 군중심리에 휩쓸립니다. 이는 결국 자신이 약하기 때문입니다. 자신이 약하고 주체적이지 못하다는 사실을 스스로도 잘 알고 있습니다. 어떻게 보면 불교는 의지할 절대자가 없는 까닭에 냉혹한 종교입니다. 하지만 어디에 의지하는 게 가장 지혜로운지 생각해봐야 합니다. 사람은 고독할 때 자신의 본래면목을 제대로 볼 수 있습니다. 그리고 고독이 가장 사무칠 때는 죽음에 임박했을 때입니다.

유일신교 신자는 절대자에게 의지하지만, 불교신자는 불법佛法, 즉, 부처님의 가르침에 의지합니다. 부처님께서는 "나를 보고자 하는 사람은 누구든지 나의 가르침을 배우고 그것을 실천하라"고 하셨습니다. 부처님이 된다는 것은 부처님처럼 산다는 것이고, 부처님이 체득하신 진리를 실천한다는 것입니다.

원효 대사는 『발심수행장發心修行章』을 통해 "오늘부터 잘 해야지 하면서도 악업惡業은 날로 늘어나고, 내일부터 잘 해야지 하면서도 선업善業은 날로 줄어들며, 올해부터 잘 해야지 하면서도 번뇌가 끝이 없고, 내년부터 잘 해야지 하면서도 깨달음은 자꾸 멀어지네"라고 설했습니다. 삶의 시간은 움켜쥔 모래와 같아서 자신도 모르는 사이 손아귀를 빠져나갑니다. 쏜살같이 흘러가서는 죽음에 이르는 것입니다.

부처님께서는 마갈타국의 남산에 있는 바라문 촌으로 탁발을 나가셨습니다. 마침 밭을 갈고 씨 뿌리는 봄철이었습니다.

이 마을 대지주인 바르드바자가 일꾼들에게 음식을 나누어 주고 있었습니다. 이때 부처님도 농부들 뒤에 서서 당신의 차례가 오기를 기다렸습니다.

평소 부처님과 부처님의 제자들을 놀고먹는 사람들로 좋지 앓게 생각해온 바라드바자는 이렇게 말했습니다.

"사문이여, 여기는 밭 갈고 씨 뿌리는 사람이 아니면 음식을 줄 수가 없소이다. 그러니 밭을 갈고 씨를 뿌리면 음식을 주겠소."

이에 부처님은 대답했습니다.

"바라문이여, 나도 밭을 갈고 씨를 뿌리느니라."

"당신이 밭 갈고 씨를 뿌린다고 했소? 나는 당신이 소를 끌거나 쟁기와 괭이를 들고 있는 모습을 한 번도 본 적이 없는데, 부처님도 거짓말 하십니까?"

부처님께서는 게송으로 설하셨습니다.

"마음은 나의 밭, 믿음은 내가 뿌리는 씨앗이다. 지혜는 밭을 가는 나의 쟁기이고 날마다 악업을 뽑아 없애고 선업을 쌓으니, 이것이 밭의 잡초를 뽑는 김매기다. 내가 타고 다니는 소는 정진이니, 나는 이렇게 밭을 갈고 씨를 뿌려 감로의 결실을 거두노라."

이 말씀에 바라드바자는 진심으로 부처님께 귀의하고, 우유죽을 바리때에 가득 채워 공양하면서 "부처님이야말로 참으로 밭을 가는 분이요, 중생들에게 열반의 열매를 맺게 하는 가장 훌륭한 농부이십니다"라고 찬탄하였습니다.

불자 여러분들은 각기 자신을 점검해 보십시다.

지금 나는 마음 밭을 잘 경작하고 있는가?

지금 내 믿음의 씨는 잘 자라고 있는가?

오늘 마음 밭의 잡초를 몇 개나 뽑았는가?

지금 정진의 소는 잘 가고 있는가?

불자라면 마땅히 매일같이 자신을 점검하며 마음공부를 이어가야 합니다. 이렇게 열심히 정진하여 악업을 뽑아 없애고, 선업을 쌓아 감로의 결실을 거두어야 합니다.

『반니원경般尼洹經』에 이르길, "수행자가 마음을 스스로 열면 앉아서 생각만 하여도 곧 천상의 이를 볼 것이며, 인간의 일을 모두 알 것이며, 지옥이나 아귀 축생들의 좋고 나쁜 세상에 태어남을 보는 것이, 마치 맑은 물속에 있는 모래와 돌들이 어떠한 모양을 하고 있는지를 사실대로 보는 것과 같으니라. 물이 맑으면 물속의 현상을 볼 수 있듯이 마음이 깨끗하고 맑아야 윤회를 벗어날 수 있느니라. 물이 흐리면 물의 깊고 얕음이나 물의 밑바닥의 현상을 볼 수 없는 것처럼, 마음이 깨끗하지 못하고 맑지 못하면 고통이 있는 세상을 벗어나지 못하나니, 이것은 마음이 더럽고 흐리기 때문이니라"라고 설하셨습니다. 물속의 현상을 사실대로 볼 수 있는 맑은 물은 다름 아닌, 오염지 않은 본원청정심本源淸淨心입니다.

부처님의 가르침은 마음이라는 두 글자로 귀결되므로, 마음이 곧 불법이고 불법이 곧 마음입니다. 따라서 마음 밖에는 불

법이 없고, 불법 밖에는 마음이 없습니다. 마음은 절로 무심無
心하므로, 만약에 의도적으로 무심하고자 한다면 도리어 유
심有心이 될 것입니다. 모든 생각을 여읜 것이어서 감히 언어
로는 표현할 수 없는 이 마음이 본래 청정한 부처입니다. 그리
고 본래 청정한 부처의 이 마음은 누구나 다 지니고 있는 것입
니다. 부처님께서 "내가 무상정각無上正覺에서 실로 얻은 것이
없으니 만약 얻은 것이 있었다면 연등불께서 내게 수기授記하
지 않으셨을 것이다"고 설하셨던 것도 같은 이유입니다. 본원
청정심本源淸淨心은 중생이나 부처님이나 두루 평등하여 너나
할 것 없이 지니고 있는 것이고, 항상 스스로 밝아서 널리 비
추고 있는 것입니다.

본원청정심은 분별하지 않는 마음이며, 때 묻지 않은 맑고
투명한 마음입니다. 한 제자가 "어떻게 해야 도道에 들어갈 수
있습니까?"라고 묻자 달마 대사는 "밖으로는 모든 반연攀緣을
쉬고 안으로는 헐떡거리는 생각이 없어서 마음이 벽壁과 같아
야 비로소 도道에 들어갈 수 있다"고 설했습니다.

무심한 마음이 바로 본원청정심인 것입니다. 본원청정심으
로 보면 중생과 부처가 다르지 않습니다.

은현원무정隱見元無定 광음각유시光陰各有時

『법구비유경法句譬喩經』에는 이런 구절이 있습니다.

"마음은 우주의 근본, 만상의 본체이고, 한 생각 뛰어나온 현상은 그림자이네. 이 마음 고요 속에 착한 일 생각하면 거울 속 얼굴처럼 언행이 일치하리라."

『증일아함경增一阿含經』에는 이런 구절이 있습니다.

"악한 일 멀리하고 힘 따라 선행하며 내 마음 밝힌다면 모든 부처 미소 짓네."

마음을 맑게 하면 행동 또한 반듯해진다는 것을 일깨워주는 부처님의 가르침입니다. 마음은 모든 여래如來를 만듭니다. 마음은 뛰어난 화가와 같습니다. 그런 까닭에 60권본 『화엄경華嚴經』 「야마천궁보살설계품 제16」에도 "마음과 부처와 중생은 차별이 없다"고 쓰여 있는 것입니다.

참된 지혜와 교묘한 방편이 있는 사람은 조그만 인연만 있어도 능히 큰마음을 내어 진리의 길에 들어서지만, 게으른 사람은 아무리 큰 인연이 있다손 치더라도 마음을 내어 진리의 길에 들어서기가 어렵습니다. 그러므로 수행자는 마음을 굳게 지니고 뜻을 세울 줄 알아야 하며 좋은 인연을 만나면 밀고 나가는 용기와 결단력이 필요합니다.

부처님께서 급고독원給孤獨園에서 공양을 받고 계실 때 대중 가운데 한 사람이 물었습니다.

"세존께서는 어떤 인연으로 부처가 되어 중생들을 이익 되게 하였는가? 우리도 큰마음을 내어 도를 이루고 중생들을 이익 되고 편안하게 하자."

아난 존자는 대중의 이러한 마음을 헤아려 부처님 앞에 나아가 사뢰었습니다.

"세존이시여, 세존께서는 전생에 어떤 인연을 지으셨기에 대도大道의 마음을 내셨는지 대중들은 모두 궁금해 하고 있습니다. 바라옵건대, 세존께서는 대중의 궁금함을 풀어 주시고 이익 되게 하소서."

부처님께서 말씀하셨습니다.

"참으로 좋은 질문이구나. 너의 그 질문은 많은 사람들을 이롭게 할 것이다.

자세히 듣고 잘 명심하라."

그때 그곳에 모여 있던 대중은 고요히 앉아서 침묵을 지켰습니다.

부처님께서 아난다에게 말씀하셨다.

"아주 먼 옛날 이 사바세계에 '대광명大光明'이라는 왕이 천하를 통치하고 있었다. 그는 큰 복덕이 있고 슬기롭고 총명하며 용감하여 일국의 왕으로서 조금도 손색이 없었다. 왕은 그 나라 변방의 한 국왕과 매우 가까이 지내고 있었는데, 서로 부족한 것이 있으면 아낌없이 도와주곤 하였다. 어느 날 변방의 왕은 깊은 산으로 사냥을 나갔다가 코끼리 새끼 두 마리를 발견하였는데, 참으로 희한한 짐승이었다. 희기로는 목화보다 더 희고, 맑기는 수정보다 더 고운 털을 갖고 있었으며, 단정하고 귀엽기는 무엇과도 비교할 수 없었다. 왕은 기쁘고 사랑스러워 이를 금은보화로 곱게 장식하여 대광명왕에게 선사하였다. 대광명왕은 무척 기뻐하였다. 코끼리 다루는 사람인 상사象師를 불러 명령하였다.

'경은 이 코끼리를 맡아 보살펴 기르고 잘 훈련시키도록 하오!'

상사는 분부를 받고 온갖 정성을 다해 코끼리를 보살피며 훈련시켰다.

그러던 어느 날 상사는 왕에게 나아가 아뢰었다.

'대왕이시여, 제가 다룬 코끼리는 이제 잘 훈련되었습니다. 왕께서는 시험하여 보소서.'

왕은 북을 울려 많은 신하들을 운집시킨 뒤, 함께 그 시험장에 참석하였다. 대중이 모이자 왕은 코끼리를 탔다. 그 모습은 마치 밝은 태양이 동해에서 솟아오르는 것 같았다. 왕은 코끼리를 타고 시험장 안으로 들어섰다. 그런데 이 원기 왕성한 코끼리는 마침 여러 코끼리들이 연못가에서 연뿌리를 먹는 것을 보자 이제까지 숨어 있던 수컷의 본능이 되살아나 미친 듯이 암컷 코끼리를 쫓아 숲속으로 들어갔다. 암컷은 한없이 뛰었고 수컷도 계속 쫓았다.

　왕이 썼던 관은 땅에 떨어져 나뒹굴었고 옷은 찢기고 몸은 나뭇가지에 긁히어 만신창이가 되었다. 왕의 제복은 피로 붉게 물들었다. 현기증이 나고 죽을지도 모른다는 생각에 두려워진 왕은 뒤를 따르고 있는 상사象師를 향해 소리쳤다.

　'상사여, 어떻게 하면 생명을 건질 수 있겠는가?'

　'대왕이시여, 숲속에는 나무가 많으니 아무거나 붙잡으십시오. 그래야만 사실 수 있습니다.'

　왕은 나무를 붙잡았다. 코끼리는 지나가고 왕은 나무에 걸렸다. 나무에서 내려온 왕은 자신의 모습을 보며 괴로워하면서 정신없이 숲을 나왔다. 한편 상사는 왕의 표정을 살피고는 나아가 머리를 조아리고 말했다.

　'바라옵건대 대왕은 근심을 거두소서. 그 코끼리는 이제 암컷을 쫓는 본능이 가라앉았을 것입니다. 그 코끼리는 더러운 풀, 흐린 물이 먹기 싫어 필히 궁중의 깨끗하고 기름지며 맛난 풀을 생각하고 제 발로 걸어 돌아올 것입니다.'

왕은 이제 코끼리라면 몸서리가 났다.

'나는 이제 다시는 경이나 코끼리는 생각하지 않겠다. 그 코끼리로 인해 나는 생명을 잃을 뻔했다.'

코끼리는 숲에서 더러운 물을 마시고 풀을 뜯다가 궁중의 부드럽고 맛있는 풀과 텁텁한 뜨물 등이 생각나서, 음욕의 불꽃이 꺼지자 질풍같이 달려서 성으로 돌아왔다. 상사는 이를 보자 곧 왕에게 아뢰었다.

'대왕이시여, 달아났던 코끼리가 돌아왔습니다.'

왕은 대답하였다.

'나는 이제 경도 코끼리도 모두 필요 없다.'

상사는 다시 말했다.

'대왕께서는 너그러이 생각하시고 제가 코끼리 다루는 솜씨를 보아주십시오.'

왕은 코끼리 다루는 대회를 열기로 했다. 이 소식을 듣고 많은 사람들은 성 안으로 모여들었다. 왕은 궁중에서 나와 대회장으로 향했다. 상사도 코끼리를 이끌고 대회장으로 나갔다. 왕은 대장장이에게 부탁해서 철환 일곱 개를 만들어 불에 시뻘겋게 달구게 했다. 상사는 왕이 철환을 코끼리에게 먹일 것임을 알고 있었다. 상사는 왕에게 간청했다.

'이 흰 코끼리는 오직 전륜성왕만이 가질 수 있는 것입니다. 그런데 대왕께서는 조그만 허물을 가지고 이 코끼리를 버리려 하십니까?'

'코끼리가 잘 훈련되었다면 왜 사고를 냈겠느냐. 잘 훈련되지 않은 코끼리는 내겐 필요 없다. 따라서 경도 내게는 소용없는 사람이다.'

상사는 코끼리에게 철환을 주면서 명령하였다.

'이 철환을 먹어라. 만일 먹지 않는다면 쇠갈고리로 네 머리를 찍어서 죽이리라.'

코끼리는 차라리 뜨거운 철환을 먹고 죽을지언정 쇠갈고리에 찍겨 죽지는 않겠다고 생각했다. 코끼리는 무릎을 꿇고 왕에게 구해줄 것을 바랐다. 왕은 코끼리를 숫제 외면했다. 코끼리는 사방을 둘러보았다. 하지만 어디에도 목숨을 구해 줄 사람은 없었다. 코끼리는 철환을 집어 삼켰다. 코끼리는 바닥에 쓰러졌다. 철환은 코끼리의 내장을 태우고도 계속 시뻘겋게 타고 있었다.

운집한 대중이 모두 슬피 울었다. 산천초목도 따라서 울었고, 하늘과 땅도 따라서 울었다. 왕은 이내 후회하면서 상사에게 물었다.

'왜 숲속에서는 코끼리를 제지시키지 못했는가?'

상사는 왕 앞에 꿇어앉아 대답하였다.

'대왕이시여. 저는 코끼리의 몸은 다룰 수 있으나 마음만은 다루지 못합니다.'

'그렇다면 몸과 마음을 모두 다룰 수 있는 사람도 있는가?'

'오직 부처님만이 가능합니다.'

'그대가 말하는 부처님은 누구인가?'

'부처님은 두 가지 종성種姓으로부터 나왔습니다. 첫째는 지혜요, 둘째는 자비입니다. 그 분은 여섯 가지 바라밀波羅蜜을 갖추어 부지런히 수행하여 복과 지혜를 구족하였기 때문에 부처님이라고 부릅니다. 부처님은 자신뿐만 아니라 모든 중생까지도 잘 다룹니다.'

왕은 상사의 말을 듣고 기쁜 마음으로 목욕재계하고 향을 사른 뒤, 높은 누각에 올라 사방에 예배하고는 뭇 생명을 가엾이 여기는 마음을 일으켜 서원을 세웠다.

'제가 부처가 된 뒤에는 자신과 뭇 생명을 잘 다루는 자가 되겠습니다. 만약 한 중생을 위해 끝없이 고통스러운 지옥에 들어가 한량없는 세월을 지내는 한이 있더라도, 그것이 그 생명 있는 자에게 이익이 된다면 저는 결코 깨달음을 향한 마음을 버리지 않겠습니다.'

이렇게 서원을 세우자 천지는 진동하더니 허공에서는 왕을 찬미하는 소리가 들렸다.

'당신은 멀지 않은 장래에 부처님이 될 것이오. 그때가 되거

든 잊지 말고 우리들을 제도하여 주십시오. 우리도 이 청정한 법회에 한 몫을 감당하고 싶습니다.'

전생에 철환을 먹은 코끼리가 지금의 난타이고, 상사가 사리불이며, 광명왕이 지금의 나이니라. 나는 전생에 코끼리가 잘 훈련되어 순종하는 것을 보았기 때문에 비로소 도의 마음을 내어 진리를 깨달아 여래가 되었느니라."

부처님의 설법에서 알 수 있듯 수행하는 자는 부지런히 정진하여 도를 이뤄야 합니다. 부처님의 시각에서는 몸과 마음은 둘이 아니지만, 중생의 시각에서는 몸과 마음이 따로 있습니다. 이야기 속의 코끼리처럼 마음을 자유롭게 쓰지 못하므로, 중생계를 벗어나지 못하고 고통의 나날을 헤매는 것입니다.

"밭이 있으면 밭을 걱정하고, 집이 있으면 집을 걱정한다"는 말이 있습니다. 마음은 밭과 같고 집과 같습니다. 그 밭주인, 집주인이 어떤 마음을 갖느냐에 따라서 기쁨의 밭, 기쁨의 집이 되기도 하고 슬픔의 밭, 슬픔의 집이 되기도 합니다.

마음은 시시때때로 변하는 까닭에 고정된 실체가 없습니다. 깨달음을 얻기 위해서는 무엇보다도 이 마음을 알아야 합니다. 이 마음이야말로 불교 수행의 묘미妙味라고 할 수 있습니다. 착하고 나쁘다는 이분법적인 분별을 넘어서야 삼라만상이 모두 깃들어 있는 마음의 세계를 볼 수 있습니다. 이 마음의 세계가

바로 반야이고 열반입니다. 도道를 이룬 사람은 그 욕망에도
자유로울 수 있습니다.

조선시대 장유(張維; 1587~1638)는 제 그림자를 보고서 「영영詠
影」이라는 시를 지었습니다.

등전홀회수燈前忽回首 괴이우상수怪爾又相隨
은현원무정隱見元無定 광음각유시光陰各有時
독항상작반獨行常作伴 도노부증리到老不曾離
몽환진동리夢幻眞同理 금강게리지金剛偈裏知

등불 앞에서 홀연히 고개 돌리니,
괴이하게도 또다시 나를 따라 하네.
숨었다 나타남에 일정함 없고,
때에 따라 드러났다 그늘에 숨네.
홀로 가는 길에는 항상 동무가 되고,
늙도록 날 떠난 적이 한 번도 없었네.
참으로 몽환夢幻과 한 이치임을,
금강경 게송을 보고 알게 되었네.

－『계곡집』－

여기서 금강게金剛偈는 『금강경金剛經』의 '사구게四句偈'를 일
컫는 것입니다.

일체유위법一切有爲法 여몽환포영如夢幻泡影
여로역여전如露亦如電 응작여시관應作如是觀

모든 유위법有爲法은 꿈이나 환영幻影 같고 거품이나 그
림자 같은 것. 이슬 같고 번개와도 같나니, 응당 이같
이 살펴야 하리라.

― 『금강경』 ―

사람의 욕망은 환영에 지나지 않습니다. 파도의 포말처럼,
사람의 그림자처럼, 풀잎의 이슬처럼, 구름 속의 번개처럼 일
순간 사라지는 것입니다.

등불 앞에서 자신의 그림자를 살펴보십시오. 그림자는 언제
나 나와 함께 있습니다. 벗이 떠나도, 가족이 떠나도 그림자는
항상 나를 지키고 있습니다. 그림자를 잊고 지낸 것이 겸연쩍
어서 내가 머리를 긁으면 그림자는 내 머리를 쓰다듬습니다.
그리고 이렇게 위로의 말을 전합니다.

"이보게. 주인공. 나 여기 있네. 자네에겐 내가 잘 안 보여도
나는 늘 자네를 지켜보고 있었네. 너무 허망한 것들에 마음 두

지 말고 실답게 살아야지. 억지로 하지 말고 순리에 따라 살아
야지."

그림자의 말에 대답할 줄도 알아야 합니다.

"그림자 친구. 자네나 나나 여전히 쥔 것이 없는 빈손이구
려. 참으로 고마우이. 나나 자네나 모두 똑같다는 것을 일깨
워줘서."

내가 고개를 끄덕이면 그림자도 나를 따라서 고개를 끄덕일
것입니다.

치인환작본래인癡人喚作本來人

『경덕전등록』 제14권에 나오는 단하산丹霞山 천연 선사에 대해 말씀드리려 합니다.

한 객승이 단하 천연(丹霞天然; 739~824) 선사를 참방參訪하려고 오다가 산 밑에서 단하 선사를 만나게 되었습니다. 객승이 단하 선사에게 물었습니다.

"단하산은 어디로 갑니까?"

단하 선사는 손가락으로 산을 가리키면서 말했습니다.

"파랗고 아득한 곳이다."

객승과 단하 선사의 선문답이 이어졌습니다.

"그러면 되지 않습니까?"

"참된 사자 새끼는 건드리기만 해도 움직인다. 어느 곳에서 잤는가?"

"산 아래서 잤습니다."

"어디에서 밥을 먹었는가?"

"산 밑에서 밥을 먹었습니다."

"밥을 가져다 자네에게 줘서 먹게 한 그 사람은 눈을 가지고 있는가?"

이 선문답에 대해 장경 혜릉(長慶慧稜: 854~932) 선사가 "밥을 보시하는 것뿐인데 어째하여 단하 선사는 밥을 준 사람을 장님이라고 했지?"라고 묻자 보복 종전(保福從展: ?~928) 선사는 "밥을 준 자도 밥을 얻어먹은 자도 다 장님일 테지."라고 대답했습니다. 이 대답을 듣고서 장경 화상은 "있는 힘을 다해 수행을 해도 오히려 장님이 되는 건가?"라고 묻자, 보복 선사는 "그럼 제가 장님이란 말인가요?"라고 했다라고 대꾸하였습니다.

단하 선사는 젊었을 때 유교의 9경九經에 통달했다고 합니다. 단하 선사는 방龐 거사와 함께 과거시험에 응하려고 낙양洛陽으로 가던 도중에 운수납자를 만나게 되었습니다. 운수납자가 단하 선사에게 물었습니다.

"그대는 어디로 가시오?"

"과거를 보러 갑니다."

"공부가 아깝소. 어째서 부처님을 뽑는 곳으로 가지 않고 엉뚱한 곳으로 갑니까?"

"부처님을 어디서 뽑나요?"

"강서江西의 마조 선사께서 지금 설법을 하시는데, 도를 깨친 사람이 부지기수이니 그곳이 바로 부처님을 뽑는 곳이오."

운수납자의 말을 듣고서 단하 선사는 곧바로 마조 선사께 찾아갔습니다. 단하 선사의 절을 받고서 마조 선사는 이렇게 말했습니다.

"여기에서 남악으로 7백 리를 가면 석두石頭 희천希遷 선사가 바위에 앉아 계신다. 그곳으로 가서 출가하라."

단하 선사는 마조 선사의 말을 듣고서 석두 선사에게로 갔습니다. 단하 선사를 보더니 석두 선사가 물었습니다.

"어디에서 왔는가?"

"강서江西에서 왔습니다."

"무엇하러 왔는가?"

단하 선사가 마조 선사에게서 들은 말을 그대로 전했더니 석두 선사가 고개를 끄덕인 뒤 말했습니다.

"후원에서 반찬이나 만들어라."

후원에서 공양주를 한 지 2년이 지났을 무렵 석두 선사가 단하 선사에게 말했습니다.

"내일 아침 공양을 마친 뒤 법당 앞의 한 무더기 풀을 깎아야겠다."

이튿날 대중은 모두 낫을 들고 나왔으나, 단하 선사만이 삭도削刀를 들고 나왔습니다. 삭발을 하고 나서 석두 선사는 단하 선사의 머리에 올록볼록 솟은 곳들을 어루만지면서 "천연天然스럽구나"라고 말했습니다. 이 말을 듣고서 단하 선사는 "법명을 지어주셔서 감사합니다"라고 대답했습니다. 하여 단하 선사의 법명은 천연天然이 되었습니다.

　단하 선사가 낙양洛陽의 혜림사慧林寺에 머물고 있을 때였습니다. 너무 추워서 단하 선사는 법당의 목불木佛을 꺼내다 불을 지폈습니다. 이 사실을 안 혜림사의 원주院主가 달려와서는 소리를 질렀습니다. 단하 선사는 태연하게 말했습니다.

"나는 부처님을 태워서 사리舍利를 얻으려고 하네."

이 말을 듣고서 원주 스님은 더욱 화를 냈습니다.

"목불에서 어떻게 사리를 얻는다는 말입니까?"

단하 선사는 원주 스님을 빤히 쳐다보면서 대답했습니다.

"만약 사리가 없는 부처님이라면 불을 땠다고 해서 나를 책망할 것도 없지 않느냐?"

　이 일화에 대해 한 스님이 진각眞覺 대사에게 물었습니다.

"단하 선사는 목불을 태웠고, 혜림사 원주 스님은 화를 냈습니다. 과연 누구의 허물입니까?"

진각 대사가 대답했습니다.

"원주는 부처님만을 보았고, 단하는 나무토막만을 태웠느니라."

　단하 선사가 형상에 얽매여 진정한 부처님을 보지 못하는 미욱한 중생을 일깨우기 위해 목불을 태웠던 것입니다. 조주 선사가 이르길 "철불鐵佛은 용광로를, 토불土佛은 강물을, 목불木佛은 불속을 지나가지 못한다"고 했습니다. 진불은 철로도, 흙으로도, 나무로도 만든 게 아닙니다. 진불은 형상을 초월해 있습니다. 어떠한 경계에도 막힘없이 자유자재합니다. 그런 까닭에 진불은 용광로 안에서는 쇳물이 되고, 강물 안에서는 흙탕물이 되고, 화톳불 안에서는 불길이 되어서 사라지지 않고 오묘한 가르침을 전합니다.

하루는 단하 선사가 장안長安에 있는 남양 혜충南陽慧忠 국사를 보러 갔습니다. 단하 선사는 시자를 불러서 "국사께서 계시는가?"라고 물었습니다. 시자는 "계시기는 하나 손님을 대하시지는 않습니다"라고 대답했습니다. 단하 선사가 "너무 깊고 멀도다"라고 말했더니 시자가 "부처의 눈길로도 엿보지 못합니다"라고 대답했습니다.

단하 선사는 발길을 돌리면서 이렇게 말했습니다.

"용은 용의 새끼를 낳고, 봉황은 봉황의 새끼를 낳는구나."

시자에게서 말을 전해들은 뒤 남양 혜충 국사는 단하 선사의 경지를 바로 알아봤습니다. 하여 남양 혜충 국사는 단하 선사를 돌려보낸 시자를 내쫓았습니다. 시자의 잘못은 무슨 의미인지도 모르면서 앵무새처럼 떠든 것입니다. 수행자라면 마땅히 자신만의 언어를 지녀야 합니다.

『벽암록』의 제19칙은 구지俱胝 화상의 한 손가락입니다. 구지
는 화상이 항상 『칠구지불모심다라니七俱胝佛母心陀羅尼經』를 외
웠던 까닭에 붙여진 이름입니다. 구지 화상은 항주 출신 천
룡天龍 화상의 제자이고. 천룡 화상은 마조 선사의 문하 법상法
常 선사의 법을 계승했습니다.

구지 화상은 누가 찾아와서 불법佛法에 대하여 물으면 단지
한 손가락만을 세웠던 까닭에 일지一指 화상이라고도 불렸습
니다.

구지 화상은 깨닫기 전에 조그만 암자에 살았습니다. 하루는
한 삿갓을 쓰고 주장자를 든 비구니 스님이 찾아와서는 구지
화상이 앉은 자리를 세 바퀴 돌고나더니 이렇게 말했습니다.

"바로 말하면 내가 삿갓을 벗고 예의를 갖추리다."

구지 화상은 아직 깨달음에 이르지 못했던 터라 아무 말도 못
했습니다. 구지 화상이 아무 말도 못하자 비구니 스님은 떠나
려고 했습니다. 구지 화상이 "잠시 쉬었다 가시오"라고 말하자
비구니 스님은 "스님이 한마디 이르면 여기 있지만 그렇지 않
으면 있을 까닭이 없습니다"라고 대답했습니다. 비구니 스님
이 떠나자 구지 화상은 자괴감이 밀려왔습니다.

며칠 뒤 천룡天龍 화상이 찾아왔습니다. 구지 화상이 비구니

스님과의 일을 털어놨습니다. 이 말을 듣고서 천룡 화상이 말했습니다.

"그대는 나에게 똑같이 물어라. 내가 대답해 주리라."

구지 화상은 비구니 스님이 질문한 대로 말했습니다.

"바로 말하면 내가 삿갓을 벗고 예의를 갖추리다."

천룡 화상은 손가락 하나를 세워 보였습니다. 천룡 화상의 세워진 손가락을 보는 순간 구지 화상은 몰록 깨달았다고 합니다. 하여 이후에는 구지 화상은 누가 무엇을 묻든지 손가락 하나만 세워보였습니다. 구지 화상은 천룡 화상에게서 일지두선一指頭禪을 받아 평생 수용했던 것입니다.

구지 화상 곁에 시봉하는 동자가 있었습니다. 구지 화상의 모습을 지켜봤던 터라 동자는 손가락 하나를 세우게 됐습니다. 한 사람이 화상에게 "저 동자도 희유합니다. 동자도 불법을 잘 알아서 누가 무엇을 묻든 스님처럼 손가락 하나를 세웁니다"라고 일러줬습니다. 구지 화상은 이 말을 듣고서 칼 한 자루를 소매에 감추고는 동자를 불렀습니다.

"내가 들으니, 너도 불법을 안다고 하던데 그 말이 사실이냐?"

"그렇습니다."

"그렇다면 어떤 것이 불법이냐?"

동자가 손가락 하나를 세우자마자 구지 화상은 칼을 휘둘러

동자의 손가락을 잘라버렸습니다. 아픈 나머지 동자가 비명을 지르며 달아났습니다. 구지 화상이 동자에게 말했습니다.

"어떤 것이 불법이냐?"

동자가 하던 대로 손가락을 세우려고 했지만 세울 손가락이 없었습니다. 그 순간 동자는 크게 깨달았다고 합니다.

깨달음은 어려운 것이 아니나, 앵무새처럼 남의 말을 따라 해서도 안 되고, 원숭이처럼 남의 행동을 따라 해서도 얻을 수 없습니다. 구지 화상은 세워진 하나의 손가락에서 깨달음을 얻었고, 향엄 지한(香嚴智閑; ?~898) 선사는 기와조각이 대나무에 부딪치는 소리에서 깨달음을 얻었습니다.

향엄 지한 선사는 동진 출가하여 백장 회해 선사의 문하에서 수행하다가 위산 영우(潙山靈祐; 771~853) 선사의 제자가 되었습니다. 키가 7척이나 되었다고 합니다. 향엄 선사는 매우 총명하여서 지식으로는 당할 사람이 없었습니다.

하루는 스승인 위산 선사가 향엄 선사에게 물었습니다.

"그대가 가지고 있는 지식은 모두 남에게서 들었거나 책에서 본 것뿐이다. 그대가 아는 것에 대해서는 묻지 않겠다. 그대가 태어나기 전, 동과 서를 구별하지 못했을 때의 그대는 어떻게 있었는지 말해 보라."

향엄 선사는 아무 대답을 못하고 고개를 숙여야 했습니다.

향엄 선사는 할 수 없어 스승에게 도를 일러줄 것을 청했습니다. 그러자 위산 선사가 이렇게 말했습니다.

"내가 말하면 옳지 않다. 그대가 스스로 알아야 그대의 안목이니라."

향엄 선사는 자신의 방으로 돌아와 책을 뒤적여봤으나 스승의 질문에 대한 해답을 찾을 수 없었습니다. 며칠 뒤 향엄 선사는 스승에게 하직 인사를 올리고 자신만의 깨달음을 찾기 위한 여정에 올랐습니다. 향엄 선사가 스승을 떠나서 찾아간 곳이 바로 향엄산香嚴山입니다. 향엄산은 남양南陽 혜충慧忠 국사가 주석했던 곳이기도 합니다. 하루는 향엄 선사가 청소를 하다가 무심코 기와조각을 집어서 멀리 던졌습니다. 이 기와조각이 날아가 대밭의 대나무에 부딪쳤습니다.

딱!

그 소리를 듣는 순간 향엄 선사는 비로소 깨달음을 얻었습니다. 하여 '향엄격죽香嚴擊竹'이라는 또 하나의 공안公案이 나오게 되었습니다. 향엄 선사가 개당開堂을 한 뒤 스승인 위산 선사가 편지와 주장자를 보내왔습니다. 이를 받고서 향엄 선사는 '아이고!' 하면서 울었습니다. 옆에 있던 사람이 놀라서 물었습니다.

"스님께서는 왜 그렇게 우십니까?"

향엄 선사는 이렇게 대답했습니다.

"겨울에 해야 할 일을 봄이 되어서야 시키는구나."

한 스님이 향엄 선사에게 물었습니다.
"어떤 것이 '소리 이전의 일구聲前一句'입니까?"
향엄 선사가 대답했습니다.
"그대가 묻지 않을 때에 대답하리라."
"지금 대답해주십시오."
"지금은 묻고 있지 않은가?"

하루는 향엄 선사가 대중에게 물었습니다.
"지금 어떤 사람이 절벽에 있는 나무에 올라가서 손으로 가지를 잡지 못한 채 입으로 나뭇가지를 물고 매달려 있다. 이때 나무 아래에서 한 사람이 '달마가 서쪽에서 온 뜻이 뭐냐'고 묻는다면 어떻게 답하겠는가? 만일 대답하지 않아도 죽임을 당할 것이고, 대답하면 떨어져 죽을 것이다. 자! 빨리 대답해 보라."
호두虎頭 스님이 대답했습니다.
"나무에 오른 뒤에는 묻지 않겠습니다. 오르지 않았을 때를 말씀해 주십시오."
이 말을 듣고서 향엄 선사는 박장대소拍掌大笑하였습니다.
이 선문답에 대해 훗날 분양 선소(汾陽善昭; 947~1024)가 이렇게 평가했습니다.

"향엄이 가지를 문 일을 사람들에게 보이니 동포同胞들에게 참된 소식 전했네. 의심하면서 도리어 말꼬리를 따르니 숨 끊어져 죽은 이들이 티끌처럼 많구나."

구지 화상은 세워진 하나의 손가락에서 깨달음을 얻었고, 향엄香嚴 지한智閑 선사는 대나무가 부딪히는 소리에서 깨달음을 얻었습니다. 그렇다고 해서 깨달음이 특정한 형상이나 소리에 있는 것은 아닙니다. 이르는 곳마다 깨달음은 있습니다.

『무문관無門關』 제45칙은 '타시아수他是阿誰'입니다. 동산東山에 주석했던 오조 법연(五祖法演; 1024~1103) 선사가 물었습니다.
"석가나 미륵은 오히려 그 사람의 노예다. 말해보라. 그 사람은 누구인가?"
이 질문에 대해 무문 혜개(無門慧開; 1183~1260) 선사는 이렇게 답했습니다.
"만약 그 사람을 분명히 알면, 마치 네거리에서 아버지를 만난 것과 같아서 다시 남에게 맞는지 틀리는지 물어볼 필요도 없다."
그러니 구도자들은 무문 혜개 선사의 송頌 대로 남의 활은 당기지 말고, 남의 말은 타지 말라. 남의 잘못은 말하지 말고, 남의 일은 알려고 하지 말아야 합니다.

『무문관無門關』 제12칙은 '암환주인嚴喚主人'입니다. 서암瑞巖 사언師彦(당나라 말기 스님) 화상은 매일같이 자신을 "주인공" 하고 부르고서는 다시 스스로에게 "예" 하고 대답했습니다. 그리고는 이렇게 자문자답했습니다.

"깨어 있어야 한다."

"예."

"먼훗날에도 남에게 속아서는 안 된다."

"예."

'암환주인' 화두에 대해 무문 혜개는 "서암 사언 노스님이 자신이 팔고 자신이 사면서 장난치듯 도깨비 얼굴을 내보였다. 무슨 까닭인가? 하나는 부르고 하나는 대답하고, 하나는 깨어 있으라고 하고 하나는 남에게 속지 말라고 한다. 이 가운데 어느 하나를 인정해도 틀린 것이다. 만약 다른 사람을 흉내내려고 한다면 다 여우의 그릇된 소견에 지나지 않을 뿐"이라고 평했습니다. 도를 닦는 사람이 진실을 알지 못하는 것은 이전의 식신識神이 본래 자기인 줄 알기 때문입니다. 구도자라면 자신의 본성本性을 살필 수 있는 주인공이 무엇인지 알아야 합니다.

남의 흉내를 내다보면 혜충 국사의 시자처럼 단하 선사를 제멋대로 쫓아냈다가 오히려 자신이 쫓겨나고 구지 선사의 동자처럼 제멋대로 손가락을 세웠다가 오히려 손가락이 잘릴 수도 있습니다. 불보살들은 이 본성本性이 무량겁無量劫 동안 태어나고 죽는 근본이 되었음을 알고 있습니다. 하지만 어리석은 중생들은 이 본성이 본래의 자기라고 여기는 것입니다.

유심정토唯心淨土

유심정토唯心淨土
생어정찰生於淨刹
후생극락後生極樂

마음 깨끗하면 그것이 바로 극락이다.
사는곳 바로 정토 극락세계이다.
죽은 뒤에 극락세계에 간다.

정토淨土의 사전적 의미는 '부처님이 계시는 청정한 국토'나, '성불을 말하는 대승불교에서 인정하는 국토'를 일컫습니다. 마찬가지로 정찰淨刹은 청정한 세계를 일컫습니다.

그러다 보니 '유심정토唯心淨土 생어정찰生扵淨刹 후생극락後生極樂'에 대한 뜻풀이도 제 각각입니다. 일부 사람들은 "살아서 극락세계에 태어나야지 죽어서 극락 간다는 것은 맞지 않다"고 주장합니다. 생어정찰의 뜻에 방점을 찍은 것입니다. 이렇게 해석하는 사람들은 현세에서 극락을 누리자는 현실론자입니다. 그런가 하면 일부 사람들은 마음에 극락이 있지 다른 데 극락이 있지 않다고 여깁니다. 따라서 "마음이 즐겁고 근심 걱정 없이 편안하게 살면 된다"고 주장합니다. 유심정토의 뜻에 방점을 찍은 것입니다. 그런가 하면 일부 사람들은 죽어서 극락에 태어난다고 믿습니다. 후생극락의 뜻에 방점을 찍은 것입니다. 한문문법으로 보면 후생극락보다는 왕생극락往生極樂이 맞는 말일 것입니다. 후생극락 또는 왕생극락을 주장하는 사람들은 살아서 극락세계에 태어난다는 생어정찰이나 마음속에 극락세계가 있다는 유심정토를 부정합니다.

사견私見으로 봐서는 세 견해는 모두 틀리지 않습니다. 세 견해는 종적으로 횡적으로 하나로 연결돼 있습니다. 생어정찰, 즉, 살아서 극락세계에 간다는 견해는 현실적으로는 실현이 어렵습니다. 인생은 고해苦海이기 때문입니다. 삶은 근심 걱정, 번뇌煩惱 망상妄想, 우비憂悲 고뇌苦惱의 연속입니다. 한 개인의 삶을 놓고 보더라도 생生, 노老, 병病, 사死 등 4고四苦에서 자유로울 수 없는 것입니다. 게다가 무인도에 홀로 사는 사람이 아니라면 사람은 누구나 사회적 관계를 맺어야 합니다. 가족, 친척, 직장, 친목단체 등 수 많은 관계 속에서 우리는 때로는 사랑하고 때로는 미워합니다. 그러다 보니 애별리고愛別離苦, 즉, 사랑하는 사람과 헤어져야 하는 괴로움, 원증회고怨憎會苦, 즉, 미워하는 사람과 만나야 하는 괴로움, 구부득고求不得苦, 즉, 구하여도 얻지 못하는 괴로움, 5성음고五盛陰苦, 즉, 색色·

수受·상想·행行·식識의 5음五陰에 탐욕과 집착이 번성하므로 생기는 괴로움에서 벗어날 수가 없습니다. 괴로움이 끝이 없는 이 세상에서 어떻게 극락세계로 갈 수 있겠습니까?

물론 방법이 없는 것은 아닙니다. 유심정토, 즉, 마음속에 극락이 있다고 생각하는 것입니다. 8고八苦의 고통에서 벗어날 수 있는 유일한 방법은 부정적 사고를 긍정적 사고로 전환하는 것입니다. 이는 원효 대사의 일화를 보면 잘 알 수 있습니다.

원효 스님은 신라 진평왕 때에 압량군 불지촌(지금의 경북 경산군 자인면)에서 내마 벼슬을 하는 설담날의 아들로 태어났습니다. 어렸을 적의 이름은 설서당薛誓幢. 당시 신라는 젊고 유능한 청소년들을 뽑아서 화랑도로 성장시켰습니다. 당시 다른 젊은이들과 마찬가지로 어린 설서당도 화랑이 되는 게 꿈이었습니다. 총명하고 몸이 날랜 설서당은 어렵지 않게 화랑도에 들어갔습니다. 그는 여러 차례의 전투에 참가하여 많은 공을 세웠으나, 피비린내 나는 살육殺戮의 전장에서 근원적인 생의 고뇌와 마주하게 됩니다. 삶과 죽음의 길이 고작 숨 한 번에 달려 있다는 사실을 목도하면서 인생의 부귀영화가 얼마나 덧없는 것인가를 체득했는가 하면, 왜 사람은 생노병사를 거듭해야 하는가 하는 의문에 빠졌던 것입니다. 그때 고뇌하는 설서당 앞에 나타난 사람이 바로 대안 스님입니다.

대안 스님은 한 곳에 머물지 아니하고 이리저리 떠돌아다니며 불법을 전하던 고승이었습니다. 대안 스님과의 대화를 통해서 설서당은 자신의 모든 것을 버리고 부처님의 제자가 되기로 발심합니다. 하여 황룡사로 들어가 머리를 깎으니 그의 나이 29세였습니다. 그에게 내려진 법명은 원효元曉였습니다.

다소 늦게 불법에 귀의한 원효 스님은 얼마간 황룡사에서 불교를 공부하고, 고향인 불지촌으로 돌아왔습니다. 그곳에서 그가 제일 먼저 한 일은 가산을 모두 정리하여 절을 세운 것이었습니다. 이 절이 곧 초개사입니다. 그는 초개사에서 불경 공부를 하면서 병들고 가난한 사람들을 성심껏 돌보아주며 부처님의 가르침을 전파하고자 애썼습니다.

해가 거듭될수록 원효 스님은 불경의 참뜻을 깨닫게 되었고, 사람들의 입에도 차츰 오르내리게 되었습니다. 하지만 정작 원효 스님은 심오한 진리의 깨달음에 목말라 했습니다.

결국 원효 스님은 당나라에 가서 더 많은 공부를 하기 위해 도반인 의상 스님과 함께 서라벌을 떠났습니다. 하지만 이러한 원효 스님의 포부는 고구려 순찰대에 붙잡혀 강제 송환됨으로써 무산되고 말았습니다.

원효 스님이 두 번째로 당나라 유학을 시도한 것은 11년 후입니다. 이번에도 의상 스님이 뜻을 함께 했습니다. 두 스님은 육로대신 바다를 건너갈 생각으로 백제 땅으로 들어갔습니다. 당항성 인근에 이르렀을 때 두 스님은 날이 저물어 움집 하나

를 발견했습니다. 움집 안으로 들어간 두 스님은 먼 길을 걸어
온 탓에 금세 잠이 들었습니다. 원효 스님은 참을 수 없는 갈
증에 눈을 떴습니다. 어둠 속에서 물을 찾는데, 뜻밖으로 냉수
가 담긴 바가지가 손에 닿았습니다. 단숨에 들이켜고 나니 그
맛이 무척 달았습니다. 갈증을 해소한 뒤 원효 스님은 다시 잠
을 청했습니다. 이튿날 아침에 눈을 떴을 때, 원효 스님은 소
스라치게 놀라지 않을 수 없었습니다. 원효 스님이 마신 물은
해골 속에 담긴 송장 썩은 물이었던 것입니다. 원효 스님은 '마
음이 일어나므로 갖가지 현상이 일어난다'는 것을 깨닫게 되었
습니다. 해골물은 애초 더럽거나 깨끗한 것이 아니었습니다.
더럽다고 생각하면 더러운 것이 되고, 깨끗하다고 생각하면 깨
끗한 것이 되었습니다. 따라서 본래 더럽고 깨끗한 것은 없었
습니다. 모든 것이 객체에 있는 것이 아니라, 이 마음에 달려
있었던 것입니다. 사물 자체에는 정淨도 부정不淨도 없습니다.
그 진리를 깨닫고 난 뒤 원효 스님은 다시 왔던 길을 되돌아갈
수 있었습니다.

　원효 스님은 평생 불교 대중화에 힘쓰는 수많은 불교서적을
저술했습니다. 하지만 안타깝게도 오늘날 전해지고 있는 것은
23권뿐입니다. 원효 스님은 세납 70세에 열반하였습니다. 비록
원효 스님의 육신은 가고 없지만, 저자거리에서 민초들의 삶을
위로했던 그 무애의 손길은 세세손손 전해져 내려오고 있습니

다. 원효 스님의 행장을 일컬어 '일체무애인一切無碍人 일도출생사一道出生死'라고 찬하는 이유가 여기에 있습니다. 일체에 걸림 없는 사람은 큰 도를 이뤄 생사에서 벗어나기 마련입니다.

원효 스님이 마신 물은 해골바가지에 담긴 물입니다. 해골바가지에 담긴 물이라는 사실을 몰랐을 때는 달게 마셨지만, 해골바가지에 담긴 물이라는 사실을 알았을 때는 구토를 했습니다. 이처럼 인식의 차이에 따라 세상은 달라지는 것입니다. 깨끗하고 더러움을 분별하는 것이 바로 마음이기 때문입니다. 나는 불행하다고 생각하는 사람은 지옥세계에 사는 것이고, 나는 행복하다고 생각하는 사람은 극락세계에 사는 것입니다.

원효 스님은 우리나라 1600년의 불교사에서 가장 뛰어나고 훌륭한 선지식이었습니다. 인류의 불교사에서도 원효 스님처럼 위대한 스님은 손에 꼽을 정도입니다. 원효 스님의 위대함을 요약하면, 첫째, 선대 선사로부터 지도를 받아 수행하여 대오하신 것이 아니고, 스스로 '심생즉心生則 종종법생種種法生 심멸즉心滅則 종종법멸種種法滅'의 진리를 개오開悟하였다는 것입니다. 둘째, 뛰어난 지혜와 탁월한 문장력으로 경, 율, 론을 막론하는 불교서적을 집필하였다는 것입니다. 이기영 교수의 주장에 따르면 원효 스님의 한문 문장력보다 뛰어난 글을 보기 어렵다고 합니다. 셋째, 『십문화쟁론』을 통해 불교의 모든 교파가 화합할 수 있는 사상적 근거를 마련했다는 것입니다. 원효 스님의 『십문화쟁론』은 선종이든 교종이든 궁극적으로는 깨달음을 지향하므로 한 뿌리임을 강조함으로써, 당시 많은 종파를 한데 묶어 다툼 없이 화합할 것을 역설하고 있습니다. 부처님께서 무쟁無諍을 설하셨다면, 원효 스님은 화쟁和諍을 주창하셨던 것입니다. 불자라면 마땅히 원효 스님도 『화엄경』에서 인용한 화쟁 정신에 입각해 '육화경六和敬'을 실천할 필요가 있습니다.

신화동주身和同住, 몸으로 화합해 항상 함께해야 합니다.
구화무쟁口和無諍, 입으로는 다툼이 없어야 합니다.
의화무위意和無違, 생각을 함께 하여 어긋남이 없어야
　　　　　　　　합니다.
계화동준戒和同遵, 계율을 다 같이 지켜야 합니다.
견화동해見和同解, 견해를 다 같이 해야 합니다.
이화동균利和同均, 이익을 균등하게 나눠야 합니다.

　우리가 사는 곳이 부처님의 집이고, 우리가 입는 옷이 부처님의 옷이고, 우리가 앉은 자리가 부처님의 자리라고 생각하십시오. 이러한 생각으로 생활한다면 절대로 다툼이 없을 것이며 화쟁할 것입니다.

신득가중여의보身得家中如意宝

신득가중여의보身得家中如意宝
세세생생용무궁世世生生用無窮
수연물물명명현雖然物物明明現
멱칙원래즉몰종覓則元來卽沒蹤

그대 몸속에 있는 여의주를 얻게 되면
세세생생 써도 끝이 없음을 깨닫게 될 것이니
물건마다 서로 밝게 감흥하고 있으나
찾아보면 원래 흔적조차 없네.

－『나옹록』－

우리나라 고려 말 나옹 혜근(懶翁惠勤; 1320~1376) 스님의 선시
입니다. 행복은 먼 데 있는 것이 아닙니다. 지족할 줄 알고 남
에게 자선慈善을 베풀 줄 아는 것이, 진정한 불자의 행복입니다.
지족知足할 줄 알고 남에게 자선慈善을 베풀 줄 알려면, 평상
심平常心을 지녀야합니다.

조주 종심(趙州從諗; 778~897) 선사는 17세 약관의 나이에 깨달았습니다. 은사는 남전南泉 보원普願 선사입니다. 조주 선사는 깨달은 뒤 40여 년 동안 은사를 시봉하며 보임保任을 했습니다. 은사가 입적하자 조주 선사는 20여 년 동안 당대의 선사들을 찾아다녔습니다. 조주 선사는 "나는 100살 노인을 만나서도 가르쳐줄 것이 있으면 가르칠 것이고, 여덟 살 소년이라도 배울 게 있으면 배울 것"이라고 말했습니다. 조주 선사가 관음원이라는 선방을 개설한 것은 세납 80세가 넘어서였습니다. 조주 선사는 천하조주天下趙州, 고불古佛, 구순피선口脣皮禪 등으로 불릴 만큼 당시 최고의 선지식이었습니다. 관음원은 빈한한 절이어서 대중은 밥 대신 죽으로 허기를 면해야 했습니다. 하지만 조주 선사는 한 번도 신도들에게 시주를 요구하지 않았다고 합니다. 이처럼 지족할 줄 알았던 청정한 승가의 표상인 조주 선사가 만든 화두가 바로 끽다거 끽다거喫茶去입니다.

하루는 한 수좌가 조주 선사에게 찾아와서 물었습니다.
"불법의 적적寂寂한 대의가 무엇인지요?"
"수좌는 전에 여기에 와 본 적이 있는가?"
"처음입니다."
"차나 한잔 마시게."
며칠 뒤 또 다른 수좌가 조주 선사에게 찾아와서 똑같은 질문을 했습니다.

"여기에 와 본적이 있는가?"

"네, 왔었습니다."

"차나 한 잔 마시게!"

수좌가 돌아간 뒤 원주 스님이 물었다.

"스님께서는 왜 초면이나 다시 찾아온 사람에게나 모두 차나 마시라고 하십니까?"

이 말을 듣고서 조주 선사가 말했습니다.

"원주 스님도 차나 한 잔 마시게."

조주 스님이 불법을 묻는 수좌에게 '여기와 본 적 있는가?' 하고 묻는 것이 바로 수좌에게 불법이 대의를 일러준 것이고, 조주의 참뜻을 모르고 '왔느니 온일이 없느니' 하고 다른 소리를 하니 다시한번 차를 마시라는 말로 도를 일러준 것이다.

원주도 조주의 가르침을 전혀 알아듣지 못하자 역시 차 한 잔 들라는 말로 본분소식을 일러준 것입니다.

화두는 해석하는 게 아닙니다. 하지만 끽다거 화두에 사족을 붙이자면, 조주 선사가 도를 묻는 수좌들에게 "온 일이 있느냐"고 묻는 것 자체가 도를 일러준 것입니다. 조주 선사는 수좌들과의 대화를 통해서 법신法身의 진리를 시현해 보이셨던 것입니다.

조주 선사는 120세까지 살았습니다. 그의 이름 앞에 고불古

佛이 붙는 것도 이 때문입니다. 그는 세납만큼이나 불교계에 많은 업적을 남겼습니다. '개는 불성이 없다'는 뜻의 '구자무불성狗子無佛性'과 '뜰 앞의 잣나무'라는 뜻의 '정전백수자庭前栢樹子' 등 수많은 선어를 남겼습니다. 그 선어들은 수행하는 제방의 납자들에게 여전히 화두로 참구되고 있습니다. '구자무불성'은 줄여서 '무자' 공안이라고도 합니다. 임제의 '할'이나 덕산의 '방'처럼 다른 방편을 사용하지 않고 조주 스님은 입으로만 교화했습니다. 하여 그 선풍을 '구순피선口脣皮禪'이라고 일컫기도 합니다. 기라성 같은 선승들이 출몰했지만, 조주 스님처럼 탁월한 지견智見과 선기禪機로 대중을 교화한 이는 없었습니다.

흔히 불법佛法에는 신묘한 것이 숨겨져 있을 것이라고 지레짐작하는 이가 많습니다. 하지만 조주 스님은 불법佛法의 요체는 차나 한 잔 마시라는 말로 본심왕을 시현하신 것입니다.

한 학인이 조주 선사에게 물었습니다.
"어떤 것이 화상의 가풍입니까?"
조주 선사는 "안으로 한 생각도 없고 밖으로 구하는 바도 없다"고 답했습니다. 깨달음을 얻고 나면, 애써 얻고자 하는 깨달음조차도 무용하게 느껴지는 것입니다.
조주 스님은 티끌만큼의 인위人爲도 없는 자연 그대로의 삶을 살았습니다. 깨달았을 때부터 열반할 때까지 단 한 번도 고불심古佛心을 여의지 않은 조주 스님이었기에 '평상심이 곧 깨달음'이라는 구경의 경지에 오를 수 있었던 것입니다.

많은 사람들이 깨달음이 먼 곳에 있는 줄 압니다. 하지만 그렇지 않습니다. 『법화경』에는 아래와 같은 이야기가 실려 있습니다.

한 가난한 이가 친구의 집을 찾았다가 술이 잔뜩 취해 잠이 들었습니다. 친구는 볼일이 있어 외출하면서 가난한 친구를 위해 보배구슬을 넣어주고 갔습니다. 하지만 술이 취했던 그는 자신의 주머니에 무엇이 들어있는지도 모르고 떠났습니다. 오랜 세월 뒤 친구와 다시 만났습니다. 친구가 예전과 변함이 없는 그를 보고 말했습니다.

"예전에 네가 나를 찾아왔을 때 값비싼 보배구슬을 너의 옷 속에 넣어줬는데, 너는 아직도 옷과 먹을 것을 구하기 위해 고생하며 살고 있구나. 그 보배구슬로 네가 필요한 것을 얼마든지 살 수 있다."

이 세상의 모든 사람은 보배구슬을 지니고 있습니다. 보배구슬은 마음속에 들어 있습니다. 자기 자신에게 숨겨져 있는 보배구슬을 찾는 것이 수행인 것입니다.

일념즉시무량겁一念卽是無量怯

삶과 죽음의 차이는 무엇입니까? 흔히 죽음의 표현으로 숨을 거뒀다고 합니다. 실제로 숨을 들이쉬고 내쉬면 산 것이고, 숨을 들이쉬고 내쉬지 못하면 죽음입니다.

『열반경涅槃經』에 이르길 "사람은 죽지 않으면 안 된다. 빛은 어둠이 되지 않으면 안 된다. 이것이 우주의 가르침이다. 일체 세계에 태어난 것은 모두 죽음으로 돌아간다"고 했습니다.

『법구경法句經』에는 "허공에 숨어도, 바다 속에 숨어도, 산 속의 굴에 숨어도 죽음을 피할 수 없다. 이 세상에서 죽음을 피할 수 있는 곳은 아무 데도 없다"고 쓰여 있습니다.

장자莊子는 "상자처럼 오래 산 이도 없고, 팽조처럼 일찍 죽은 이도 없다"고 말했습니다. 상자는 단명한 사람이고, 팽조는 장수한 사람입니다. 장자의 말은 역설이지만, 그 역설 속에 삶과 죽음에 대한 혜안이 깃들어 있습니다.

대체 시간이란 무엇입니까? 흘러간 시간은 과거이고, 지금의 시간은 현재이고, 앞으로 다가올 시간은 미래입니다. 하지만 삶과 죽음이 외따로이 존재하는 게 아니라는 진리를 깨닫고 나면, 시간은 순차적으로 나뉘는 것이 아니라 순환하는 것임을 알게 됩니다. 나무들도 가을이면 나뭇잎이 떨어져서 앙상한 가지만 드러낸 나목裸木이 되지만, 봄이 되면 어김없이 신록이 돋고 가지마다 예쁜 꽃들이 피어납니다.

그렇다면 그 누구라도 피할 수 없는 죽음을 어떻게 대비해야 할까요? 우선 죽음에 대해서 알아야 합니다. 사람의 죽음에는 열두 가지가 있습니다. 사람의 죽음에 대해 부처님께서는『십이품생사경十二品生死經』을 통해 상세히 설하셨습니다.

부처님께서 사위국舍衛國의 기수급고독원祇樹給孤獨園에 계셨습니다. 부처님께서 비구들에게 말씀하셨습니다.

"사람이 죽는 데는 열두 가지 경우가 있으니, 어떤 것이 열두 가지인가? 첫째는 남기는 것 없이[無餘] 죽는 것으로, 이른바 아라한阿羅漢이 집착이 없는 것이니라. 둘째는 제도濟度되어 죽는 것으로, 이른바 아나함阿那含이 다시 돌아오지 않는 것이니라. 셋째는 남기고 죽는 것으로, 이른바 사다함斯陀含이 갔다가 돌아오는 것이니라. 넷째는 배워서 제도하여 죽는 것으로, 이른바 수다원須陀洹이 도의 자취를 보는 것이니라. 다섯째는 속임이 없이 죽는 것으로, 이른바 여덟 가지가 평등한 사람이니라. 여섯째는 기껍게 죽는 것으로, 이른바 한마음으로 정성을 다해 실천하는 것이니라. 일곱째는 자주자주 죽는 것으로, 이른바 나쁜 계를 지키는 사람이니라. 여덟째는 뉘우치고 죽는 것으로, 이른바 범부凡夫니라. 아홉째는 갑자기 죽는[橫死] 것으로, 이른바 고독하고 괴로운 사람이니라. 열째는 얽매어 죽는 것으로, 이른바 축생이니라. 열한째는 타고 데어 살이 이지러져 죽는 것으로, 이른바 지옥이니라. 열두째는 목마르고 굶주려서 죽는 것으로, 이른바 아귀餓鬼이니라.

비구들이여, 이런 사실을 분명히 알아야 할 것이니라. 마땅히 이렇게 배워 방일하지 말고 음란한 마음도 일으키지 말거라. 맑고 깨끗한 마음으로 모든 횡포로부터 떠나고, 증득證得하지 못하였던 것은 언제나 성취하도록 하여라. 무슨 까닭인가. 자주자주 죽는 것은 아주 괴롭고, 뉘우치고 죽는 것도 괴로우며, 갑자기 죽는 것도 역시 괴롭고, 속박으로 죽는 것도 괴로우며, 불에 타서 살이 이지러져 죽는 것도 아주 고통스러우며, 목마르고 굶주려서 죽는 것도 괴로우니라. 그러므로 비구들은 마땅히 이러한 배움을 지을지니, 한가한 곳에서 익히거나 나무 밑에서 선정을 배우되, 정성을 다하여 가벼이 여기지 말고 후회하는 일도 없게 할지니라. 이것이 불교이고, 이것이 불법이니라."

부처님께서 이와 같이 말씀하시니, 비구들은 기뻐하면서 머리를 조아리고 물러갔습니다.

불자라면 열두 가지의 죽음 중에서 축생이나 아귀의 죽음만큼은 피하고 싶을 것입니다. 그렇다면 더 좋은 죽음을 맞이하는 방법은 무엇일까요? 죽음에 대한 공포를 없애고 삶에 대한 애착을 없애는 것입니다.

어느 날 한 마을의 촌장이 부처님께 찾아와서 물었습니다.

"서쪽 지방의 브라만들은 죽은 사람을 직접 들어 올려 이름을 부르고 하늘나라로 인도합니다. 부처님께서도 사람들이 죽은 후에 좋은 곳에 태어나게 할 수 있습니까?"

이에 부처님이 대답했습니다.

"커다란 돌을 강물에 던져 넣고 많은 사람들이 모여서 기도하며 '착한 돌멩이야 떠올라라'라고 하면 그 돌멩이가 물가로 떠오르겠느냐?"

촌장은 부처님께 하늘나라로 인도할 수 있는지 물었는데, 영생永生은 모든 인간의 바라는 소망입니다. 하지만, 태어나서 늙고 병들어 죽는 것을 피했던 이는 동서고금東西古今을 막론하고 이 세상에 없었습니다. 중국 최초로 통일국가를 만든 진시황제도 신하를 시켜 불로초不老草를 찾았지만 죽어서 무덤의 한 줌 흙이 되었습니다. 부처님이 시신을 돌로 비유한 것도 이 때문입니다.

부처님은 승가공동체에 큰 보시를 한 프라세나짓왕에게도 유사한 법문을 한 적이 있습니다. 프라세나짓왕의 어머니가 목숨을 잃었을 때, 부처님은 이렇게 설했습니다.

"예나 지금이나 두려운 일 네 가지가 있다. 태어나면 늙고, 늙으면 병들고, 병들면 죽고, 죽으면 가까운 사람들과 이별하지 않을 수 없다. 사람의 목숨은 언제 어디서 어떻게 될지 알 수 없다. 세상 만물은 덧없다. 마치 강물이 밤낮으로 쉬지 않고 흐르듯이 인생도 빠르게 흘러간다. 우리가 사는 세상은 무상하다. 영원한 것은 아무 것도 없다. 모두 죽음에서 벗어날 길이 없다."

부처님께서는 딸을 잃고 슬퍼하는 바라문에게도 이렇게 위로하였습니다.

"이 세상에 영원한 것은 없다. 높은 것은 반드시 낮아지고, 모인 것은 반드시 뿔뿔이 흩어지고, 한 번 태어난 것은 반드시 죽는다."

그 말을 듣고 바라문은 부처님의 제자가 되어 아라한의 도를 얻었다고 합니다. 부처님은 "허공도 아니고 바다 속도 아니어라. 산 속도 아니고 바위틈도 아니어라. 죽음을 벗어나 은신할 곳 그 아무 데도 없네. 죽음의 근심에서 벗어나고자 사람들은 초조히 오가면서 늙어가네. 스스로 고요하면 그는 마군魔軍의 손에서 벗어난 것, 비로소 생사의 강을 건너게 되리."라며 생사를 벗어날 수 있는 유일한 길은 수행밖에 없음을 강조했습니다.

『허당록虛堂錄』에는 '호중일월장壺中日月長'의 일화가 소개돼 있습니다. 호중일월장이라는 선어禪語는 선인仙人 호공壺公의 고사에서 따온 것입니다.

후한 시대 호공이 집으로 돌아가려고 하는 비장방을 불러 세 웠습니다. 호공은 마을에서 약을 파는 노인네였습니다.

"행인들이 없는 심야에 이곳으로 다시 오너라."

시키는 대로 심야에 그곳을 찾으니 호공이 "나는 지금 이 항 아리 속[壺中]으로 뛰어 들어갈 것인데, 너도 내 뒤를 따라 오너 라"라고 했습니다.

말을 마친 호공은 몸을 솟구쳐 항아리 속으로 들어갔습니다. 더 이상 호공의 종적이 보이지 않았습니다. 비장방도 호공의 뒤를 따랐습니다.

항아리 속에는 신선들의 세계가 있었습니다. 누각들이 즐비 했습니다. 누각들을 잇는 복도는 마치 무지개처럼 허공에 놓 여있었습니다. 호공은 높은 모자를 쓴 선관仙官의 모습이었습 니다. 그의 좌우를 수십 명이 호위하고 있었습니다.

호공이 말했습니다.

"너에게 사실대로 말하는데, 나는 선인이다. 이전에 나는 임 무를 소홀히 하여 문책을 받았다. 그래서 인간 세상에 귀양 갔 던 것이다. 살펴보니 너는 가르칠만한 재목이라서 이곳에 데 려왔다."

비장방은 즉시 두 무릎을 꿇고 땅에 머리를 대고 절을 올렸습니다.

"저는 무지한 속인입니다. 그 동안 지은 죄업이 너무나 많았습니다. 다행이 선사仙師께서 연민의 정을 베풀어 주셨습니다. 제가 용렬하고 죄업이 많아 선사님의 가르침을 감당할 수 없는 것이 두려우나, 선사님께서 자비를 베풀어 거두어 주십시오."

이때부터 비장방은 시간이 날 때마다 호공을 모시고 가르침을 받았습니다. 선술을 전수받고 집으로 돌아오니 오랜 세월이 흘러간 뒤였습니다.

'호중일월장'에서 '호중'은 선경仙境을, '일월장'은 유구무한悠久無限한 시간을 일컫습니다. '호중일월장'은 깨달음의 경지를 비유한 것으로, 오경悟境에 들면 세속의 세계와 달리 시공을 초월해 자유무애하고 유유자적할 수 있음을 말해주는 것입니다.

중국 선사나 도인들만 오경에 드는 경지를 알고 있었던 것은 아닙니다. 의상 대사는 「해인도海印圖」를 그렸는데, 해인도는 법성게를 도상화한 것입니다.

「법성게」에는 이런 구절이 있습니다.

일미진중함시방一微塵中含十方
일체진중역여시一切塵中亦如是
한 티끌 속에 시방세계가 포함되고,

모든 티끌 속에도 또한 그러하다.

공간적인 차원에서 볼 때, 작은 티끌이 시방을 머금는다는 것은 공간의 크고 작은 한정이 없다는 뜻입니다. 자성自性이 없는 까닭에 그 어느 것도 머무름이 없다는 의미이기도 합니다.

무량원겁즉일념無量遠怯卽一念
일념즉시무량겁一念卽是無量劫
한량없는 먼 시간이 곧 한 생각이요,
한 생각이 곧 한량없는 시간이니

겁劫은 시간의 가장 긴 단위입니다. 사방 40리, 높이 40리의 성에 겨자씨를 가득 채워 놓고, 100년 마다 한 알씩 가져가 겨자씨가 다 없어질 때까지의 시간을 1겨자 겁이라고 합니다. 사방 40리, 높이 40리의 큰 반석을 엷은 옷깃으로 스쳐 그 반석이 다 닳아져 없어질 때까지의 시간을 1반석 겁이라고 합니다. 그야말로 무량한 시간인 것입니다.

무량겁이 곧 일념이고, 일념이 곧 무량겁이라는 말은 영원과 순간이 똑같다는 뜻입니다. 찰나의 순간이 영원을 동시에 가지고 있다는 것은, 우리가 살고 있는 지금 여기가 과거, 현재, 미래의 모든 시간과 동서남북, 상하좌우의 모든 공간을 함께 가지고 있다는 의미이기도 합니다.

존재의 본질에서 보는 실상의 모습은 시공을 초월하는 것입니다.

부처님은 "과거의 자신을 알고 싶다면 지금의 자신을 보면 된다. 미래의 자신을 알고 싶다면 지금의 자신을 보면 된다"고 설했습니다.

『벽암록碧巖錄』에는 "내 인생에서 가장 행복하고 귀중한 날은 언제인가? 바로 오늘이다. 그리고 그 자리는 바로 여기다. 어제는 지나간 오늘이요. 내일은 다가오는 오늘이다. 그러므로 오늘 하루를 이 사람의 전부로 여기며 살아야 한다"라는 구절이 있습니다. '지금 이 순간, 바로 여기'에서 깨어 있다면 이미 영생을 얻은 것입니다.

우주의 시간에 비교한다면 한 사람의 생애는 하루살이와도 같습니다. 존재의 유한함을 극복하는 길은 관계에서 찾을 수밖에 없습니다. 그래서 부처님께서는 갈대다발의 비유를 들어서 연기법을 설했던 것입니다.

수처작주隨處作主 입처개진立處皆眞

"불법이 어디에 있습니까?"

불법을 찾으려면 먼저 법문을 듣는 여러분들의 자세부터 한번 살펴보십시오.

선대 조사님들은 "법문을 들을 때는 얇은 얼음을 밟는 것 같이 하라"고 말씀하셨습니다. 지금 여러분들은 어떻습니까? 어떤 생각을 하고 어떤 자세로 법문을 듣고 있습니까? 눈으로 다른 경계를 보지 말고, 귀로 다른 소리에 현혹되지 말고, 다른 생각, 이를테면, 가정, 자녀, 친구 등 다른 생각을 일으키지 말고 오직 스님의 법문에만 몰두하십시오.

법문을 졸면서 들어도 안 되고, 산란한 마음으로 들어도 안 됩니다. 이렇게 법문을 듣는다면 듣지 않는 것과 다를 바가 없습니다. 법문을 들으려면 일체 망상을 여의고 마음을 고요한 상태로 유지해야 합니다. 지극한 정성과 간절한 신심으로 지니고 법문을 들어야 헛된 일이 되지 않습니다.

세간에서는 불효 중 무후절손無後絕孫이 가장 큰 불효라고 합니다. 불자들의 죄업에서는 부처님의 혜명慧明을 잇지 못하는 것이 가장 큰 죄업일 것입니다.

부처님의 혜명은 세존께서 6년을 수행하신 끝에, 새벽에 밝은 별을 보시고 견성오도見性悟道 하신 뒤 증득하신 것입니다.

부처님의 혜명은 불에 들어가도 타지 않고 물에 들어가도 젖지도 않으며, 모난 것도 둥근 것도 아니며, 길거나 짧지도 않으며, 검거나 희거나 붉거나 푸르지도 않으며, 생겨나거나 사라지지도 않으며, 시작과 끝이 없으며, 우주가 생기기 전에 있었고 우주가 없어져도 그대로 있을 것입니다. 여러분은 생시도 없고 꿈도 없는 경계를 아십니까?

온 세계와 내가 모두 적멸해야, 나와 남이 다르다는 생각이 끊어지고 그러면 자신의 주인공이 드러날 것입니다.

나와 남이 다르고, 나와 세계가 다르다는 분별심을 지니고 있는 한 자신의 주인공을 보기가 어렵습니다. 자기를 볼 줄 모르면 아무리 삭발염의하고 눈썹까지 밀어도 깨달음에 이를 수가 없습니다. 깨달음은 비단 스님들만 얻을 수 있는 것이 아닙니다. 깨달음에는 승속이 따로 없습니다.

불교는 궁극적으로 깨달음을 이루어서 부처가 되는 것이 목적입니다.

깨달음을 통해 혜명을 얻지 못하면, 4생四生과 6도六道의 6취六趣에 윤회하는 현세의 사람이라도 어느 때는 들짐승이 되고, 어느 때는 날짐승이 되고, 어느 때는 물고기가 되고, 어느 때는 곤충이 되어서 육도를 왕래하지 않을 수가 없습니다. 깨달음을 통해 참된 자기를 바로 알아야 육도윤회를 끊고 해탈할수 있습니다.

그렇다면 깨달음에 이르는 수행법은 무엇일까요? 참선을 하거나, 경전을 읽거나, 주력呪力을 하거나, 진언眞言을 외우는 등 정진을 통해서만이 가능합니다.

불교의 깨달음은 세상을 떠나서 외따로이 있는 것이 아니고, 세상 가운데 살아가면서 모든 중생이 다 지니고 있는 깨달음의 성품을 발견하고 계발啓發하는 것입니다. 다시 강조하건대 깨달음은 자신의 마음을 아는 것입니다.

본래 불법은 이렇게 간단하고 쉽고 명료하지만, 중생의 업이 제각기 다르기 때문에 불법도 천만 가지의 방편이 있는 것입니다.

근기로 보면 모든 중생이 다 부처이지만, 깨치면 성불이지만 깨치지 못하면 중생인 것입니다. 이처럼 깨달음이란 쉽기도 하고 어렵기도 합니다. 부처님께서는 육년을 고행하시고 깨달으신 뒤 "깨달을 것 없는 것을 깨달았다"고 설하셨습니다. 아는 사람에게는 손바닥과 손등을 뒤집는 것만큼이나 쉽고, 모르는 사람에게는 바위를 드는 것만큼이나 어려운 것이 바로 깨달음입니다. 자기의 마음 말고는 한 물건도 없다는 것을 알아야 합니다. 밥 먹고 잠 자고 옷 입고, 가고 오고, 앉고 눕고 일어서고, 눈으로 보고 귀로 듣고 코로 냄새를 맡고, 입으로 말하고 몸으로 느끼고, 머리로 생각하는 모든 육근六根의 활동이 다 마음의 작용이니, 불법은 곧 마음인 것입니다.

이 도리만 깨달으면 눈을 뜨거나 감거나, 어디에 언제 어떻게 처하더라도 불법 아닌 것이 없습니다.

설령 세상의 모든 사찰이 허물어지고 불상이 사라진다고 해도, 우리의 마음은 우주가 생기기 전에 있었고 우주가 없어진 뒤에도 영원히 있는 까닭에, 불교는 불생불멸할 것입니다. 그리고 이 불생불멸하는 존재가 바로 마음인 것입니다.

한 스님이 우리나라 근세의 고승이신 만공(滿空; 1871~1946) 스님에게 물었습니다.

"불법이 무엇입니까?"

"네 눈앞에 있느니라."

"제 눈앞에 있다면 왜 제게는 보이지 않습니까?"

"네게는 너라는 것이 있기 때문에 보이지 않느니라."

"스님께서는 보셨습니까?"

"너만 있어도 안 보이는데 나까지 있다면 더욱 보지 못하느니라."

"나도 없고 스님도 없으면 볼 수 있겠습니까?"

"나도 없고 너도 없는데 보려고 하는 자가 누구냐?"

만공 스님의 말씀을 듣고서 스님은 절을 하고 물러났습니다.

어느 날 만공 스님은 "불법이 지금 눈앞에 있다"고 설했습니다. 이는 천황 도오(天皇道悟; 748~807) 선사의 '촉목보리觸目菩提', 즉, '눈에 보이는 그대로 깨달음'이라는 가르침이나 석두희천(石頭希遷; 700~790) 선사의 '촉목회도觸目會道', '눈이 가는 대로 도를 만난다'는 가르침과 상통합니다. 불법은 눈앞에만 있는 것이 아닙니다. 승조(僧肇; 384~413) 선사가 설했다시피 '촉사이진觸事而眞', 즉, '손에 닿는 그대로가 불법의 깨달음'입니다. 이는 선가에서 말하는 '도무소부재道無所不在'의 가르침과 다르지 않습니다. 도는 어디에나 있는 것입니다. 도가 없는 곳이 없습니다.

『법화경』에 이르길 '제법실상諸法實相'이라고 했습니다. 마조 선사는 이를 '입처즉진立處卽眞'이라고 표현했습니다. 우리가 서 있는 바로 그 자리에 참된 진리는 있는 것입니다. 진리는 이미 눈앞에 드러나 있는데, 중생은 분별심 때문에 이 진리를 보지 못하는 것입니다. 이미 눈앞에 드러나 있는데, 이 진리를 선종禪宗에서는 법法, 자성自性, 본성本性, 불성佛性, 실상實相, 본래면목本來面目, 진여眞如, 진여심眞如心, 여래심如來心 등으로 표현합니다.

여러분도 지금 눈앞에 있는 불법을 살펴보십시오. 불교는 자기를 탐구하여 실상을 깨닫는 종교입니다. 자기를 탐구하는 것은 부처님의 가르침에 대해 깊이 사유하고 불교의 수행에 집중한다는 것입니다. 부처님의 가르침에 대해 깊이 사유하거나 불교의 수행에 집중하다보면 자신의 마음을 보게 됩니다.

일체유심조一切唯心造라는 말에서 알 수 있듯, 이 세상 모든 것은 마음이 만든 것입니다. 생각이 밝으면 생활이 밝아지고, 생각이 어두우면 생활이 어두워집니다. 마음이 이 세상을 만들뿐만 아니라, 하늘과 땅도 만들고 극락과 지옥도 만들고 중생과 부처도 만드는 것입니다.

달마 대사는 "마음은 참으로 알 수 없는 것이어서, 온 세상을 다 받아들이다가도 한 번 옹졸해지면 바늘 하나 꽂을 자리가 없다"고 설했습니다. 마음은 선의 근원인 동시에 악의 근원입니다. 열반의 즐거움도, 윤회의 고통도 모두 마음에서 일어나는 것입니다. 마음은 해탈의 문입니다.

4조 도신道信 선사가 우두산牛頭山에서 토굴을 짓고 정진하는 우두牛頭 법융法融 선사를 만나 물었습니다.

"이곳에서 무엇을 하고 있는가?"

"마음을 찾는다."

이 말을 듣고서 도신 선사는 "관시하인觀是何人 심시하물心是何物인가?"라고 되물었습니다. "마음을 보는 자는 누구이고, 찾고 있는 그 마음은 어떤 물건인가?"라는 의미입니다. 마음을 찾는 자의 마음과 찾고 있는 자의 마음이 같은 지 다른 지 지적한 것입니다. 마음의 주객主客을 묻는 이 물음에 우두 선사는 깨달음의 문을 열게 됐다고 합니다.

원효 스님은 마음 밖에 특별한 진리가 없다고 설했습니다.

"하나인 마음 이외에 무슨 특별한 법이 있는 것은 아니다. 다만 어리석어서 그 하나인 마음을 잘 모르고 방황하는 까닭에, 고요한 바다에 파도가 일고 기복이 생기듯이 평화롭지 못한 인간의 상황이 만들어진 것이다. 그러나 육도의 세계는 이 마음을 벗어나지 않아서 사람들은 마음으로 육도의 세계를 만든다."

비유컨대 마음은 인간의 삶을 이끌어가는 자동차입니다. 그래서 마조馬祖 선사는 '심즉시불心卽是佛', 즉, 마음이 부처임을 역설하신 것입니다. 마조 선사의 일언일구一言一句에 의해 기존의 가치가 무너졌습니다. 법명대로 마조 선사는 질주하는 한 마리의 말이 되어서 천하天下를 누볐던[踏殺] 것입니다.

하지만 안타깝게도 많은 수행자가 오랫동안 심즉시불心卽是佛의 화두에 집착해 자신의 본래면목을 보지 못했습니다. 이는 집착하는 마음 때문에 청정한 마음을 보지 못했던 것입니다. 황벽黃檗 선사가 "만약 그대들이 집착한다면 몸은 송장이 되고 마음은 송장을 지키는 귀신이 될 것"이라고 경고했던 것도 같은 이유입니다.

임제 선사는 '수처작주隨處作主 입처개진立處皆眞'이라고 설했습니다. '머무르는 곳마다 주인이 되라. 지금 있는 그곳이 바로 진리의 세계'라는 의미입니다. 우리는 모두 세상이라는 무대의 주인공이라는 사실을 일깨워주고 있는 것입니다. 부처님도 "자기야 말로 자신의 주인이고 자기야말로 자신의 의지할 곳이니, 말장수가 말을 다루듯 자신을 잘 다루라"고 설했습니다. 구체적인 부처님의 일화를 소개해 보겠습니다.

바라나시 녹야원에서 최초 설법을 마치고 부처님은 우루벨라를 향해 교화의 길을 떠났습니다. 숲속 한 나무 아래 앉아 쉬고 있는 부처님 앞으로 젊은이들이 몰려왔습니다. 그들이 부처님에게 물었습니다.
"혹시 도망가는 여인을 보지 못했습니까?"
"그 여자를 어째서 찾으려고 하는가?"
"그 여자가 우리의 귀중품들을 모두 훔쳐 달아났기 때문입니다."
"젊은이들, 달아난 여자를 찾는 일과 자기 자신을 찾는 일과 어떤 것이 더 보람 있는 일인가?"
"물론 자기 자신을 찾는 일이죠."
부처님은 젊은이들을 자신의 앞에 앉힌 뒤 괴로움이 어디서 오며[四聖諦], 괴로움을 어떻게 극복해야 하는 지[八正道] 설하였습니다.

임제 의현(?~867) 선사는 실로 머무르는 곳마다 주인으로 살았던 참 사람, 바로 '무위진인無位眞人'이었습니다. 임제 선사는 출가한 뒤 황벽 선사의 문하에 있으면서 3년 동안 묵묵히 수행만 했습니다. 그런데 수좌首座인 목주睦州 스님이 임제 선사에게 "방장 스님(황벽 선사)을 찾아뵙고 '불법의 대의가 무어냐'고 물어보라"고 권유했습니다. 임제 선사는 황벽 선사에게 같은 질문을 세 번 했으나 세 번 다 얻어맞기만 했습니다. 임제 선사는 인연이 없다고 생각해 황벽 선사에게 하직인사를 올렸습니다. 그러자 황벽 선사가 "고안高安강가에 주석하는 대우大愚선사에게 가라"고 일러주었습니다. 임제 선사가 대우 선사에게 찾아가 인사를 올리니 대우 선사가 물었습니다.

"황벽 선사에게 무엇을 배웠느냐?"

"가르쳐주기는커녕 '불법의 대의가 무어냐'고 세 번 물었다가, 세 번 다 매만 맞았습니다. 제가 무엇을 잘못했습니까?"

"황벽 선사가 너를 위해 온갖 자비를 베풀었거늘, 그것도 모르고 무슨 잘못이 있느냐고 묻다니, 이런 멍청한 놈!"

그 순간 의현 선사는 불법의 대의를 깨닫고는 한 마디를 했습니다.

"황벽 스님의 불법이 별게 아니었구나."

대우 선사가 의현 선사의 멱살을 잡고 다그쳤습니다.

"이런 오줌싸개 같은 놈! 조금 전까지 뭐가 뭔지도 몰라서 쩔

쩔매던 놈이 황벽 선사의 불법이 별것 아니라니. 뭘 알았느냐? 빨리 말해 봐."

임제 선사가 대우 선사의 옆구리를 세 번 때리자 대우 선사가 설했습니다. "네 스승은 황벽 선사이니 돌아가도록 해라."

다시 돌아온 임제 선사가 인사를 올리자 황벽 선사가 꾸중을 하였습니다.

"이렇게 왔다 갔다 하다가 언제 깨닫겠느냐?"

"스승님의 은혜에 감사드립니다."

그러고는 대우 선사를 뵈었을 때의 일을 설명했습니다. 그 말을 듣고서 황벽 선사가 말했습니다.

"대우 늙은이가 쓸 데 없는 짓을 했구나. 다음에 보면 가만두지 않겠다."

"다음까지 기다릴 게 뭐 있습니까."

임제 선사가 갑자기 황벽 선사의 뺨을 한 대 갈기자, 황벽 선사가 호통을 쳤습니다.

"이 미친 놈! 겁도 없이 호랑이 수염을 잡아당기다니."

그러자 임제 선사가 고함을 빽 질렀고, 황벽 선사가 시자에게 지시했다.

"이 미친놈을 선방으로 끌고 가라."

이상이 바로 임제 스님의 할喝이 탄생하게 된 배경입니다. 임제 선사는 뒷날 임제종의 종조宗祖로 추앙되었다. 임제종의 종

지는 제자 삼성三聖 혜연慧然 스님에 의해 편집된『임제록』에 잘
나타나 있습니다.

『임제록』의 구성은 먼저 마방馬防이 지은 서문이 있고, 이어
상당上堂, 시중示衆, 감변勘辨, 행록行錄, 탑기塔記로 이뤄져 있
습니다.
　서문에는 임제 스님의 독특한 선풍이 언급돼 있습니다.
　"일찍이 황벽의 아픈 방망이를 맞고 비로소 대우의 옆구리를
쥐어박았다. 잔소리쟁이 대우는 임제를 '오줌싸개'라 하였고,
황벽은 '이 미친놈이 호랑이 수염을 잡아당긴다' 하였다. 깊은
산 바위 골짜기에 소나무를 심어 뒷사람들을 표방標榜하였고,
괭이로 땅을 파서 황벽과 수좌를 생매장할 뻔 했다."
　하루는 한 스님이 와서 임제 선사에게 물었습니다.
　"불법의 대의가 무엇입니까?"
　임제 선사가 "할喝"을 했습니다. 그러자 법을 청한 스님이 절
을 하였습니다. 임제 선사가 말하기를 이 스님과는 법을 말할
만하다 하였습니다. 임제 선사에게 할은 법 거량의 상징적 수
단이고 진면목을 나투는 것입니다.
　그런가 하면 무위진인無爲眞人은 임제 스님 가르침의 핵심골
수입니다. 할은 자신의 주인인 진아眞我와 하나가 되는 방편이
라고 할 수 있습니다.『임제록』시중示衆에는 대중에게 훈시한

법문들이 수록돼 있는데, 무위진인에 대한 내용이 많습니다.

"붉은 살덩이로 된 몸뚱이에 지위가 없는 참사람이 하나 있다. 항상 여러분들의 얼굴에 드나들고 있다. 증거를 잡지 못한 사람들은 잘 살펴보시오."

"그대들이 부처를 알고자 하는가? 바로 내 앞에서 법문을 듣고 있는 그 사람이다."

"4대四大는 법을 설할 줄도 들을 줄도 알지 못한다. 허공도 법을 설할 줄도 들을 줄도 알지 못한다. 그런데 눈앞에 모양이 없는 밝고 신령스러운 것이 능히 법을 설할 줄 알고, 들을 줄 안다."

앞서 설명한 '수처작주 입처개진'도 무위진인을 설한 내용이라고 할 수 있습니다. 임제 선사는 『임제록』에서 다음과 같이 설했습니다.

"수행자여, 참다운 견해를 얻고자 하거든 오직 한 가지 세상의 속임수에 걸리는 미혹함에 빠지지 말아야 한다.

안으로나 밖으로나 만나는 모든 대상을 바로 죽여 버려라. 부처를 만나면 부처를 죽이고, 나한羅漢을 만나면 나한을 죽이고, 친척을 만나면 친척 권속을 죽여야 비로소 해탈하여, 어떠한 경계에도 얽매이지 않고 투탈자재透脫自在한 대자유인이 될 수 있다."

임제 선사는 "함께 도를 닦는 여러 벗들이여. 부처를 최고의 목표로 삼지마라. 내가 보기에 부처는 한낱 똥 단지와 같고, 보살과 아라한은 죄인의 목에 거는 형틀에 지나지 않다. 이 모두가 사람을 구속하는 물건이다"라고 말했습니다. 대자유인인 까닭에 임제 스님은 자신을 옥죄는 모든 것에서 단호히 벗어나라고 요구했던 것입니다. 불제자의 가장 궁극적인 목적은 부처를 믿는 데 있지 않습니다. 스스로 부처가 되는 데 있습니다. 따지고 보면, 이 세상의 모든 사람은 불성이 주인공입니다.

무변허공無邊虛空 각소현발覺所顯發

『보왕삼매론寶王三昧論』에 이르길, "몸에 병 없기를 바라지 마라. 몸에 병이 없으면 자만심과 탐욕이 생기기 쉽나니, 고통으로써 양약良藥을 삼으라"고 했습니다.

건강한 사람은 아픈 사람의 고통을 알 수 없습니다. 건강한 사람은 자만심이 생기기 마련입니다. 항상 건강하려니 생각하고 몸을 돌보지 않을 뿐만 아니라, 욕심을 부려서 하는 일을 키우려고 합니다. 하지만 아파 본 사람은 지난 삶을 되돌아보기 때문에 자신의 과욕에 대해 회의를 갖고 자숙하게 됩니다.

아프지 않을 때는 건강한 몸을 고맙게 생각해야 합니다. 건강하다고 자만하지 말고, 건강하게 낳아주신 부모님께 감사하고, 항상 자신의 건강을 잘 관리해야 합니다. 병원에 가서 정기적으로 건강검진을 받는 것만이 능사는 아닙니다. 마음을 낮추고 아픈 사람들을 긍휼히 여길 줄 알아야 합니다.

몸에 병 없기를 바라지 말아야 하듯이, 세상살이에 곤란 없기를 바라지 마십시오. 곤란이 없으면 남을 업신여기게 되고, 사치하는 습관이 생깁니다.

세상에 곤란한 일이 얼마나 많습니까? 그런 까닭에 곤란한 일만 없다면 얼마나 좋을까, 하는 생각도 갖게 됩니다. 하지만 세상살이에는 쉬운 일과 어려운 일이 공존합니다. 호사다마好事多魔라는 말이 있습니다. 좋은 일에는 장애가 많이 따른다는 의미입니다. 설령, 항상 자신이 하고 싶은 일만 하는 사람이 있다고 해도, 그 사람은 자신의 편안함에 도취되어 다른 사람을 업신여기고 사치를 일삼고 자만에 빠진 나머지, 어려운 사람의 심정을 이해하지 못할 것입니다. 그런 까닭에 인생에서 곤란함만큼 좋은 스승은 없습니다. 동서고금을 막론하고 위인들은 역경을 슬기롭게 극복했습니다. 곤란한 상황을 극복하는 과정에서 바른 인격이 형성된 것입니다.

　마찬가지로 공부하는 데 장애 없기를 바라지 마십시오. 공부하는 데 마음의 장애가 없으면, 그 공부는 과유불급過猶不及에 이르게 되는 것입니다. 정도가 지나치면 정도에 이르지 못한 것과 다르지 않습니다. 그러니 공부를 할 때는 공부의 장애를 스승으로 삼고, 공부의 장애 속에서 해탈을 얻어야 하는 것입니다.

　공부를 하다보면 반드시 장애가 따르게 됩니다. 불자들의 공부는 수행입니다. 그런데 이 수행도 근기에 따라서 각기 다릅니다. 참선, 염불, 간경 등 각기 근기와 소양에 따라서 자신에게 맞는 공부를 찾아야 합니다. 이러한 수행 공부에는 반드시 마장이 따르게 마련입니다. 경전을 읽고 있으면 친구가 찾아오고, 염불을 하고 있으면 전화가 걸려오기 일쑤입니다. 설령 누가 수행하는 데 방해하지 않는다고 해도, 수시로 찾아오는 잡념 때문에 수행에 전념할 수 없을 것입니다. 경전을 읽을 때 두 눈은 경구에 가 있지만, 마음은 다른 데 가 있는 경우가 많습니다. 염불을 할 때에도 입으로는 천수경이나 반야심경의 경구를 읊으면서, 마음은 잡념의 미로를 헤맬 것입니다. 졸음도 수행의 방해물입니다.

재차 강조하건대, 수행하는 데 마가 없기를 바라지 마십시오. 수행하는 데 마가 없으면 서원이 굳건하지 못하니, 마근魔根을 수행의 벗으로 삼아야 합니다.

다산 정약용이 초의 선사에게 준 친필 증언첩贈言帖에는 이런 대목이 있습니다.

"내가 평생 독서하려는 소원이 있었다. 그러던 차 귀양을 오게 되자 비로소 크게 힘을 쏟았다. 쓸데가 있다고 여겨 그런 것이 아니었다. 승려들은 매번 글을 지어봤자 쓸데가 없다고 하면서, 게으르고 산만한 곳에 몸을 내맡기니 자포자기함이 이보다 심한 것이 없다. 독서하기 편한 것은 비구만 한 것이 없다. 절대로 이런저런 장애에 걸리지 말고 힘을 쏟아 나아가야 한다."

위 대목 중 '이런저런 장애'라는 말의 원문은 '추삼조사推三阻四'입니다. 말 그대로 세 가지 일을 추진하면 네 곳에서 제동이 걸리는 형국을 일컫습니다. 하지만 다산 정약용은 유배지의 생활을 하늘이 준 기회로 여기고 학문에 몰두했습니다. 다산 정약용의 주요 저서들은 유배생활 때 쓰인 것입니다.

세상을 살아가는 데는 항상 좋은 일과 좋지 않은 일이 공존합니다. 행복과 불행의 조화를 잘 이루며 사는 사람이 지혜로운 사람입니다.

많은 선지식들이 주력 수행을 통해서 마를 떨쳐버렸습니다. 주력 수행은 밀교의 수행법이긴 하나, 한국의 조사스님들도 업장을 소멸시키는 한 방편으로 활용했습니다.

도고마성道高魔盛이란 말이 있습니다. 도가 높으면 도를 방해하는 마군 또한 많다는 뜻입니다. 마는 마구니, 마귀, 악마 등으로 표현하며, 수행자의 몸과 마음을 산란하게 하여 구경究竟의 도를 이루지 못하게 하는 모든 장애를 일컫습니다. 마음속에 일어나는 갈등, 증오, 회의, 게으름도 마의 하나입니다.

사람의 마음은 원래 미묘하기 때문에 마음에 나타나는 장애 또한 미묘할 수밖에 없습니다.

『잡아함경雜阿含經』에는 라다라는 청년이 마에 대해서 부처님께 묻는 내용이 있습니다.

"대덕이시여. 흔히 세간에서 악마라고 하는데, 도대체 악마라는 것이 무엇입니까?"

"라마여, 만약 색色이 있다면 그것이 악마요, 방해자이요, 교란하는 것이다. 그러므로 색을 악마라고 관하고, 방해자라고 관하고, 교란하는 것이라고 관하고, 병이라고 관하고, 가시라고 관하고, 고통이라고 관하라. 그렇게 하는 것이 바른 관찰이라네. 라다여, 만약 수受가 있다면 그것이 악마요, 방해자요, 교란하는 것이다. 그러므로 수를 악마라고 관하고, 방해자이라고 관하고, 교란하는 것이라고 관하고, 병이라고 관하고, 가시라고 관하고, 고통이라고 관하라."

부처님께서는 악마를 5온五蘊인 색色, 수受, 상想, 행行, 식識으로 보셨습니다. 사람의 마음은 본래 청정무구한데, 오온의 작용으로 인해 오염되는 것입니다. 그런 까닭에 오온의 작용을 악마라고 표현하는 것입니다.

부처님의 수행과정에도 마장은 있었습니다. 부처님이 보리수 아래에서 좌선을 하고 있을 때, 마왕 파순波旬은 땅하(갈애), 아라띠(혐오), 라가(탐욕)라는 이름의 세 딸을 보내어, 태자를 유혹케 하여 수행을 방해하였습니다. 하지만 부처님은 이 모든 유혹을 물리치고 마침내 정각을 이뤘습니다. 부처님께서 마왕의 세 딸을 물리친 일화는 부처님의 일생을 여덟 가지 사건으로 요약한 팔상도 가운데 수하항마상樹下降魔相으로 표현되기도 합니다.

뿐만 아니라 마왕 파순은 보리수 아래에서 수행 중인 부처님에게 다가가 직접 유혹의 말을 건넸습니다.

"그대는 깡마르고 안색도 좋지 않습니다. 그대에게 죽음이 가까워진 것 같습니다. 당신이 죽지 않고 살아나기는 쉽지 않은 일입니다. 당신은 살아야 합니다. 살아 있어야 여러 가지 공덕을 지을 수 있습니다. 그대가 청정한 삶[梵行]을 살고 성화聖火에 공양물을 바치면 많은 공덕이 쌓입니다. 그렇게 노력하여 무엇을 하려는 겁니까? 노력의 길은 가기 힘들고, 행하기 힘들고, 성취하기 힘듭니다."

마왕 파순이 부처님에게 건넨 유혹의 말은 흥미롭게도 "청정한 금욕의 삶을 살면서 성화를 피우고 공양물을 바쳐서 공덕을 쌓으라"는 것입니다. 하지만 마왕 파순이 부처님께 제시한 인생은 설령 선을 행하는 삶일지라도 궁극적인 깨달음에 이르는 삶은 아닙니다. 마왕 파순의 유혹은 도가 높아지면 마도 높아지는 이유가 무엇인지를 확실하게 보여줍니다.

부처님은 깨달음에 이르기까지 육체적, 심리적 고초를 겪어야 했습니다. 불경에는 성도를 위한 부처님의 수행을 일컬어 "과거 어떤 수행자도, 현재의 어떤 출가자도, 미래 어떤 자도 이와 같은 수행자는 없을 것"이라고 평가하고 있습니다.

부처님은 이러한 고행에도 불구하고 생노병사에서 해탈하는 깨달음을 얻지 못했습니다. 몸이 많이 상한 뒤에 수자타가 보시한 우유를 받아 마시고 건강을 되찾을 수 있었습니다. 부처님은 다시 조용히 나무 아래 앉으면서 '깨닫기 전에는 이 자리에서 일어나지 않으리라'는 원력을 세우고 정진하셨습니다. 이를 일컬어 부처님의 두 번째 출가라고 합니다. 그 결과 새벽하늘에 별이 반짝이는 것을 보시고, 삼천대천세계의 모든 진리를 한순간에 깨치신 것입니다.

『원각경圓覺經』에는 "무변허공無邊虛空 각소현발覺所顯發"이라는 구절이 있습니다. 가없는 허공이 깨달음에서 나온다는 의미입니다. 바꿔 말하면 이 세상의 모든 것이 '미묘한 원각의 마음'에서 나오는 것입니다. 근원인 원각묘심圓覺妙心으로 마장을 물리치는 것이 바로 수행입니다. 삼라만상이 원각의 마음에서 나온 것이라면, 부처도, 중생도 마음에서 나온 것입니다. 따라서 우리는 이미 부처의 씨앗을 지니고 있으니, 그 씨앗을 키워서 부처의 꽃을 피우면 되는 것입니다.

번뇌즉보리 煩惱卽菩提

『회남자淮南子』라는 책에 보면 "인간만사人間萬事 새옹지마塞翁之馬"라는 말이 있습니다.

중국 국경 지방에 한 노인이 살고 있었습니다. 그러던 어느 날 노인이 기르던 말이 국경을 넘어 오랑캐 땅으로 도망쳤습니다. 이에 이웃 주민들이 위로의 말을 전하자 노인은 "이 일이 복이 될지 누가 압니까?" 하며 태연자약泰然自若했습니다. 그로부터 몇 달이 지난 어느 날, 도망쳤던 말이 암말 한 필과 함께 돌아왔습니다. 주민들은 "노인께서 말씀하신 그대로입니다" 하며 축하하였습니다. 그러나 노인은 "이게 화가 될지 누가 압니까?" 하며 기쁜 내색을 하지 않았습니다. 며칠 후 노인의 아들이 그 말을 타다가 낙마하여 그만 다리가 부러지고 말았습니다. 이에 마을 사람들이 다시 위로를 하자 노인은 역시 "이게 복이 될지도 모르는 일이오" 하며 표정을 바꾸지 않았습니다. 그로부터 얼마 지나지 않아 북방 오랑캐가 침략해 왔습니다. 나라에서는 징집령을 내려 젊은이들이 모두 전장에 나가야 했습니다. 그러나 노인의 아들은 다리가 부러진 까닭에 전장에 나가지 않아도 되었습니다.

위 일화로 인해 새옹지마란 고사성어가 생겨난 것입니다. 따라서 '인간 세상에서 일어나는 모든 일이 새옹지마니, 눈앞에 벌어지는 결과만을 가지고 너무 연연해하지 말라.'는 의미입니다.

자신이 행복하다고 생각하는 사람의 특징은 정서적으로 안정돼 있고 긍정적인 사고를 지니고 있습니다. 정서적인 안정 속에서 긍정적인 생각이 나오는 것입니다. 불안해하거나 조급해하면 긍정적인 사고가 생기지 않습니다.

실제로 여러 연구 결과에 따르면 긍정적인 사고를 지니면 면역 기능이 증장한다고 합니다. 단적인 예로 감기 바이러스를 주사하는 시험을 한 결과 긍정적인 사람들이 부정적인 사람들보다 감기에 걸리는 확률이 적었다는 것입니다. 긍정적인 사람은 부정적인 사람보다 어려운 환경에 처해도 상황을 대처하는 능력이 월등히 뛰어납니다. 그렇다고 해서 긍정적 사고가 막연한 낙관을 말하는 것은 아닙니다. 현실을 직시하되 어려운 환경을 헤쳐 나갈 수 있는 정신력을 지닌 것을 일컫습니다.

스톡데일 패러독스라는 말이 있습니다. 스톡데일은 베트남 전쟁 때 하노이 수용소에서 8년간 포로 생활을 견디고 살아 돌아온 스톡데일 장군의 이름에서 따온 것입니다. 스톡데일 장군에게 물었습니다.

"포로수용소에서 어떤 사람이 가장 먼저 죽었습니까?"

장군의 대답이 의외였습니다.

"허황된 낙관주의자입니다. 그들은 크리스마스 때 나갈 거야, 부활절에 나갈 거야, 추수감사절에 나갈 거야, 하며 기대하다가 기대가 이루어지지 않자 실망하여 자살하거나 병이 들어 죽었습니다."

반면 스톡데일 장군은 포로들에게 "그렇게 빨리는 못나갈 것이다. 따라서 평소 철저하게 건강을 관리하고 정서적인 안정을 취하도록 해라. 하지만 우리는 반드시 언젠가는 수용소에서 나갈 것이니 희망을 잃지 말아야 한다. 냉혹한 현실을 있는 그대로 받아들이되 수용소에 나갈 대비를 해야 한다"고 가르쳤다고 합니다.

"당신은 부처님의 가피를 받으셨습니까?"

"이렇게 살고 있는 것이 부처님의 가피입니다."

이 대답은 바꿔 말하면 확연히 체감이 되는 가피는 경험하지 못했다는 것입니다. 기실, 부처님의 가피는 금방 나타날 때가 있는가 하면, 오랜 뒤에야 나타날 때도 있습니다. 명훈가피력冥熏加被力이라는 말이 있습니다. 그 말은 '은근하게 스며드는 가피의 힘'이라는 뜻입니다.

많은 사람이 입으로는 명훈가피력 운운하지만, 속으로는 하루속히 부처님의 가피를 입길 바랍니다. 하지만 물이 끓으려면 일정한 시간이 필요하듯 부처님의 가피도 원력에 비례하는 기도의 공력功力이 필요합니다. 어리석은 사람은 금방 무엇이 이루어지지 않는다고 실망하고 부처님을 원망하기도 합니다. 이런 사람들은 세상살이의 지혜가 없는 것입니다. 등산을 가면 오르막도 있고 내리막도 있습니다. 오르락내리락 하는 것이 등산인 까닭에 내리막길이 있다고 해서 등산을 중도에 포기하지는 않습니다. 어떤 일을 할 때 현재의 자신에게는 불리한 상황이 전개될 수도 있습니다. 그럴수록 있는 힘을 다해 나아가는 용기와 어려운 상황을 헤쳐나갈 지혜와 미래의 청사진을 위한 기도 원력이 필요한 것입니다.

에이브러햄 링컨이 미국 대통령으로 재직할 때였습니다. 대통령의 각료 중에 한 사람이 부정적인 사고를 지니고 있어서 무슨 일이든지 사사건건 반대하였습니다. 친한 친구가 링컨에게 물었습니다.

"왜 그 각료를 해임하지 않느냐?"

링컨은 친구에게 자신의 경험담을 들려주었습니다.

"내가 시골길을 걷고 있는데 한 농부가 말을 몰아 쟁기로 밭을 갈고 있는 게 보였다. 나는 농부에게 다가가 인사를 했다. 그때 말 엉덩이에 파리가 붙어있는 게 보였습니다. 말을 귀찮게 하고 괴롭히는 파리를 털어버리려고 손을 든 순간 농부가 말했다.

'그만 두세요. 그 파리 때문에 이 늙은 말이 그나마 움직이고 있답니다.'

농부의 말을 듣고서 나는 반대하는 사람이 있어야 일의 진행이 신중하게 된다는 것을 깨달았다."

『보왕삼매론寶王三昧論』에는 이런 구절이 있습니다.

> "모든 일은 막히는데서 도리어 통하는 것이요. 통함을 구하는 것이 오히려 막히는 것이니 그래서 부처님께서는 큰 장애 가운데서 보리도를 얻으셨느니라. 도를 배우는 사람이 먼저 역경에서 견디어 보지 못하면 장애가 부딪힐 때 능히 이겨내지 못해서 법왕의 큰 보배를 잊어버리게 되나니 역경을 통하여 부처님이 되느니라."

불자는 경계에 현혹됨이 없어야 합니다. 신행생활을 하다보면 여러 가지 경계가 일어납니다. 역경계逆境界는 자신에게 거슬리는 상황이 전개되는 것을 말합니다. 힘들고 고통스러운 상황입니다. 순경계順境界는 자신에 맞는 상황이 전개되는 것을 말합니다. 즐겁고 편안한 상황입니다. 하지만 역경계가 지나면 순경계가 오고, 순경계가 지나면 역경계가 옵니다. 이는 등산을 하다 보면, 오르막길 뒤에 내리막길이 있고, 내리막길 뒤에 오르막길이 있는 이치와 다르지 않습니다.

신행을 하다보면 마장이 생깁니다. 마장이 생길수록 인내심과 정진력이 더 필요합니다. 자신을 채찍질하는 시험이라고 생각하고 역경을 이겨내야 합니다. 세상살이에서 역경계보다 더 위험한 것은 순경계입니다. 순경계는 자신이 하고자 하는 대로 모든 것이 이루어지기 때문에 자만이 생기게 됩니다.

옛 성현들은 순경계에 대해 경책의 가르침을 많이 하시고 정신 차릴 것을 당부하셨습니다.

『열반경涅槃經』에 보면 공덕천과 흑암녀의 이야기가 나옵니다.

공덕천은 복덕을 주는 여자이고, 흑암녀는 복덕을 없애는 여자입니다. 이들은 자매로서 늘 함께 합니다. 이들이 찾아와 함께 살기를 청하자 부유한 사람은 거절한 반면 가난한 사람은 승낙했습니다.

공덕천과 흑암녀 이야기의 교훈이 무엇일까요? 좋은 것이든 나쁜 것이든 구별 없이 받아들여야 한다는 가르침일까요? 그렇다면 받아들이지 않는 부자는 어리석은 사람이고 받아들인 가난한 사람이 지혜로운 사람일 것입니다. 공덕천과 흑암녀 이야기에서 지혜로운 사람은 가난한 사람이 아니라 부유한 사람입니다. 그 이유는 공덕천이 주는 행복이 흑암녀가 주는 불행을 이기지 못하기 때문입니다. 가령, 공덕천으로 인해 아무리 권세를 누리며 잘 산다고 해도, 나중에는 흑암녀로 인해 늙어서 병들어 죽게 되고, 공덕천으로 인해 천상에 태어난다고 해도 나중에는 흑암녀로 인해 육도윤회를 면하지 못하게 됩니다.

공덕천과 흑암녀 이야기의 진정한 교훈은 행복과 불행은, 순경계와 역경계는 동전의 양면처럼 공존한다는 것입니다.

'우공이산愚公移山'이라는 사자성어가 있습니다. 우공이 산을 옮긴다는 말로, 남이 보기엔 어리석은 일처럼 보이지만 한 가지 일을 끝까지 밀고 나가면 언젠가는 목적을 달성할 수 있다는 뜻입니다.

옛날, 중국의 북산北山에 우공이라는 90세 된 노인이 있었는데, 태행산太行山과 왕옥산王屋山 사이에 살고 있었습니다. 이 산은 사방이 700리, 높이가 만 길이나 되는 큰 산으로, 북쪽이 가로막혀 왕래가 불편하였습니다. 우공이 어느 날 가족을 모아 놓고 말하였습니다.

"저 험한 산을 평평하게 하여 예주豫州의 남쪽까지 곧장 길을 내는 동시에 한수漢水의 남쪽까지 갈 수 있도록 하겠다. 너희들 생각은 어떠하냐?"

모두 찬성하였으나 그의 아내만이 반대하며 말했습니다.

"당신 힘으로는 조그만 언덕 하나 파헤치기도 어려운데, 어찌 이 큰 산을 깎아 내려는 겁니까? 그리고 파낸 흙은 어찌하시렵니까?"

"걱정할 것 없소. 흙은 발해渤海에다 버리겠소."

우공은 세 아들은 물론이고 손자들까지 데리고 가서, 돌을 깨고 흙을 파서 나르게 했습니다. 황해 인근에 사는 지수가 우공의 계획을 듣고서 비웃었습니다. 우공은 지수에게 태연히 말했습니다.

"내 여생이 얼마 남지 않았으나 내가 죽으면 아들이 남을 테고, 아들이 죽으면 손자가 남을 테니…… 이렇게 자자손손 이어 가면 언젠가는 반드시 저 산이 평평해질 날이 올 것이오."

한편 두 산을 지키는 사신蛇神들이 "자신들의 거처가 사라질 위기이니 살펴달라"고 천제에게 호소하였습니다. 천제는 우공의 우직함에 감동하여 역신力神 과아의 두 아들에게 "두 산 중하나는 삭동朔東에, 다른 하나는 옹남雍南에 옮겨 놓으라"고 지시하였습니다.

『열자列子』「탕문편湯問篇」에 인용된 우공이산의 의미는 아무리 어려운 일이라도 노력을 하면 이룰 수 있다는 뜻입니다. 하늘은 스스로 돕는 자를 돕습니다. 낙심하지 않고 우직하게 자신의 본분에 충실하면 어떠한 난제도 해결할 수 있습니다.

늦가을이 되어서 사찰의 마당에 많은 낙엽이 쌓였습니다. 노스님이 마당의 낙엽들을 하나씩 주워서 주머니에 넣었습니다. 이를 지켜보던 제자가 한 마디 했습니다.

"은사스님, 제가 조금 있다가 빗자루로 낙엽들을 쓸도록 하겠습니다."

노스님이 제자를 빤히 쳐다보면서 말했습니다.

"하나를 주우면 하나가 깨끗해지고 둘을 주우면 둘이 깨끗해지고, 주우면 주운대로 깨끗해진다. 지금 주우면 될 것을 굳이 미룰 필요가 있겠느냐?"

『육조단경六祖壇經』「반야품般若品」에 이런 말씀이 있습니다.

"'바라밀'이란 무엇일까. 이는 피안에 이르렀다는 말이다. 생멸을 여의었다는 뜻이니라. 경계를 집착하면 생멸이 생기나니 이는 물에 물결이 이는 것과 같아서 이것이 곧 언덕이요, 경계를 여의면 생멸이 없나니, 이는 물이 항상 자유로이 흐르는 것과 같아서 이것이 곧 피안이 됨이라. 그러므로 바라밀이라 하느니라. 이 법을 깨달으면 이것이 반야법이요, 이 행을 닦으면 이것이 반야행이라. 닦지 않으면 즉 범부요, 일념으로 수행하면 자신이 불佛과 같으니라. 선지식아, 범부가 곧 부처요, 번뇌가 곧 보리菩提니 앞생각이 미혹하면 즉 범부요, 뒷생각이 깨달으면 즉 부처이니라. 앞생각이 경계에 집착하면 번뇌가 되고, 뒷생각이 경계를 여의면 즉시 보리이니라."

범부가 곧 부처이고, 번뇌가 곧 보리임을 유념하기 바랍니다.

2부
삶과 죽음에서 배웁시다

- 칠칠재 의식의 요점
- 사바에서 정토
- 열반에 이르는 길
- 칠칠재 상단 우리말 발원문

칠칠재 의식의 요점

우리나라 불교에서는 사람이 돌아가면 반드시 칠칠재를 해야한다고 생각하고, 또 칠칠재를 여러 절차를 통해서 시행하고 있습니다. 그리고 선문禪門에서는 업식 윤회를 부정하는 것을 전제로 하고 있습니다. 하지만 역력한 현실은 죽으면 돌아가는 곳이 있기에 이를 해명입증하고자 합니다.

이제 칠칠재에 대한 인연법을 살펴보고자 합니다.

사후 영식의 유무

요즈음 젊은 사람들은 사후 영식靈識의 존재 자체를 부정하고 있습니다. 만약 사후 영식이 없다는 것이 확실하다면 칠칠재는 절대 무의미 하기 때문에 불교 입장에서는 논리적인 증명이 필요합니다.

이를 증명하기 위해서는 우리가 살아 있을 때 마음이라고 하는 느끼고 알고 행동하도록 하는 마음을 살펴봐야 합니다. 인간은 육체와 소위 말하는 마음이 함께 하여 사람 구실을 합니다. 그렇다면 사람이라고 하는 육체(육근)는 형상으로 보이고 듣고 알고 행동하기 때문에 확실한 존재입니다. 그런데 마음이라고 하는 것은 보이지 않고 부피적 공간을 차지하지 않고 있기 때문에 어디에 있는지 모릅니다. 냄새도 없고 소리도 없고 형상도 없기 때문에, 육체의 주인이고 즉 나의 주인인데도 어디에 어떻게 있는지를 모릅니다. 생각조차도 하지 않고 그냥 살아가고 있습니다. 평소에 모든 사람들이 여러 가지를 기억하고 연구하고 창제하면서 대화하고 살아가는 모든 현상은 마음으로부터 나온 생각에 의해 생활하면서도 마음의 작용이라는 생각을 평소에는 전혀 생각하지 아니하고 살아가고 있습니다. 중국 사람들은 마음을 찾다가 없으니까 마음이 심장에 있다고 생각하여 규정하고는 마음심心 자를 심장 모양으로 상형문자했지만, 현대의학으로 심장을 절개하면 피만 나옵니다. 심장이 제일 중요한 장기이기는 하지만, 심장에 마음이 있는 것은 아닙니다. 마음의 작용을 제일 많이 받는 것이 심장이기는 합니다.

말을 하거나 말을 듣거나 일을 하거나 잠을 자거나(행주좌와 어묵동정) 이 모두 육체가 하고 있지만, 실제로 행위를 하게 하는 것은 마음입니다. 그렇기 때문에 우리가 살아가고 있고 존재하는 자체가 육신과 마음이 함께 조화롭게 작용하여 살아가고 있습니다. 마음이 없는 육체는 식물인간이고 육체가 없는 마음은 영식일 뿐 전혀 현상계에는 작용을 할 수가 없습니다.

그래서 인간은 작용을 보거나 형상을 보고 듣고 함으로써 존재를 인정하기 때문에 보이지 않고 들리지도 않으며 작용이 없는 것은 없다고 할 수밖에 없습니다.

지금 여러분들이 이곳에 온 것도 육신이 왔지만 마음으로는 '오늘 어머님을 위해 칠칠재를 모시러 절에 가야 한다'는 마음의 작용에 의해 육신이 이곳에 온 것입니다.

이 순간 제가 말을 하고 여러분들이 듣는데, 무엇으로 듣습니까? 귀로 듣겠지요. 그러나 귀는 전화 수화기에 불과합니다. 귀를 통해 듣지마는 사실은 여러분들의 마음이 제 말을 귀를 통해서 듣고 '맞다, 아니다'고 판단을 하는 것입니다. 또 제가 말을 하는데 입으로 말을 하지만 입은 말을 만드는 기계에 지나지 않고 제 마음이 여러분 마음에 말을 하는 것입니다.

마음이 이렇게 중요한데도 마음이 먹물보다 새까맣게 되어 있는데도 그 것 고칠 생각은 하지 않고 얼굴에 티 하나 묻어 있으면 그 것 닦고 지우느라고 화장하기 바쁜 게 우리 모습입니다.

이렇게 살펴보면 육체보다 마음이 더 소중하다고 할 수 있고 또 마음을 중요하게 생각하고 갈무리해야 합니다. 그렇지만 우리 인간은 반드시 마음이 있고 육신이 있기 때문에 마음의 작용에 의해서 육신이 작용하여 살아가고 모든 행위를 하고 있습니다. 그러므로 누구나 다 반드시 마음이 있습니다. 그 마음을 죽은 다음에 영靈이라고 하기 때문에 영은 누구나 반드시 있고 또 확실하게 작용합니다.

돌아갔기 때문에 돌아가셨다

사람이 죽으면 손아래 사람은 그냥 갔다고 하고 윗사람은 모두 돌아가셨다고 합니다. 보통은 죽었다고 하면 좋지 못한 말이기 때문에 존칭어로 돌아가셨다 또는 돌아갔다고 해야한다고 생각합니다.

돌아갔다는 말은 출발점에서 이곳으로 왔다가 다시 출발점으로 돌아갔다는 말입니다. 여러분이 집에서 절에 왔다가 다시 집으로 돌아가고 나면, 여기 스님들은 여러분들이 집으로 돌아갔다는 말과 같습니다.

사실은 그런 것이 아니고 실질적으로 돌아갔기 때문에 돌아갔다고 하는 것입니다. 이것은 불교의 윤회사상에 의하여, 왔던 곳으로 다시 돌아가기 때문에 돌아가셨다고 합니다.

사람이 일생을 살다가 여러 인연으로 죽음에 이르게 됩니다. 죽음을 규명할 때 보통은 심장박동이 정지하면 죽었다고 규명하고, 현대의학은 뇌 활동의 정지를 또한 죽음이라고 합니다.

그런데 내가 생각하기는 몸(육신)과 마음(영식)이 분리되는 순간을 죽음이라고 해야 할 것입니다. 영식(마음)이 떠난 육신은 시신으로 전혀 생명이 없는 상태로 72시간이 지나면 육신이었던 단백질은 점차 없어집니다. 숨을 거두고 나도 4시간 동안 청각은 작용하여 마음이 없는 의식이 없는 상태에서 듣는다고 합니다.

사람은 마음과 육신이 함께 하여 인간으로 생존해 왔기 때문에, 살아 있을 때 사람 주인 구실을 하던 마음이 살아 있을 때 보이지 않고 어디에 있는지 모르면서도 확실히 있었던 것은 틀림이 없는데 죽었다고 해서 또 그냥 없어지는 것이 아닙니다.

육신을 벗어난 마음을 우리는 영靈이라고 합니다. 영靈이라는 말은 세상에서 가장 신령스럽고 인간의 지혜나 육체의 능력으로는 절대로 미칠 수 없는 초 초능력의 신비스러운 힘이 있기 때문에 인간이 표현할 수 있는 최고의 신비함을 함축한 이름이 영靈입니다.

그러면 살아 있을 때도 마음靈이 얼마나 초능력적인가를 한번 생각해 봅시다. 이 세상에서는 빛이 제일 빠르다고 생각합니다. 그 빛이 지구에서 태양까지 가는데 약 5분이라는 시간이 소요됩니다. 그런데 우리 마음은 육신은 여기 있으면서 태양을 생각만 하면 단 1초도 지나지 않고 태양에 갑니다.

육신으로 보이지 않는 상황들을 생각하고 집착하고 보이지 않는 현상을 추리 추측하고 어떻게 될 것을 미리 알기도 하고 뿐만 아니라, 천지조화의 모든 것을 새롭게 만들고 새로운 세상을 만드는 초능력을 가지고 있어 이를 일컬어 영靈이라고 합니다.

모든 종교에서 다 영혼이 있다고 하지만, 물어보면 그냥 영혼은 영혼이라고 합니다. 오직 불교만이 영혼에 마음이란 이름을 붙여주었습니다. 생전에 나를 주장하던 주인의 신령스러움을 표현해 영이라고 하고 또 영식이라고 합니다.

　사람이 육신과 영(마음)이 함께 인간 구실을 하다가 마음이 육신으로부터 분리되어 영은 원래 왔던 중유中有로 돌아갑니다. 그러면 육신도 역시 왔던 곳으로 돌아가기 때문에 돌아간다고 하는 것입니다.

　육신도 돌아가고 마음인 '영'은 본유本有로 살아 있을 때 살아가면서 지은 습관 버릇(업) 그리고 반복된 행위와 마음의 작용이 업이라는 이름으로 마음에게 영에게 훈습되어 그대로 나타나기 때문에, 지은 업대로 중유에서 다음 생을 찾아가게 되어 있습니다.

　지옥이나 축생이나 아귀가 객관적으로는 좋지 않은데도 영이 훈습된 업에 의하면 지옥이나 아귀나 축생이 영의 업의 성향이 좋게 느껴지고 좋은 것으로 판단되어 3악도로 스스로 찾아가게 됩니다. 마치 선글라스를 쓰면 선글라스 색깔에 의해 세상이 푸르게 붉게 맑게 보이듯이 업대로 보이는 것입니다. 또 비유하면 술취한 사람이나 몽유병 환자 같아서 인도인지 차도인지 모르고 그냥 가는 것과 같습니다.

　우리 육신도 왔던 곳으로 확실하게 돌아갑니다. 우리 몸에서 제일 많은 것은 수분입니다. 침과 고름 가래 진액과 땀과 소변 등은 물로 돌아가고 근육과 뼈와 골수와 손톱 치아 머리카락 털 등은 흙으로 돌아가고 몸의 따뜻한 기운은 불로 돌아가고 움직이는 동작현상은 바람으로 돌아가는 것이 운명이기 때문에 돌아가신 것입니다.

제가 이런 설명을 했더니 다른 종교를 가지고 있는 분이 저에게 이렇게 질문을 했습니다.

"사람이 흙으로 돌아가는 것은 최초의 조물주가 인간(아담·이브)를 흙으로 빚어 만들었기 때문에 흙으로 돌아가는 것 아닙니까?"

나는 창세론이 맞지 않기 때문에 인정하지 않지만, 설혹 그 논리를 인정한다 하더라도 최초의 인간인 아담과 이브는 흙으로 빚어서 만들었기 때문에 흙으로 돌아간다 하더라도 그의 2세인 카인과 아벨은 흙으로 만들어서 흙으로 돌아간 것이 아니고 엄마와 아버지의 유전자(정충·난충)이 모여 생명체가 형성이 되었고 모든 육체를 가진 인간은 처음 태어날 때 어머니 뱃속에서 정자와 난자가 모여 한 생명체가 되었을 때는 일점의 영명이라고 하는 이때는 현재의 우리와 같은 존재가 아니고 현미경으로나 확인될 정도의 미세한 생명체였지만, 엄마 뱃속에서 수분을 섭취하여 태아로 자라고 엄마 뱃속에서 여러 가지 영양분을 간접적으로 섭취하여 태아로 자라서 태어나고 태어난 후에는 직접적으로 땅에서 생산되는 동물성 식물성 등을 섭취하여 육체가 형성이 되고 육체를 유지하고 존재하였기에 육신이 죽으면 결국 흙에서 생성된 영양소로 유지되었던 것은 흙으로 돌아가고 물을 먹어서 우리 육체의 70%를 유지했던 수분은 결국 물로 돌아가는 것입니다.

그렇기 때문에 흙으로 만들어서 흙으로 돌아가는 것은 아담과 이브 뿐이지 그 다음 인간은 흙으로 만들어서 흙으로 돌아가는 것이 아니고 흙에서 난 여러 가지 영양소와 유기물질들을 먹어서 육체가 형성되었기 때문에 육체의 고향인 흙으로 돌아가는 것입니다.

따라서 육신은 육신이 존재하게 했던 수분과 흙에서나 영양소로 유지되었던 것들은 죽으면 바로 물과 흙으로 물과 흙으로 돌아가고 더운 기운은 불로, 동작은 바람으로 되돌아가기 때문에 사람이 죽으면 돌아간다고 하는 것입니다.

49재 천도의식

인간의 육체도 왔던 곳으로 돌아가고 나면 영식 역시 출발점에서 종착점이라고 할 수 있는 4유기四有期 가운데 삶[本有] 죽음[死有] 영식[中有] 다시 태어남[生有]을 반복하는데 죽음은 사유死有에서 중유中有로 존재하는 기간, 즉 다시 태어나기 전 영식의 상태에 있습니다.

영식은 우리가 살아있을 때 어떻게 업을 지었느냐에 따라서 각기 다른 관觀을 갖게 됩니다. 업을 쉽게 표현해보면 훈습 습관 버릇이라고 할 수 있습니다. 어리고 불충분한 표현이지만 그렇게 표현할 수밖에 없습니다.

이 업에 따라 영식이 좋고 나쁨을 선택하고 옳고 그름조차 업대로 판단하는 것입니다. 생전에 살생을 좋아했던 사람은 그 습관대로 그런 곳을 좇아 찾아가는 것이고 도둑질이나 사기와 폭행 음주난행 등이 습관이 된 사람은 그것이 좋기 때문에 그런 곳으로 찾아가는 것입니다.

생전에도 유유상종한다고 하지 않습니까? 마약이나 도박 알콜중독자는 그것이 좋아서 하듯이 그것이 훈습된 업은 죽은 뒤의 영식이 그대로 다음 삶(생유 다음의 본유)을 찾아가는 것입니다.

그렇지 않아도 우리 인간은 과거 전생의 업(죄, 버릇)이 있고 현세를 살아가면서 많은 업을 짓게 됩니다. 그래서 누구나를 막론하고 좋지 못한 업(죄)이 있습니다. 혹자는 우리 어머님은 법이 없이도 사시는 분인데 죄가 없을 것이라고 제게 물어오면 저는 긍정도 부정도 하지 않습니다.

그런데 인간은 탐진치와 욕망에 의해 업의 힘으로 살아가기 때문에 좋지 못한 업이 없을 수가 없고 또 보이는 현상만이 아니고 마음으로 짓는 업이 많아서 습관화가 되는 것입니다. 그렇기 때문에 사람이 죽어 영식이 중유에서 중음의 강을 지나 생유로 다시 태어나도 순간의 선택은 순전히 자기 스스로의 습관에 의해 태어남을 선택하게 되어 있습니다.

이에 우리가 영가를 천도하는 의식은 첫째는 영가에게 일깨움을 드려 좋지 못한 습관 가진 데로의 관을 버리고 바른 소견(정진)을 가질 수 있도록 영가에게 일깨움을 드리는 것이고, 둘째는 부처님의 말씀과 같이 영식은 육신이 없기 때문에 스스로를 재의식을 통해서 부처님게 천도발원과 보시공덕을 가족이나 친지가 지어 모든 분들께 회향하는 것이고, 셋째는 49재 의식을 통해서 선인선과 악인악과의 인과도리를 배우고 익혀 젊은 사람은 미래의 삶을 위해 바르고 열심히 살아야 하고 노인들은 사후의 세계를 위해서 보시공덕을 짓는 것을 배우고 실천하도록 일깨우는 데 그 목적이 있다고 할 것입니다.

사바에서 정토

　우리가 살고 있는 이 세계를 사바세계라고 합니다. 사바娑
婆는 산스크리트어 사하(sabhā)를 소리 나는 대로 음역한 것으
로 인忍, 감인堪忍, 능인能忍이라고 번역합니다. 즉, 참는다는
뜻입니다.

　중생은 번뇌와 욕망을 참아야 하고, 성자들은 어리석은 사람
을 교화할 때 감내하면서 참아야 합니다. 이 세상은 참지 않고
는 살아갈 수 없습니다. 사바세계는 고통이 연속되는 예토穢
土입니다. 예토의 반대말은 정토淨土입니다. 정토는 부처님이
살아 계시는 청정한 불국토佛國土입니다. 정토에는 몸과 마음
에 일체의 근심과 괴로움이 없고, 한량없이 맑고 깨끗하고 항
상 즐거움만이 있다고 합니다. 안락하고, 모든 불보살님에게
기쁜 마음으로 공양한다고 해서 안양安養 국토라고도 합니다.
『아미타경』에는 서방정토를 아래와 같이 묘사하고 있습니다.

　　"여기에서 서쪽으로 십만 억 국토를 지나가면 한 세계
　　가 있는데, 그 이름을 극락이라 하느니라. 그곳에 계신
　　부처님을 일러 아미타 부처님이라 하며, 지금도 바로

그 극락세계에서 설법을 하시고 계시느니라. 사리불아, 그 나라 이름을 어찌하여 극락이라 하는지 알겠느냐? 그 나라의 중생들은 아무런 괴로움이 없고 다만 즐거움만을 누리므로, 극락이라 이름 하느니라."

정토는 3계를 벗어나 육도윤회가 끊어진 상태를 말합니다. 삼계는 욕계慾界, 색계色界 무색계無色界를 말합니다.

욕계는 탐욕이 많아 정신이 흐리고 거칠며, 물질에 속박되어 어리석게 살아가는 중생의 세계입니다. 이 욕계에는 지옥, 아귀餓鬼, 축생畜生, 아수라阿修羅, 인간, 천天의 세계로 나뉘는 6도六道가 있습니다. 천의 세계는 사왕천四王天, 도리천忉利天, 야마천夜摩天, 도솔천兜率天, 화락천化樂天, 타화자재천他化自在天 등 육욕천六欲天으로 구성돼 있습니다. 지옥의 중생은 가장 탐욕이 많은 반면 타화자재천의 중생은 가장 탐욕이 적습니다.

색계는 욕심은 떠났지만, 아직 마음에 맞지 않는 것에 대하여 거부감을 일으키는 미세한 진심嗔心만이 남아 있는 중생들이 사는 비교적 맑은 세계입니다. 이 색계에서는 선정禪定이 차차 깊어진다고 하여, 수행의 경지에 따라 초선천初禪天, 이선천二禪天, 삼선천三禪天, 사선천四禪天, 정범천淨梵天의 다섯 가지로 나누어집니다.

무색계는 탐욕과 진심이 모두 사라져서 물질의 영향을 받지는 않지만, 아직 '나我'라는 생각을 버리지 못하여 정신적인 장애가 남아 있는 세계입니다. 중생이 사는 세계 가운데 가장 깨끗한 세계로서 미세한 자아의식으로 인한 어리석음만 떨쳐버리면 불지佛地에 이르게 됩니다. 이 세계에는 공무변처空無邊處, 식무변처識無邊處, 무소유처無所有處, 비상비비상처非想非非想處 등의 사공천四空天이 있습니다.

원효 스님이나 지눌知訥 스님은 삼계를 곧 일상생활로 봤습니다. 생활 속에서 탐욕과 진심과 어리석음 등 삼독심三毒心을 벗어날 때 삼계에서 해탈할 수 있고, 마음속에 이와 같은 삼독심이 더하고 덜함에 따라서 삼계의 여러 세계를 옮겨 다니게 된다는 것입니다.

특히 원효 스님은 『대승기신론소』에서 삼계가 오직 일심一心에서 비롯되는 것이므로, 일심이 미혹될 때 지옥, 아귀, 축생 등의 좋지 않은 세계를 윤회한다고 역설하였습니다. 그래서 원효 스님은 삼계유일심三界唯一心 즉, 삼계는 일심에서 비롯되는 것임을 강조했습니다.

이처럼 삼계는 육도중생들이 윤회하는 터전입니다. 그런가 하면 정토나 극락은 윤회가 끊어진 상태입니다. 윤회에 의해서 태어나는 세계가 아니고, 아미타 부처님의 원력으로 반드시 깨달음을 얻어 부처가 되는 세계입니다.

『무량수경』에는 "제가 깨달음을 얻어 성불할 적에 그 나라 중생들이 만약에 성불하는 정정취에 머물지 못하고 필경에 열반을 얻지 못한다면 저는 차라리 깨달음을 이루지 않고 부처가 되지 않겠습니다"라는 서원이 있습니다. 이는 아미타불의 전신인 법장 비구의 48대원의 11번째의 원력입니다. 이 서원에 따라 서방정토에 태어난 사람은 모두 정정취正定聚 즉, 항상 정진하여 결정코 성불하게 될 부류입니다. 성불할 소질이 없는 사정취邪定聚나 혹 어느쪽으로도 결정되지 않은 부정취不定聚가 아닙니다. '정정취'는 절대 물러나지 않는 근기를 지녀서 반드시 부처가 되는 중생을 일컫고, 사정취는 삿된 무리로 믿음도 행도 없으므로 결코 깨달을 수 없는 중생을 일컫고, 부정취는 이쪽이냐 저쪽이냐 아직 확정되지 않은 부류의 중생을 일컫습니다.

『무량수경』에는 아래와 같은 서원도 있습니다.

"제가 깨달음을 얻어 성불할 적에 다른 불국토의 보살들이 제 국토에 와서 태어난다면 필경에 그들은 한 생만 지나면 반드시 부처가 되는 일생보처一生補處의 자리에 이르게 되오리다. 다만 그들의 소원에 따라 자재롭게 회현하는 이는 제외하오니 중생을 위하여 큰 서원을 세우고 선근공덕을 쌓아 일체중생들을 제도하고 또한

모든 불국토에 다니며 보살의 행을 닦아 시방세계의 여
러 부처님들을 공양하고 또한 한량없는 중생을 교화하
여 위없이 바라고 참다운 가르침을 세우고자…… 보현
보살의 공덕을 닦으려는 이들입니다. 만약 이외 다른
보살들이 일생보처에 이르지 못한다면 저는 차라리 깨
달음을 다 이루지 않고 부처가 되지 않겠습니다."

이처럼 정토에서도 성불을 미루는 보살들이 있습니다. 즉,
안락한 정토에 머물지 않고 고통 받는 중생 곁으로 다시 오는
보살들이 있는 것입니다. 정토에서조차도 당신의 성불을 미루
고 사바세계에 다시 태어나시는 것입니다.

이렇게 스스로 부처되는 것을 미루고 사바세계에 중생들을
구제하기 위하여 태어나는 것을 원생願生이라고 합니다. 오직
중생을 제도하기 위해 원력으로 태어나기 때문입니다. 반면에
중생은 자기가 지은 업력에 따라 여기에 태어나기도 하고 저기
에 태어나기도 합니다. 본인의 원력이 아니고 업에 따라 태어
나기 때문에 업생業生이라고 합니다.

업생의 윤회를 거듭하는 중생에게는 사바세계와 정토세계가
나뉘어 있지만, 자신의 원력으로 원생을 하는 보살에게는 사
바세계와 정토세계가 다르지 않습니다.

열반涅槃에 이르는 길

80권본 『화엄경』 「십회향품 제25」에는 "일체세간종연생—切世間從緣生"이란 구절이 있습니다. '모든 세간 인연으로 일어나는 것이므로'라는 의미입니다.

사람이 태어나고 죽는 것도 모두 인연법에 따라 윤회하는 것입니다. 따라서 죽음은 삶의 끝이 아닙니다. 죽는다는 것은 마치 헌옷을 갈아입는 것과 같습니다. 사람은 죽으면 6도六途를 윤회하게 됩니다. 육도란, 지옥地獄, 아귀餓鬼, 축생畜生, 수라修羅, 인도人道, 천상天上을 일컫습니다.

사람이 죽으면 육신肉身을 떠나 영혼의 상태가 됩니다. 이 기간이 보편적으로는 49일 동안 지속됩니다. 이 기간 동안의 넋을 중음신中陰神 혹은 중유中有라고 부릅니다. 이승도 아니고 저승도 아닌 중간에 놓인 상태라는 뜻입니다.

그런데 무상한 이 인생살이에도 죽지 않는 신령스러운 한 물건이 있습니다. 이 한 물건은 새 옷을 입고 나들이 나갔다가, 헌 옷을 입고 다시 돌아오길 반복합니다. 여기서 새 옷은 출생을 일컫고, 헌 옷은 죽음을 일컫는 것입니다.

이런 진리를 깨달으면 삶과 죽음이, 한낱 나들이 갈 때 갈아

입는 외출복과 다르지 않게 느껴질 것입니다. 따라서 죽음을
두려워하거나 삶을 탐착하지도 않을 것입니다. 생사에 걸림 없
는 대자유인이 되는 것입니다.

『작법귀감作法龜鑑』에 다음과 같은 의례문儀禮文이 있습니다.

생종하처래生從何處來
사향하처거死向何處去
생야일편부운기生也一片浮雲起
사야일편부운멸死也一片浮雲滅
부운자체본무실浮雲自體本無實
생사거래역여연生死去來亦如然
독유일물상독로獨有一物常獨露
담연불수어생사潭然不隨於生死

삶은 어디서 오며 죽음은 어디로 가는가?
삶은 한조각 구름이 일어남이고,
죽음은 한조각 구름이 사라짐인데,
뜬 구름 자체는 본래 실체가 없으니,
생사거래 역시 그러하다.
여기 한 물건이 항상 홀로 있어

담연은 생사를 따르지 않는다네.

— 『작법귀감』 —

　　우리의 육체는 인연에 따라 태어나고 인연이 다하면 사멸하지만, 보고 듣고 느끼고 말을 하는 이 육신을 조정하는 주인공은 태어남도 없고 죽음도 없습니다. 이 신령스러운 존재는 업력에 이끌려 이 세상에서 저 세상으로 끝없는 여행을 하는데, 이를 일컬어 윤회라고 합니다. 비유를 들자면 밤하늘의 달과도 같은 것입니다. 밤하늘에 둥실 떠서 밤길을 훤히 밝히는 보름달도 날이 밝아 태양이 떠오르면 그 모습을 찾을 수 없지만, 그렇다고 해서 달의 존재가 사라진 것은 아닙니다. 지구의 맞은편 밤하늘에 떠서 달은 여전히 은은하게 빛을 발하고 있습니다. 우리의 생사는 바로 이 달이 뜨고 지는 현상과 같습니다. 우리의 본래 주인공은 죽는다고 해도 사라지는 것이 아닙니다. 다른 세상에서 여여如如하게 본래면목을 드러내기 마련입니다.

　　실상이명實相離名 법신무적法身無跡
　　종연은현從緣隱現 약경상지유무若鏡像之有無
　　수업승침隨業昇沈 여정륜지고하如井輪之高下
　　묘변막측妙變莫測 환래하난幻來何難

참다운 모습은 이름을 떠나 있고 법신은 자취가 없으나,
인연 따라 나타났다 사라지는 것이
거울 속의 모양이 있다가 없어짐과 같다.
업연 따라 오르고 내리는 것이
우물 속을 두레박이 오르내림과 같아서
묘한 변화를 헤아릴 수 없으니
환처럼 오는 것이 어찌 어렵지 않겠는가?

－『작법귀감』－

우리의 삶은 봄날 바람에 흩날리는 꽃잎처럼 찰나의 순간에 사라지고 마는 환영입니다. 봄날 언덕에 피어오르는 아지랑이처럼 실제로 존재하는 것이 아니라, 마음이 지은 환幻의 작란作亂에 지나지 않습니다. 그런데 미욱한 사람은 육신의 욕망에 따르다보니 참나[眞如]를 보지 못합니다. 죽으면 한낱 티끌 먼지가 되어 사라질 줄 모르고 자신의 육신에만 집착을 합니다.

고려 말 야운(野雲; ?~?) 대사는『자경문自警文』에서 아래와 같이 설하였습니다.

내무일물래來無一物來 거역공수거去亦空手去
만반장불거萬般將不去 유유업수신唯有業隨身

삼일수심천재보三日修心千載寶

백년탐물일조진百年貪物一朝塵

올 때에 한 물건도 가져옴이 없었고,

갈 때에도 또한 빈손으로 가는 것이다.

만 가지 물건이 있어도 갖고 가지 못하고,

오직 업만이 몸을 따른다.

삼일 동안 닦은 마음은 천 년의 보배가 되고,

백 년 동안 탐한 재물은 하루아침에 티끌이 되느니라.

　육신은 마음이 잠시 묵었다가 가는 여인숙과 같습니다. 언젠가는 지地, 수水, 화火, 풍風 등 사대四大로 돌아갈 것입니다. 불성佛性의 본래면목만이 영원불멸의 주인공인 것입니다.

　사찰에서 천도재를 올리는 것도 영가가 부처님의 법문을 듣고 무생법인無生法忍을 얻어, 사바 고해苦海의 인연을 끊고 극락세계에 왕생하시길 기원하기 위해서 입니다. 영가는 우리의 육안으로는 볼 수 없지만, 시공간을 초월하여 존재합니다. 영가의 세계, 즉, 중유中有의 기간에는 거추장스러운 육신을 벗어 던지고 신령스럽고 밝고 맑은 상태로 존재합니다.

　불교의 궁극적인 목적은 윤회의 수레를 멈추고 고요한 적멸의 세계, 열반에 드는 것입니다. 하지만 자신의 본래면목을 보지 못하는 미혹한 중생은 죽어서도 육신에 집착합니다. 생전에 지은 과보가 커서 업장業障이 두터워진 영가는 번뇌의 불꽃을 끄기 어렵습니다.

생전에 많은 선행善行 공덕을 지었어도 좋지 않은 업업業이 남아 있다면 그 영가는 지장보살의 위신력이 필요합니다.

『지장경地藏經』에는 다음과 같은 말씀이 있습니다.

"만약 어떤 사람이 살아있을 때, 착한 일을 하지 못하고 죄만을 지었더라도 목숨을 마친 후에, 권속들이 그를 위하여 천혼기도를 올리면 그 모든 공덕의 칠분의 일은 망인에게 돌아가게 되고, 나머지 칠분의 육은 살아있는 자손들에게로 돌아가게 되는 것이니, 이런 까닭으로 현재의 모든 사람들은 이 말을 잘 듣고 스스로 잘 닦으면, 그 모든 복덕을 얻게 되는 것이다."

이처럼 사십구재는 떠나는 자와 남겨진 자, 망자亡者와 유족이 나누는 마지막 인사인 것입니다. 그러니 남겨진 가족은 망자에게 일체 모든 번뇌를 내려놓고 열반에 들기를 기원해야 하며, 망자는 남겨진 가족에게 불법에 귀의하여 살아가길 바라야 합니다.

사십구재의 궁극적인 목적은 망자의 극락왕생을 발원함으로써, 그 가족의 마음이 평온해지는 데 있습니다.

천척사륜직하수千尺絲綸直下垂

일파자동만파수一派自動萬派水
야정수한어불식夜靜水寒魚不息
만선공재월명귀滿船空載月明歸

긴 낚싯줄을 아래로 곧장 드리우니,
한 물결 일렁이자 일만 물결 파도치네.
고요한 밤 물이 차니 고기는 입질 않고,
빈 배 가득 밝은 달만 싣고 돌아오네.

　위의 인용문은 중국 남송시대 야보 도천(冶父道川; 1127~1130)
선사의 선시입니다. 최상의 죽음은 모든 욕망을 잠재우고 평
온하게 열반에 드는 것입니다. 삶의 순간들은 욕망으로 얼룩
져 있습니다. 이는 수면 위에 낚싯줄을 드리우니 한 동심원同
心圓이 일만 물결을 만드는 것과 같습니다. 하지만 죽음은 다
시 적막한 시간으로 돌아가는 것입니다. 빈 배에 휘영청 밝은
달빛을 싣고 빈손으로 돌아가는 것입니다.

　송나라 만송 행수(萬松行秀; 1166~1246) 선사의『종용록從容錄』
제34칙에는 이런 구절이 있습니다.

　득지본유得之本有, 얻었다 한들 본래 있었던 것

실지본무失之本無, 잃었다 한들 본래 없었던 것

얻었다고 좋아할 것도, 잃었다고 슬퍼할 것도 없습니다. 인생은 빈손으로 왔다가 빈손으로 가는 것입니다. 오직 업식業識만이 따르니, 선업을 지어 해탈 열반의 세계에 이르도록 정진해야 할 것입니다.

임제 선사의 도반인 보화普化 선사는 삶과 죽음에 자유로웠습니다. 유명한 '보화천화普化遷化'에 대해 이야기를 들어보겠습니다.

하루는 보화 선사가 저잣거리에서 사람들에게 장삼 한 벌을 구걸했습니다. 그러자 사람들이 저마다 스님에게 장삼을 주었지만, 그때마다 "필요 없다"며 받지 않았습니다. 임제 선사가 원주 스님을 시켜 관을 하나 사오라고 했습니다. 그리고 보화 스님이 절에 오자 말했습니다.

"내가 그대를 위해 장삼을 한 벌 마련해 두었네."

보화 선사는 스스로 관을 짊어지고 저잣거리를 다니면서 외쳤습니다.

"임제 스님이 나를 위해 장삼을 만들어 주셨다. 나는 동쪽 문으로 가서 세상을 떠나겠다."

사람들이 너도나도 따라가서 보았습니다. 그러자 보화 선사가 말했습니다.

"오늘은 세상을 떠나지 않겠다. 내일 남쪽 문에서 세상을 떠나겠다."

이렇게 사흘을 계속하니 사람들이 다 믿지 않았습니다. 나흘째 되던 날이 되자 따라와 보려는 사람이 아무도 없었습니다. 보화 선사는 혼자 성 밖으로 나가 스스로 관 속에 들어가서는 길가는 사람에게 부탁하여 관 뚜껑에 못을 치게 했습니다. 이 말이 곧 저자거리에 퍼지자 사람들이 앞을 다투며 와서 관을 열어보았습니다. 그런데 몸은 이미 어디론가 사라져버렸고 다만 공중에서 요령소리만 은은히 들리며 떠나갈 뿐이었습니다.

기실 우리가 자신이라고 착각하는 몸은 인연화합에 생겨난 곡두에 지나지 않습니다. 그래서 보화 스님은 관을 장삼이라고 말하고 있는 것입니다. 우리가 입고 있는 옷은 시체를 싸고 있는 관과 다르지 않기 때문입니다. 몸은 사라지고 없고 공중에서 요령소리만 들렸다는 대목에서, 우리는 자연스럽게 우주의 두두물물이 모두 법신불 아님이 없음을 깨닫게 됩니다.

칠칠재 상단 우리말 발원문

   우주 생성의 근원이시며 삼라만상으로 실상을 나투시는 부처님,

   49일전에 돌아가신 ◯◯ 영가의 49일을 당하여 그 자손 ◯◯ 등이 서방정토 백련사 무량수전 대법당에서 지극한 정성으로 칠칠재를 봉행하옵나이다.

   거룩하신 부처님,

   돌아가신 ◯◯ 영가와 더불어 저희들은 과거 전생으로부터 지금에 이르도록, 알고 모르는 가운데 너무도 많은 죄업을 지었나이다. 그중에는 몸으로 지은 험악한 죄가 있는가 하면, 입으로는 부질없이 말을 만들고 꾸며서 지은 허물도 많사오며, 마음으로 무단히 생각을 일으키어 남을 미워하고 시기 질투하며 남을 원망하는 등, 너무나 많은 죄를 지었나이다. 이제 돌아가신 ◯◯ 영가와 더불어 저희들이 전생에 지은 죄이거나 현세에 지은 죄이거나, 알고 지은 죄이거나 모르고 지은 모든 죄업장을 진실로 참회 올리오니, 지은 바 모든 죄 업장을 남김없이 소멸해 주시옵기를 간절히 발원합니다.

대자대비하신 부처님,

지장보살께서는 고통받는 모든 영혼들을 구제하시기 위하여, 지옥이나 아귀나 축생이나 고통 받는 중생이 있는 곳이 있으면, 언제 어느 곳에나 다 나투시어 고통받는 모든 중생들을 다 구원하면서 그 중생들의 고통 받는 것이 너무나 안타까워 눈물 흘려 애원하시면서 중생을 천도하십니다. 고통받는 한 중생이라도 남아있으면 차라리 성불을 미루시고, 중생들과 함께 고통받으시며 그들을 모두 구제하신 다음에 성불하겠다는 원력으로, 모든 중생을 천도하신다고 듣고 있나이다. 이제 오늘 저희가 천도해 모시고자 하는 ○○ 영가도 지장보살님의 위와 같은 큰 원력에 힘입어 반드시 천도되시기를 간절히 발원합니다.

대비의 원력으로 중생을 섭수하시는 부처님,

아미타부처님께서는 생사의 6도에 고통으로 윤회하는 모든 중생을 섭수하시기 위하여, 극락세계를 설판하시고 마흔여덟 가지 큰 원력으로 극락세계를 장엄하시고, 모든 중생을 섭수하신다고 듣고 있나이다. 오늘 저희들이 천도해 모시고자 하는 ○○○ 영가도 아미타부처님의 크신 원력으로 극락세계에 반드시 태어나게 하사옵고, 상품 상생하는 인연 지어 주시옵기를 간절하게 발원합니다.

복덕과 지혜 갖추신 부처님,

오늘 49재를 천도해 모시는 모든 이들의 가정마다 부처님 자비 광명이 항상 함께하시어, 49재 천도 이후 가내의 모든 근심 걱정, 우환 질병, 모든 환난을 소멸하게 하시옵고 악한 이는 이름도 없게 하시옵고 항상 어질고 착한 이와 함께하는 인연 맺사와 각기 하고자 하는 모든 일이 다 원만하게 성취되고 재수 대통하는 가피 주시옵기를 간절히 발원합니다.

햇빛같이 맑고 깨끗하신 부처님,

오늘 이 자리에 참석한 모든 이들의 마음속에 부처님의 은혜가 항상 함께하시옵소서. 그리하여 세상에 일어나는 모든 일들은 다 자기가 지어서 자기가 받는다는 것을 바로 깨닫게 하사오며, 남을 원망하기보다 자기의 허물을 먼저 살피며 남을 먼저 위하는 것이 궁극적으로 자기를 위하는 것인 줄 바로 깨달아, 항상 바르고 참되며 진실한 삶을 살게 할 뿐 아니라, 금생에 신심 더욱 견고하여 반드시 정각을 이루어 모든 이들을 안락 국토에 이르게 하사오며 이들이 이르는 곳마다 불국토가 되게 하옵소서.

나무 석가모니불
나무 석가모니불
나무 시아본사 석가모니불.

3부
부처님의 생애에서 배웁시다

- 부처님께서 사바세계에 나투신 까닭
- 부처님께서 출가하신 까닭
- 부처님께서 이루신 성도의 세계
- 부처님께서 관밖에 내보이신 맨발
- 중생 세계에 계시는 부처님
- 부처님을 만나는 인연

부처님께서 사바세계에 나투신 까닭

- 부처님오신날 법어 -

불자들은 부처님오신날이 되면 연등에 불을 밝힙니다. 그런데 연등에 불을 밝히면서 마음에 불을 밝히는 불자는 많지 않을 것입니다. 저는 불자들이 밝히는 연등이 마음을 환히 밝히는 등불이라고 생각합니다.

마음이 없는 사람은 없습니다. 누구나 다 마음이 있습니다. 그런데 마음이 무엇이냐고 물으면 제대로 대답을 하는 사람이 없습니다.

심즉시불心卽是佛이라는 가르침이 있습니다. 즉, 마음이 부처라는 뜻입니다. 마음이 모든 창제創製의 근원입니다. 그런 까닭에 이 세상의 모든 유형무형의 존재들은 마음으로부터 생성된 것입니다. 그런데 마음은 형상이 없다 보니 보이지 않습니다. 그러니 길다고도 짧다고도 말할 수 없고, 크다고도 작다고 말할 수 없습니다. 심지어 있다고도 없다고 말할 수 없습니다. 하지만 이 마음은 천지가 생기기 전부터 있었거니와 천지가 사라진 뒤에도 그대로 존재하는 까닭에 무시무종無始無終, 즉, 시작과 끝이 없습니다.

동서고금의 현자들은 마음을 정의하기 위해 노력했습니다. 그런데 마음의 정의 중 가장 뛰어난 것이 부처님의 탄생게입니다.

천상천하天上天下 유아독존唯我獨尊

하늘 위 하늘 아래 오직 내가 가장 존귀하다는 의미입니다. 여기서 말하는 아我, 즉, 내가 바로 마음인 것입니다. 마음이 이 세상의 모든 현상과 심리적 상태를 만드는 까닭에 80권본 『화엄경華嚴經』「야마천궁게찬품 제20」에서는 '일체유심조一切唯心造'라고 표현한 것입니다. 모든 것은 마음이 만들어내는 조화라는 의미입니다.

누구나 사후에 지옥이 아니라, 극락을 가고 싶어 합니다. 그런데 지옥과 극락이 사후에만 있는 게 아니라, 현세에도 있습니다. 우리가 극락에 사느냐, 지옥에 사느냐를 결정하는 것이 바로 마음입니다. 마음이 즐거우면 극락이고, 마음이 괴로우면 지옥입니다. 즐거울 때는 괴로운 생각이 없고, 괴로울 때는 즐거운 생각이 나지 않기 때문입니다.

부처님오신날을 맞아, 우리가 밝히는 등불은 외롭고 슬프고 분노가 들끓고 누군가를 미워하는 까닭에, 괴로움으로 가득 찬 어두운 지옥의 마음을 밝혀 극락의 마음을 만드는 데 목적이 있는 것입니다.

지옥의 마음을 극락의 마음으로 바뀌려면 세 가지를 실천해야 합니다.

첫째, 지혜의 등불을 밝혀야 합니다. 우리 중생은 어리석음 때문에 괴로움과 분노와 시기와 질투가 생기기 때문에 고통과 괴로움을 바로 볼 줄 알아야 합니다. 그런 까닭에 지혜의 등불을 밝혀야 하는 것입니다.

둘째, 자비의 등불을 밝혀야 합니다. 가난하고 헐벗은 이웃들에게 온유한 등불을 밝혀 자비를 베풀어야 합니다.

셋째, 영원히 꺼지지 않는 광명의 등불을 밝혀야 합니다. 우리가 부처님오신날에 점등하는 등불은 오래지 않아 꺼지지만, 마음의 등불은 영원불멸할 것입니다.

마음의 등불을 밝혀 지혜와 자비의 세상을 만들어야 합니다. 그것이 바로 부처님이 이 세상에 나투신 이유입니다.

지금으로부터 2600여 년 전, 부처님께서는 무명 속을 헤매는 중생들을 제도하기 위해서 이 땅에 나투셨습니다.

하지만 부처님께서 이 사바세계에 나투신 지 2600여 년이 지난 지금까지도, 우리는 행복하고 평화로운 세상을 만들지 못하고 있습니다.

현재 우리는 오탁악세五濁惡世 속에서 살고 있습니다. 오탁악세란 혼탁하고 어지러운 세상을 일컫는 말입니다. 『아미타경阿

彌陀經』에는 말세가 되면 '오탁악세五濁惡世'가 만연한다고 쓰여 있습니다. 다섯 가지의 혼탁함은 아래와 같습니다.

첫째, 겁탁劫濁, 시대상황이 혼란해지고
둘째, 견탁見濁, 가치관이 혼탁해지고
셋째, 번뇌탁煩惱濁, 마음이 혼탁해지고
넷째, 중생탁衆生濁, 사람들의 인성이 혼탁해지고
다섯째, 명탁命濁, 인간의 수명이 천수를 다하지 못하
　　　게 된다는 것입니다.

그렇다면 이처럼 어지럽고 혼탁한 시대상황에서 우리는 무엇을 삶의 등불로 삼아서 살아가야 하는 것일까요? 바로 부처님의 가르침[佛法]입니다.

『원각경圓覺經』에 이르길, "한 마음이 청정하면 국토가 청정하다"고 했습니다. 한 사람의 마음이 청정하면, 그 사람의 영향으로 그 사람의 지인들의 마음도 깨끗해지고 끝내는 그 사람이 속한 사회도 청정해지기 때문입니다.

이 말씀은 우리 마음에서 모든 것이 이루지고 변한다는 의미이며, 우리 내면에 이미 갖춰져 있는 맑고 밝은 불성佛性이 우주 만물의 근본이라는 사실을 강조한 것입니다.

부처님오신날을 맞이하여 연등을 밝히는 것도 바로 이러한 불법佛法을 실천하겠다는 굳은 원력 때문입니다.

촛불은 제 몸을 녹여서 어둠을 밝힙니다. 자신의 몸을 희생하여 남을 돕는 그 대승보살의 정신이 불자에게는 필요합니다.

부처님의 탄생 연유가 기록돼 있는 경전을 읽으면 부처님이 이 사바세계에 오신 까닭을 알 수 있습니다. 『본생경本生經』에 전하는 부처님의 탄생 이야기는 아래와 같습니다.

"인류의 숭앙과 찬탄을 받고 계시는 부처님께서는 큰 빛으로 사바세계에 강림하시어 부처님이 되시기 이전부터 갠지스강의 모래알보다 많은 생애를 통하여 피보다 뜨거운 구도의 길을 걸으셨고, 연꽃보다 고귀한 사랑과 자비를 나투시어 헤아릴 수 없는 수많은 공덕을 쌓으셨다. 과거 전생의 끊임없는 수행정진과 수미산보다 높고 바다보다 넓은 공덕을 쌓으신 인연으로, 마침내 제6대 가섭불 밑에서 수행을 닦으신 후 목숨이 다한 후 도솔천에 태어나시어, 일생보처의 보살이 되신 것이다. 일생보처란 차기의 부처님이 되실 분으로 도솔천에 탄생하신 까닭은 도솔천 아래 세계는 게으름과 욕정에 빠져 있고, 도솔천 위 세계는 선정을 좋아한 나머지 중생을 구제하겠다는 원력을 일으키지 않기 때문입니다. 〈중략〉

그러니 그대들은 알라. 법을 보는 자는 여래를 보고, 법
을 실천하는 자는 여래와 가까이 있는 것이니라."

『본생경本生經』에 전하는 부처님의 탄생 이야기가 주는 교훈
은 명료합니다. 부처님은 전생에 수많은 공덕을 쌓았고, 수미
산보다 높고 바다보다 넓은 공덕의 인연으로 말미암아 인류를
구제할 수 있었다는 사실입니다. 또한, 불법佛法을 보는 것이
바로 여래를 보는 것이고, 불법佛法을 실천하는 것이 바로 여
래의 곁에 있는 것이라는 가르침이 담겨 있는 것입니다.
  그런가 하면, 『불본행집경佛本行執經』에는 부처님이 이 사바
세계에 오신 날의 모습이 잘 기술돼 있습니다.

"호명보살護明菩薩님은 금단이라는 천자와 범천, 제석
천왕을 불러 의논하였다. 일생보처 즉 부처님이 되실
분이 의탁하시는 집은 60가지의 공덕을 갖추고, 일생보
처의 어머니 되실 분은 32가지의 덕행을 구족하여야 한
다고 말씀하셨다.
논의 끝에 가비라국 석가족釋迦族의 정반왕 마야부인을
선택하게 되었다. 호명보살은 자기가 태어날 곳을 완전
히 관찰하시고 난 뒤, 웅장하고 장엄한 천궁의 사자좌
에 오르셔서 마지막 설법을 하시었다.

설법을 마치고 난 호명보살은 도솔천에서 하강하시어, 정반왕의 부인인 마야왕후의 우협으로 조용히 입태하였다.

이 때 대지는 여섯 가지로 진동하고, 세상의 어두움은 사라졌으며, 모든 산에는 무지개가 피어오르고, 바닷물은 솟구쳐 용솟음쳤으며, 모든 강물은 거꾸로 흐르고, 일체의 수목과 약초는 탐스럽게 자라고, 아비지옥의 중생까지도 일시적이나마 모든 고통을 여의게 되었다.

대를 이을 왕자를 낳지 못하여 항상 청정한 재계를 지키고 있던 마야부인은 잠시 잠을 자고 있었는데, 붉은 빛깔의 머리와 여섯 개의 이빨을 가진 흰 코끼리가 허공을 날아 내려와 오른쪽 옆구리로 들어오는 꿈을 꾸게 된다. 해몽에 능한 선인들로부터 참으로 길하고 상서로운 태몽이라는 말을 듣고, 정반왕과 마야부인은 기쁨에 겨워 어쩔 줄을 몰라 하였다.

정반왕은 이 아기의 복된 내일을 위하여, 카필라성 사대문을 활짝 열고 무차대회를 열어 모든 것을 가난하고 어려운 사람들에게 베풀어 주었다. 왕자를 잉태한 마야부인은 놀라운 능력을 발휘하게 되며, 그 한 예로는 심한 고통을 받던 환자들이 마야부인을 보면 병이 나아서 고통으로부터 벗어났다고 하였다. 이것은 보살은 태에 들어 있을 때도 중생들을 제도하겠다는 한 마음뿐이므로, 불가사의한 현상이 나타나게 된다.

마야부인은 산일이 가까워지자 친정인 천비성으로 가서 출산하기를 원하였다. 정반왕은 이를 쾌히 승낙하고 천비성으로 가는 길을 새로 고치고 아름답게 장엄하도록 지시하였다. 마야부인은 호위병과 시녀들을 데리고 카필라와 천비성 사이 룸비니 동산 무우수無憂樹 나무 아래서 수레의 행렬을 멈추게 한 후 룸비니 동산의 아름다움에 도취되어 꽃이 만발한 무우수 나무 밑에 이르러서 그 꽃가지를 잡으려 하자 그 꽃가지는 저절로 늘어져 왕비의 손까지 내려왔다. 왕비가 팔을 뻗어서 그 가지를 잡자 곧 산기가 일어나 시녀들이 포장으로 왕비를 둘러싸고 그 자리에서 물러났다.

나무를 잡으신 오른쪽 옆구리가 열리면서 태자가 탄생하셨다. 이때 태자로부터 큰 광명이 나와 모든 하늘 세계와 인간세계 그리고 일체 세간世間을 두루 비추었으니, 이것은 부처님이 되실 보살의 탄생을 알리는 상서祥瑞롭고 위대하고 장엄한 모습이었다. 이때 사천왕은 양피로 만든 부드러운 천으로 태자太子를 받았으며, 공중에서 두 줄기 물이 내려와 왕비와 태자의 몸을 씻어 드렸다.

태자는 사방으로 일곱 걸음을 걸으시고, 걸으시는 곳마다 연꽃이 솟아나 태자의 발을 받쳐 드렸다. 그 이유는 삼계를 이끌어 가실 가장 위대하신 성인의 출현을 천지가 기쁨으로 영접하였기 때문이다. 태자는 곧이어 한손을 하늘과 한손은 땅을 가리키며 '천상천하 유아독존天上天下 唯我獨尊'이라고 큰 소리로 외쳤다."

부처님의 탄생게인 '천상천하 유아독존天上天下 唯我獨尊'의 첫째 의미는 인류 최초의 자주선언이라고 할 수 있습니다.

부처님 재세 당시 인도 사람들은 천신天神이 우주와 삼라만상을 창조한다고 믿었습니다. 부처님의 탄생게는 이런 창조신 학설을 근본적으로 부인한 것입니다. 신이라는 존재를 만든 것이 인간인데도 오히려 인간들은 신의 노예가 되어 고뇌하고 방황하였습니다. 이런 미욱한 인간들의 정신을 해방하고자 부처님은 창조신으로부터의 해방을 선언한 것입니다. 따라서 부처님의 탄생게는 인류 최초의 자주선언이라고 할 수 있습니다. 또한 부처님의 탄생게는 인본주의를 제창함으로써, 인류를 미몽迷夢에서 깨어나게 하였습니다.

부처님 탄생게의 둘째 의미는 인류 최초의 평등선언이라고 할 수 있습니다.

당시 인도 사회는 사성계급에 의해 지배되었습니다. 계급사

회임에도 불구하고, 부처님은 신분과 상관없이 인간은 누구나 깨달음을 얻을 수 있는 고귀한 존재라고 설하셨습니다.

부처님 탄생게의 셋째 의미는 참나[眞我]인 마음만이 우주의 근본임을 밝혔다는 것입니다.

앞서 제가 강조했다시피 마음은 삼라만상의 창제자입니다. 부처님은 절대적인 신이 있어 우주만유宇宙萬有를 창조하고 인간을 좌지우지하는 것이 아니라, 이 세상 모든 것은 마음에서 비롯된다는 것을 강조하신 것입니다.

"나는 중생들을 구원하러 온 것이 아니라, 본래 누구나 불성을 구족하고 있음을 깨닫도록 하기 위해 온 것이다."

『법화경』에서 하신 부처님의 이 말씀은 누구나 마음을 깨끗이 하여 부처님의 가르침을 따르면 부처님이 될 수 있다는 뜻입니다. 이 세상의 모든 존재는 누구나 불성의 씨앗을 갖고 있습니다. 다시 말해 우리는 모두 미완未完의 부처인 것입니다. 자신의 마음속에 있는 불성佛性을 볼 줄 알면 바로 부처인 것이고, 그러지 못하면 중생인 것입니다.

'천상천하天上天下 유아독존唯我獨尊'이라는 부처님의 탄생게에서 나(我)는 세상의 모든 존재를 일컫는 것입니다. 따라서 부처님의 탄생게는 이 하늘 아래 지상 위에 존귀하지 않은 존재는 없다는 의미입니다. 부처님은 이 세상의 모든 사람, 나아가서는 자연의 모든 구성원은 불성을 지니고 있음을 일깨우셨습니다.

매년 부처님오신날 즈음이면 나뭇가지마다 신록이 돌아 꽃
향기가 진하게 허공에 퍼지곤 합니다. 가지각색의 꽃들이 피
어나서 화엄華嚴 만다라를 이루기도 합니다. 이는 자연의 구성
원마저도 인류의 큰 스승이자 성인이신 부처님이 이 땅에 오신
뜻을 함께 기뻐하는 것이라고 볼 수 있습니다. 부처님께서 이
사바세계에 나투신 까닭은 무명에 빠진 중생을 구제하기 위해
서였습니다.

부처님의 생애에서 우리는 유한한 삶이 아닌 영원의 세계를
읽을 수 있습니다. 비록 부처님의 진신은 육신으로 남아 있지
않지만, 부처님이 남기신 깨달음의 가르침은 시공時空을 초월
하여 생멸에 들지 않은 채 영구불변하게 지금도 온 우주법계에
충만해 있습니다.

부처님께서 오신 참뜻은 모든 중생이 부처님의 성품을 갖고
있음을 선언하신 데 있습니다. 따라서 우리 불자들은 중생 모
두가 본래 부처라는 가르침을 가슴에 새기고, 대자비행을 실
천하여야 할 것입니다. 그러기 위해서는 먼저 고통 받는 이웃
을 위해 대비 원력을 세워야 할 것입니다.

부처님께서 사바세계娑婆世界에 나투신 까닭은 고해苦海, 즉,
고통의 바다를 헤매고 있는 중생衆生들을 건지시기 위해서였
습니다.

기실 부처님은 온 적도 간 적도 없습니다. 이 세상의 모든 존재가 부처이기 때문입니다. 이 지구상에는 무수한 종의 생명체가 있다고 합니다. 이 무수한 종의 생명체, 즉, 유정물有情物은 물론이고, 무정물無情物까지도 모두 다 불성佛性이 있습니다. 그러니 이 세상의 모든 존재가 부처인 것입니다.

부처와 중생의 차이는 세상의 모든 존재에서 부처는 하나의 부처를 보는 반면, 중생은 각기 다른 여러 개의 중생을 본다는 것입니다.

부처님께서 이 세상에 나투셨다고 해서 세상이 바뀐 것은 없습니다. 부처님께서 탄생하시기 전에도, 열반하신 뒤에도 아침에는 해가 뜨고 저녁에는 해가 졌습니다. 사계가 순환하듯 사람은 태어나서 늙고 병들어 죽었습니다. 그 짧은 인생살이에도 사람들은 서로 시기하고 반목하면서 싸웠습니다.

부처님은 두 가지 방법으로 중생들을 괴로움으로부터 구제해주셨습니다.

첫째, 연기법緣起法이라는 진리를 일깨워주심으로써 중생이 인식을 전환할 수 있게 해주셨습니다. 연기법은 모든 현상은 생겨나서 소멸하기 때문에 고정된 실체가 없다는 것입니다. 하지만 한 사람이 지은 업은 사라지지 않습니다. 선업을 지으면 선과를 얻고 악업을 지으면 악과를 얻게 돼 있습니다. 하여 부처님은 중생에게 복을 짓는 방법을 가르쳐주셨던 것입니다.

둘째, 현실적으로 상황을 타개할 방법을 일러주셨습니다.

『금광명경金光明經』「참회품懺悔品」에는 국가國家와 사회社會를 편안便安하게 다스리는 방법이 명시돼 있습니다. 그런 까닭에 예부터 우리나라의 임금은 천재지변이 생기거나 흉년이 들거나 역병이 돌거나 외적의 침략이 심하면, 본인의 허물로 생각하고 하늘에 석고대죄하기 위해 단을 쌓고 기도를 드렸습니다.

불자라면 부처님오신날에는 빈자일등貧者一燈 일화의 교훈을 가슴 깊이 새겨야 할 것입니다.

부처님 재세 당시 난타라는 여인이 있었습니다. 그녀는 국왕이 부처님께 등불 공양을 올릴 것이라는 소식을 들었습니다. 그녀는 "나는 무슨 전생의 업보로 복밭을 만나고도 뿌릴 씨앗 없을까?" 하고 한탄했습니다. 등불 공양을 올릴 생각에 그녀는 거리를 돌아다니면서 동냥을 했으나, 등불 공양을 올릴 돈이 부족했습니다. 하여 머리카락을 잘라 기름을 산 뒤 기원정사 한쪽 구석에 등불을 밝히면서 아래와 같이 서원했습니다.

"부처님! 저는 가난하여 작은 등불 하나만을 부처님께 공양 올립니다. 하지만 저로서는 몸과 마음 모두를 바치는 것이옵니다. 바라건대 이 인연공덕으로 저에게도 지혜광명을 내려주시고, 일체중생의 어두운 그림자를 사라지게 해 주십시오."

소원을 빌고 절을 올린 뒤 그녀는 기원정사를 떠났습니다. 밤이 지나고 이른 새벽이 되어 먼동이 트기 시작했습니다. 다른 등불은 하나 둘씩 꺼지는데 난타가 밝힌 등불은 꺼지지 않았습니다.

때마침 목련 존자가 등불들을 차례로 끄고 있었습니다. 하지만 오직 한 등불만은 꺼지지 않았습니다. 부처님께서 이 광경을 지켜보시고 말씀하셨습니다.

"지금 네가 끌려고 하는 등불은 너의 힘으로 꺼지는 것이 아니다. 비록 네가 신통력이 자재하여 바닷물을 길어다 붇거나 태풍을 일으켜 끈다 해도 꺼지지 않는 세상을 밝히는 불멸의 등불이 될 것이다. 왜 그런지 아느냐? 그 등불을 보시한 사람이 자기의 재산과 마음을 모두 바쳐 일체중생을 구원하겠다는 큰 발원을 세운 것이기 때문이다."

목련 존자는 부처님의 말씀을 듣고 땅에 엎드려 예배를 드렸습니다. 말씀을 마치고 나신 부처님은 난타 여인을 불러 아래와 같이 수기하셨습니다.

"너는 내세에는 부처가 될 것이다. 그 때의 이름은 수미등광 여래이며 십호의 공덕을 갖추게 될 것이다."

부처님오신날에 밝히는 수많은 연등들이 난타가 간절한 마음을 담아서 밝힌 등불과 다르지 않다는 사실을 아셔야 합니다.

부처님오신날은 불교신자들의 명절인 동시에 우리 민족이 오랜 세월 동안 축제처럼 즐긴 날이기도 합니다. 고통의 바다에서 헤매는 중생을 위해 부처님께서 출현하신 날이기 때문입니다.

부처님께서는 모든 사람이 불성佛性을 지니고 있다는 사실을 깨우쳐 주시기 위하여 이 세상에 오셨습니다. 그리고 자신이 깨달은 크나큰 진리를 가엾은 중생에게 평생 동안 회향하셨습니다.

그러니 부처님오신날에는 빈자일등貧者一燈의 일화를 통해 가난한 이웃에게 자비를 베풀라고 일러주신 부처님의 가르침을 가슴 깊이 새겨야 할 것입니다.

부처님께서 출가하신 까닭

- 출가재일 법어 -

부처님은 카필라 왕국의 왕자로 태어났습니다. 아버지는 카
필라 왕국의 왕인 숫도다나였습니다. 숫도다나는 고대 작은 왕
국의 왕이었으므로, 부족장이라고 해도 틀린 말은 아닐 것입
니다. 흔히 부처님을 일컬어 석가모니라고 합니다. 이는 부처
님의 부족이 사카(Śakya)족이기 때문에 붙여진 이름입니다. 사
카를 한역경전에서는 석가釋迦로 음역한 것입니다. 석가 뒤에
붙는 모니는 성자聖者를 의미합니다. 그러니까, 석가모니라는
말은 사카족의 성자라는 의미가 됩니다.

그런가 하면, 부처님을 고타마 싯다르타라고 부르기도 합니
다. 고타마는 가문의 성씨이고, 싯다르타는 태어났을 때 지은
이름입니다. 이름의 뜻은 '목적을 성취한 사람'입니다.

흔히 부처님을 붓다라고도 칭송합니다. 당시 붓다는 깨달은
사람을 일컫는 말입니다.

부처님도 깨달음을 얻기 전까지는 한낱 범부에 지나지 않았
으니, 그저 싯다르타라고 불렸을 것입니다. 싯다르타는 왕자
로 태어난 까닭에 물질적으로 조금도 부족함이 없이 자랄 수

있었습니다.

싯다르타가 열아홉 살이 되자 부왕은 서둘러 태자비를 물색하였습니다. 슬기로운 신부감을 물색한 끝에 같은 사카족 대신의 딸 야쇼다라를 태자비로 정하게 되었습니다.

하지만 태자는 결혼한 후에도 곧잘 사색에 잠기곤 했습니다. 그때마다 슬기로운 야쇼다라는 태자의 마음을 위로하는 데 정성을 다했습니다.

부족함이 없는 싯다르타가 결혼하여 아들(라훌라)까지 낳은 마당에 출가를 결심하게 된 이유가 무엇일까요?

우선 어머니인 마야부인이 일찍이 사망한 것이 큰 영향을 끼쳤을 것입니다. 어머니와의 사별이 어린 태자에게는 평생 씻을 수 없는 마음의 그림자가 되었을 것입니다.

다음으로 싯다르타의 출가에 영향을 끼친 사건은 4문유관四門遊觀을 경험한 것입니다. 사문유관은 싯다르타가 가비라성迦毗羅城의 밖으로 놀러 나갔다가 동문 밖에서는 노인을, 남문 밖에서는 병든 사람을, 서문 밖에서는 죽은 사람을, 북문 밖에서는 수행자를 만나 인생의 네 가지 괴로움인 태어나고, 늙고, 병들고, 죽는 괴로움을 본 것을 일컫습니다.

사문유관을 경험한 뒤 싯다르타는 4고四苦인 생로병사生老病死에서 벗어나서 불생불멸不生不滅의 가르침인 열반涅槃을 얻기 위하여 왕궁을 떠나 출가의 길에 들게 되었습니다.

싯다르타의 나이 스물아홉 살 때의 일입니다. 야쇼다라와 결혼한 지 10년이 지났음에도 싯다르타는 출가의 원력을 꺾지 않았습니다. 게다가 싯다르타가 출가를 할 때 야소다라와 사이에서 낳은 아들이 있었습니다. 경전에 따르면, 야쇼다라가 아들을 낳았을 때 싯다르타의 부왕은 기쁨을 감추지 못했다고 합니다. 하지만 싯다르타는 득남의 기쁨을 만끽하기는커녕 "라훌라가 생겼구나"라는 탄식을 했다고 합니다. 라훌라는 장애障礙라는 뜻입니다.

어린 아들이 있었음에도 싯다르타는 출가의 원을 실천합니다. 싯다르타는 시종 찬다카에게 말을 끌고 나오도록 시켰습니다. 그리고 싯다르타는 말에 올랐습니다. 그가 말을 타고 궁을 빠져나온 뒤 싯다르타는 찬다카에게 말의 고삐를 건넸습니다. 싯다르타는 강물에 얼굴을 씻고 허리에서 칼을 뽑아 치렁치렁한 머리카락을 잘랐습니다.

싯다르타는 몸에 지녔던 패물을 모두 찬다카에게 건네면서 말했습니다.

"이 목걸이를 부왕에게 전하여라. 나는 내 뜻을 이루기 전에는 죽는 한이 있더라도 돌아가지 않을 것이다. 나는 왕위 같은 세속의 욕망은 털끝만큼도 없다. 내가 이루고자 하는 것은 단지 생로병사의 괴로움에서 벗어나는 것일 뿐이다."

싯다르타의 출가는 불제자들에게 버림의 미학이 무엇인지

간명하게 일깨워줍니다.

출가하면서 싯다르타가 가장 먼저 한 일은 금장식 은장식을 한 신을 벗어던지고 맨발이 된 것입니다.

싯다르타가 출가한 본뜻은 생노병사를 벗어나는 방법을 이루기 위해서입니다.

부처님은 출가 직전 부왕에게 이런 게송을 읊었습니다.

"같이 사랑하며 오래 산다 하여도 때가 되면 헤어지나니, 이렇게 삶은 무상하며 순간임을 알았으니 저는 이제 해탈을 구하나이다."

처음 두 구절은 아릿하고, 나중 구절은 유원幽遠합니다. 삶은 태어나는 순간부터 죽음을 향해 달릴 수밖에 없습니다. 그 시간 속에서 우리는 수많은 이별을 해야 합니다. 바로 이러한 생로병사라는 윤회의 사슬을 끊고 열반에 들어서 모든 중생을 구제하겠다는 일념으로 부처님께서는 출가를 하신 것입니다.

신라의 원측 법사圓測法師는 출가에는 형출가形出家와 심출가心出家 두 종류種類가 있다고 제시提示하였습니다.

출가란 집을 떠나 산간의 전문 수행 도량에서 출가생활을 하는 것을 말합니다. 형출가란, 말 그대로 외형적인 출가를 의미합니다. 심출가란, 외형적인 출가보다 내면의 세계인 심출가의 중요성을 강조하신 말씀입니다. 또한 매우 대승적인 의미로 생각할 수도 있습니다. 청정한 계율을 지키며 수행에 전념한다면 속세에 몸이 있더라도 참다운 출가라는 의미입니다. 원측법사의 가르침은 실로 작금의 모든 수행자들에게 큰 교훈을 주고 있습니다.

부처님의 출가가 불제자에게 주는 교훈은 세간世間을 떠나 출세간出世間으로 가는데 있는 것이 아니라, 생로병사의 윤회를 끊고 열반에 들어 중생을 모두 제도하겠다는 굳은 원력에 있는 것임을 알아야 합니다.

부처님께서 이루신 깨침의 세계

- 성도재일 법어 -

부처님오신날만큼이나 중요한 명절은 바로 성도재일입니다. 부처님은 깨달음을 이룸[成道]으로써 싯다르타에서 붓다로 거듭나셨기 때문입니다

불교는 타력신앙이 아니라 자력신앙입니다. 미완의 부처에서 부처가 되는 게 바로 불제자의 궁극적인 목적인 것입니다.

부처님은 고행주의자인 마하 바르가바와 선정주의자인 마하 우드라카 라마푸트라에게 찾아가 깨달음을 구하지만, 궁극적인 깨달음을 얻지는 못합니다. 마하 바르가바의 고행은 천상의 세계에서 태어나 영원히 성스러운 삶을 살기 위한 데 목적이 있었습니다. 마하 우드라카의 선정은 '생각 자체를 떠나서 생각도 생각 아님도 아닌 그윽하고 고고한 지상至上의 경지'이긴 했으나, 이 역시 자기 혼자서만 세상의 고통을 초월하고 그 경지를 즐기는 것이어서, 일종의 개인적인 쾌락주의라고 할 수 있었습니다. 선정삼매에 빠져 안락하게 삶을 영위하는 것이 싯다르타에게는 중생들을 외면하는 것으로 여겨졌을 것입니다.

고행주의와 선정주의를 모두 여의고 중도中道에 든 뒤 부처

님은 홀연히 깨달음을 얻으셨습니다.

성도하시기 전 부처님은 6년 동안 고행한 까닭에 몸이 기진맥진한 상태에 이르렀습니다. 다행이 병문안을 가던 수자타가 우유죽을 주어서 부처님은 기사회생起死回生할 수 있었습니다. 정신을 되찾고 나자 부처님은 가족을 등지고 왕궁을 빠져나오던 과거의 모습이 떠올랐습니다. 부처님이 출가한 이유는 삶과 죽음을 뛰어넘는 깨달음을 얻기 위해서였습니다. 만약 깨달음을 얻지 못한다면 나라에는 대역大逆을 범하고, 아버지에게는 불효를 하고, 부인과 아들에게는 가장의 의무를 저버린 것이 될 것이었습니다. 하여 부처님은 칠일 동안 밤낮 없이 참회한 뒤 선정에 들었다가, 드디어 새벽별을 보고서 생사를 초월해 우주의 생성 원리를 깨닫게 된 것입니다.

하지만 사람들은 부처님이 깨달은 사실을 알지 못했습니다. 부처님이 깨달은 사실을 안 것은 해와 달과 별, 구름과 바람, 산야초목, 들짐승과 날짐승 등 자연의 구성원들이었습니다.

경전에 따르면 49일이 지나도록 자신이 깨달았다는 사실을 아는 사람이 나타나지 않아, 부처님은 현생에는 깨달음을 전할 인연이 없구나 싶어 열반에 들려고 했다고 합니다. 그러자 제석천왕이 하늘에서 내려와 "세존이시여, 중생들의 근기가 천차만별입니다. 그 근기에 맞게 알려주시면 중생들이 알 것입니다"라고 설득하였습니다. 하여 부처님이 중생의 근기에 맞춰 설하셨고, 이 설법이 바로 팔만대장경인 것입니다.

부처님께서 깨달은 진리를 간단히 요약하면, 연기緣起라고 정의할 수 있습니다. 부처님의 깨달음은 우주의 참모습을 발견한 것입니다. 부처님은 수행정진 끝에 우주를 구성하는 원리인 연기의 법칙을 깨달았습니다. 연기의 법칙에 따르면 고정된 실체가 없고[無常], 따라서 나도 내 것도 없습니다[無我].

부처님은 인생의 고뇌를 불가피한 것으로 인정하지만 그것을 초월한 안심安心의 영역도 엄연히 존재함을 깨달은 것입니다.

예부터 부처님 삶의 궤적을 팔상八相으로 말하곤 합니다. 팔상이란 부처님의 일생에 있었던 여덟 가지 극적인 사건을 의미합니다. 그 가운데서도 깨달음을 성취한 성도成道를 가장 중요하다고 여겨서 팔상성도八相成道라 하였습니다.

성도일은 고타마 싯다르타가 고타마 붓다로 새로 태어난 날이요, 범부의 굴레를 벗어 던지고 성자가 되신 날입니다. 무명의 껍질을 깨고 지혜를 성취한 날이며, 구속과 얽매임에서 벗어나 해탈과 열반의 문을 활짝 여신 날입니다.

부처님께서는 아난존자에게 "화려한 꽃을 나에게 바치는 것이 진정한 공양이 아니라 나의 법을 통해 깨달음의 문을 여는 것이 최상의 공양"이라고 말씀하셨습니다.

그 최상의 공양이란 바로 온·처·계蘊處界에서 무아無我를 깨닫는 것이라고 했습니다. 부처님의 이 말씀을 역대의 조사들은 견성見性이라고 했습니다. 역대 조사들이 "밖에서 부처를 찾지 말고 자신의 내면에서 찾으라"고 말한 것도 같은 이유입니다. 그러니까 자기의 본래 성품을 깨닫는 것이 부처님에 대한 최상의 공양인 것입니다.

달마 대사는 『혈맥론血脈論』에서 "만약 부처를 찾고자 하면 반드시 견성해야 한다. 성품이 바로 부처이다. 만약 견성하지 못하면 염불하는 것, 경전을 독송하는 것, 계를 지키는 것들이 아무런 이득도 되지 않는다. 염불은 인과를 얻을 뿐이고, 독경은 총명을 얻을 뿐이며, 계 지킴은 천상에 나게 할 뿐이며, 보시는 복의 과보를 얻을 뿐"이라고 정의하였습니다.

자신의 본바탕이 무엇인지 바로 보지 못한다면, 아무리 부처님께 공양하고 예배한다고 해도 견성성불은 소원해질 것입니다.

누구나 불성을 지니고 있습니다. 우리가 깨달음을 얻지 못하는 이유는 원력이 부족하기 때문입니다. 불자라면 마땅히 자기 밖의 것들에 쏟았던 관심을 자신에게 돌려서 참나眞我는 무엇인지 참구해야 합니다. 자기의 본래 성품을 보기 위해서는 마음을 비우는 작업이 선행되어야 할 것입니다.

자신의 마음을 비우려 하지 않고 오히려 욕망을 채우려고 애쓴다면 허상을 보게 되고 사견에 따르게 됩니다. 『백유경百喩經』에는 이런 우화가 실려 있습니다.

"원숭이 한 마리가 콩 한 줌을 쥐고 있다가 잘못하여 콩 한

알을 떨어뜨렸습니다. 원숭이는 떨어뜨린 콩을 잡기 위해 손을 펼쳤습니다. 그 바람에 쥐고 있던 콩들이 모두 땅에 떨어졌고, 옆에서 기웃거리던 닭과 오리가 서둘러 달려와 바닥에 떨어진 콩들을 먹어치웠습니다."

많은 사람이 이야기 속 원숭이처럼 실수를 하는 이유는 방하착放下着할 줄 모르기 때문입니다. 방하착이란 집착하는 마음을 내려놓는 것을 뜻합니다.

중국의 조주 스님은 '착득거着得去'라는 말씀을 남겼습니다. 착득거着得去는 '짊어지고 가라'는 뜻으로 방하착의 반대말입니다.

엄양 스님이 조주 스님에게 물었습니다.

"한 물건도 가지고 있지 않을 때 어떻게 합니까?"

조주 스님이 말했습니다.

"내려놓아라. 방하착放下着하라."

엄양 스님이 다시 물었습니다.

"한 물건도 가지고 있지 않은데 무엇을 내려놓는다는 말입니까?"

그러자 조주 스님이 말했습니다.

"그렇다면 짊어지고 가라. 착득거着得去하라."

조주 스님은 엄양 스님에게 아상我相을 없애라고 에둘러 가르치고 있는 것입니다. 그런데도 말귀를 못 알아들은 엄양 스님은 무엇을 내려놓느냐고 반문합니다. 그래서 조주 스님은 짊어지고 가라고 다시 일깨움 주는 것입니다.

성도란 조금도 꾸미지 않은 본래의 참나[眞我]를 발견하는 것입니다. 이는 마치 냇물에 비친 자신의 모습을 보는 것과 같습니다. 이 참나는 생멸生滅이 없고, 유무有無가 없습니다. 이 참나를 다른 말로는 어머니 뱃속에 들기 전 근원적인 자기父母未生之前, 본래면목本來面目, 청정한 성품自性, 불성佛性, 진성眞性, 진여眞如, 본성本性, 본심本心, 법성法性, 본지풍광本地風光, 불심佛心, 보리菩提, 정법안장正法眼藏, 일물一物, 일착자一着子, 제일의제第一義諦 등이라고 합니다.

당나라의 서암 사언(瑞嚴師彦: 850~910) 화상은 참나를 주인공이라고 일컬었습니다. 서암 스님은 매일 좌선을 마치면서 이렇게 자문자답自問自答했습니다.

"주인공아!"

"네."

"깨어 있느냐?"

"네."

"언제 어디에서든지 남에게 속지 마라."

"네."

서암 화상의 일화에서 알 수 있듯 참나는 항상 깨어 있는 존재이며, 언제 어디에서든지 누구에게도 속지 않는 존재입니다.

송나라 때 선사 사명四明 스님이 편집한 『인천보감人天寶鑑』이라는 책에 이런 이야기가 있습니다.

시랑侍郎 장구성張九成 거사는 진사 공부를 하는 틈틈이 불경을 공부했습니다. 장구성 거사가 찾아와 종지를 묻자 영은사靈隱寺의 오명悟明 선사는 이렇게 말했습니다.

"열심히 공부해서 이름을 날려야 할 사람이 어찌하여 생사 문제를 참구하려고 하는가?"

장구성 거사가 대답했습니다.

"옛어른[先儒]이 말씀하시기를, 아침에 도道를 깨달으면 저녁에 죽어도 좋다고 하였습니다. 그러나 세간과 출세간의 법이 처음부터 다른 것이 아니어서 옛날 훌륭한 신하 중에도 선문禪門으로 도를 얻은 사람이 부지기수이니 유교와 불교가 무엇이 다르겠습니까? 불제자인 스님께서 왜 저를 막으려고 하십니까?"

오명 선사는 장구성 거사의 정성이 갸륵해 이렇게 말했습니다.

"종지를 얻고자 한다면 단 한순간도 생각을 놓아서는 안 된다. 오랫동안 인연이 무르익어 때가 되면 저절로 깨치게 된다."

그리고는 화두를 주었다.

"조주趙州 스님에게 한 스님이 묻기를, '조사가 서쪽에서 오신 뜻이 무엇입니까?' 하자 조주 스님은 '뜰 앞의 잣나무'라고 일러주었다. 앞으로 이 화두를 참구하라."

하지만 장구성 거사는 오래도록 깨닫지 못하였습니다. 그러던 어느 날 호문정공胡文定公을 뵙고 마음 쓰는 법에 대해 자세히 물었습니다. 호안국은 유가에서 말하는 인의仁義에 요점이 있다고 대답하였습니다.

장구성 거사는 이 말을 듣고 잠시도 잊지 않았습니다. 어느 날 저녁, 변소에 가서 '측은히 여기는 마음은 인이 비롯되는 곳[惻隱之心 仁之端]'이라는 구절을 깊이 생각했습니다. 그때 홀연히 개구리 울음소리를 듣고 자신도 모르게 깨달은 바가 있어 게송을 지었습니다.

춘천야월일성와春天夜月一聲蛙
당파허공공일가撞破虛空共一家
정임마시수증득正恁麼時誰曾得
령두각통유현묘嶺頭胐痛有玄妙

봄날 달밤에 한 마디 개구리 소리가
허공을 때려 깨서 일가를 이루는구나.

바로 이런 때를 그 누가 알겠는가?
산꼭대기의 곤한 다리에 현묘한 도리가 있구나.

— 『인천보감』 —

장구성 거사는 우연히 묘희妙喜 스님이 불상에 붙인 글을 보게 되었습니다. 그 글 내용인즉슨,

흑칠추죽비黑漆麤竹篦
불래야일봉佛來也一棒

까맣게 옻칠한 커다란 죽비竹篦
부처가 온다면 한 방 치리라.

이 게송을 보고서 장구성 거사는 묘희 스님 즉 대혜 종고 스님을 만나고 싶었습니다. 그러다 조정으로 돌아와 예부시랑禮部侍郎으로 자리를 옮기게 되었습니다. 그러던 중 기다리던 묘희 스님과의 만남이 이뤄졌습니다. 묘희 스님은 날씨에 대한 이야기 말고는 다른 말이 없었습니다. 그런데 묘희 스님은 장구성 거사와의 만남 뒤 문도들에게 이렇게 말했습니다.
"장구성 거사는 깨달은 바가 있더라."
문도들이 물었습니다.

"서로 만나 선禪 자도 뻥긋하지 않았다는데, 어떻게 깨달았는지를 아십니까?"

"내 눈은 왜 있는 것이냐?"

장구성 거사가 조상의 사당에 제사를 지내기 위해 경산徑山을 지나던 중 묘희 스님을 찾아뵈었습니다. 그리고 『대학大學』에 나오는 '격물치지格物致知'의 뜻을 물었습니다. 묘희 스님이 말했습니다.

"공은 격물格物만 알았지 물격物格은 모르는군요."

장구성 거사는 망연히 있다가 한참 뒤에 말했습니다.

"거기에도 어떤 방편이 있겠지요."

스님이 다시 말했습니다.

"이런 이야기가 있습니다. 낭주閬州 태수가 안록산安祿山과 공모해 반란을 일으켰습니다. 당 현종玄宗이 촉의 땅에 행차했을 때, 낭주 태수의 초상화을 보고서 진노하여 신하에게 그의 목을 칼로 치라고 하였습니다. 신하가 초상화를 베니 섬서성陝西城에 있던 낭주 태수의 목이 땅에 떨어졌다고 합니다."

장구성 거사는 이 말을 듣고서 벽에 글을 지어 붙였습니다.

자소격물子韶格物 묘희물격妙喜物格
욕식일관欲識一貫 양개오백兩箇五百

자소子韶는 격물格物이요
묘희妙喜는 물격物格이니
한 관貫이 얼마나 되는가?
오백 돈이 둘이로구나.

－『인천보감』 －

장구성 거사는 이 일이 있은 후, 도를 깨달아 마음이 텅 비어
모든 의혹이 없어졌다고 합니다.
육조 혜능 스님은 『육조법보단경』에서 아래와 같은 게송을
읊었습니다.

불법재세간佛法在世間 불리세간각不離世間覺
이세멱보리離世覓菩提 흡여구토각恰如求兎角

불법은 세간에 있으니,
세간을 떠나 깨닫는다는 생각을 버려라.
세간을 떠나 깨달음을 찾는다면,
마치 토끼의 뿔을 찾는 것과 같으니라.

육조 혜능 스님의 게송에서 알 수 있듯 깨달음은 먼 데 있는
게 아닙니다. 장구성 거사가 세간에서 깨달음을 얻었듯, 재가

불자들도 간절히 사무치게 참구하면 깨달음을 얻을 수 있는 것입니다.

한 스님이 인도를 여행하는 중 복잡한 열차를 탔습니다. 앉을 자리가 없어 고생하다가 간신히 한 자리가 비어있어 앉고 보니, 화장실 앞의 자리였습니다. 다른 사람들이 앉지 않아서 비워져 있던 자리였던 것입니다. 열 시간 넘게 서서 가야 할 형편이기에 스님은 하는 수 없이 그 자리에 앉아야 했습니다. 화장실 문이 열리고 닫히면서 구린 냄새가 나고 용변 보는 소리도 들리는 까닭에 스님은 견디기가 몹시 힘들었습니다.

그러다 스님은 자정 무렵이 되자 생각이 바뀌었습니다. '나는 성지순례자다. 옛날의 구도자들은 내가 기차를 타고 가는 이 길을 오직 두 발로 걸어서 갔다. 두 발이 부르트도록 걷는 것에 비하면 악취는 힘든 게 아니다. 인도 사람들은 아무렇지도 않은 표정으로 앉아 있고 서 있는데 나만 유난을 떨었구나.'

이런 생각을 하자 스님은 자신이 앉아 있는 그 자리가 불국토인 것처럼 여겨졌습니다. 그리고 환희심이 샘솟았습니다. 부처님이 태어나신 도량인데 무엇이 불만인가 하고 생각하니, 도리어 환희심이 나고 구도자의 행각으로는 즐거운 생각이 들더라고 하였습니다.

이 스님의 일화에서 알 수 있듯 마음먹기에 따라서, 극락이 되기도 하고 지옥이 되기도 하는 것입니다. 깨달음을 얻는다는 것도 크게 다르지 않습니다. 중생과 부처가 한 생각에 따라 결정되는 것입니다.

세존당입설산중世尊當入雪山中
일좌불지경육년一座不知經六年
인견명성운오도因見明星云悟道
언전소식편삼천言詮消息遍三千

부처님께서 설산에 들어가시어
한 자리에서 육년 동안 수행하시다가
새벽에 별이 반짝이는 것을 보시고 도를 깨치셨으니
그 소식이 삼천대천세계에 두루 전하여졌도다.

—『작법귀감』—

앞서 말씀드렸다시피, 부처님이 보신 새벽별은 깨닫기 전에도 있었음은 물론이고, 출가 전에도 있었고 태어나기 전에도 있었던 것입니다.

관세음보살 기도를 하는 불자들은 하루에도 수천 번씩 입으로 관세음보살을 부를 것입니다. 그런데 관세음보살을 부르는 그 사람이 누구인지 생각해보셨습니까? 관세음보살을 부르는 사람을 아는 것과 새벽별을 보고서 깨치는 것이 다르지 않습니다.

중국의 임제 선사는 많은 수행을 해도 한 소식을 깨닫지 않으면 지옥에 간다고 설했습니다. 이 소식이 무엇일까요?

고려 보조 국사 지눌 스님의 『수심결修心訣』에 이런 말씀이 있습니다.

하루는 이견왕이 바라제 존자에게 물었습니다.

"무엇이 부처입니까?"

"성품을 보는 것이 부처입니다."

"성품을 보십니까?"

"나는 부처의 성품을 봅니다."

이견왕이 다시 물었습니다.

"불성은 어느 곳에 있습니까?"

"불성은 작용하는 데 있습니다."

"무슨 작용이기에 나는 지금 볼 수가 없습니까?"

"작용하는 것을 보고 있는데, 왕이 스스로 보지 못하는 것입니다."

이견왕이 계속해서 물었습니다.

"나에게도 있습니까?"

"왕이 작용을 한다면 그렇지 않겠지만, 작용하지 않는다면 바탕을 보기 어렵습니다."

"작용을 할 때는 몇 군데서 나타납니까?"

"여덟 군데입니다. 태胎에 있으면 몸이 되고, 세상에 나오면 사람으로 이름 불리고, 눈에 있으면 보이고, 귀에 있으면 들리고, 코에 있으면 냄새 맡게 되고, 혀에 있으면 맛보거나 말하게 됩니다. 손에 있으면 붙잡게 되고, 발에 있으면 뛰게 됩니다. 널리 나타날 때는 세상에 가득 차 있고, 거두어들이면 아주 작은 티끌 하나에 있습니다. 아는 사람은 불성佛性이라고 하지만 모르는 사람은 혼이라고 부릅니다."

이에 이연왕이 홀연히 깨달았습니다.

달마 대사가 설하시길 "내가 입멸한 후에 법이 온 세상에 두루 미칠 것이다. 하지만 도를 밝힌 이는 많아도 행하는 이는 적고, 진리를 말할 수 있는 이는 많아도 진리를 통달한 이는 적으리라. 그래도 진리에 부합해 비밀히 증득할 이가 천만이 넘으니 그대는 깨닫지 못한 이를 가벼이 여기지 말라. 한 생각 돌이키면 깨달은 것과 같으니라"라고 했습니다.

우리는 6근에 따른 고정관념 때문에 자신의 본래성품을 보지 못하는 것입니다. 보이는 데 속고 듣는 데 속는 것이 중생입니다. 속지 않고 바로 보는 것이 불성佛性이고 바로 듣는 것이 주인공입니다. 속아서 보고 들으면 영원히 주인공을 찾을 수 없을 것입니다.

전북 부안 내소사에 주석하시던 해안(海眼; 1901~1974) 스님이 19세에 성도재일을 맞아 삼동결제 기간에 선방에서 일주일 동안 참선 정진하다가 깨달으셨습니다. 스님은 그 직전까지 백양사 강원에서 경을 보셨습니다. 당시에 해안 스님을 지도하신 분이 학명鶴鳴 스님입니다.

학명 스님은 당시 해안 스님에게 "은산철벽銀山鐵壁을 타파하라"는 화두를 주셨습니다. 이 화두를 받은 뒤 해안 스님은 정진을 열심히 하셨습니다.

해안 스님은 아침마다 학명 스님이 주석하는 조실실에 찾아가서 은산철벽에 대한 답을 구했습니다. 4일째 되는 날 학명 스님은 해안 스님이 묻는 말에 제대로 답을 하지 못하자 "저 방에 있는 걸레를 가져오라"고 했습니다. 해안 스님은 학명 스님이 시키는 대로 걸레를 가져왔습니다. 그러자 학명 스님은 "이 걸레를 다시 저 방에 갖다놓아라"라고 했습니다. 해안 스님은 학명 스님이 시키는 대로 걸레를 갖다놓았습니다. 그리고 조실실에 다시 들어 오르는 순간, 학명 스님이 우레와 같은 소리로 "나가!"라고 고함을 질렀습니다. 해안 스님은 혼비백산 쫓겨나서 기둥을 붙잡고 한동안 하염없이 상념에 잠겨 있는데, 학명 스님이 조실실에서 아주 다정한 목소리로 부르는 소리가 들렸습니다. 쫓겨난 처지에 학명 스님이 찾아주는 게 고맙고 반가워서 해안 스님은 얼른 조실실로 달려갔습니다. 그런데 조실실 방문을 열려고 문을 당겼더니 문고리가 잠겨 있었습니다. 당시 해안 스님의 심정이 어떻겠습니까? 부끄럽고 창피하고 울화통이 나지 않겠습니까? 누가 옆에서 건드리기만 해도 주먹질을 할 만큼 분했겠지요. 속이 상한 해안 스님은 소리 없이 조실실 앞에 서 있다가 눈물을 흘렸습니다.

그때부터 해안 스님은 밥을 먹으나, 울력을 하나, 심지어 잠에 들 때에도 어떻게 은산철벽을 타파할 것인가, 하고 궁구窮究하였습니다. 그리하여 해안 스님은 3일 후 죽비소리를 듣고 홀연히 깨달음을 얻었고, 학명 스님께 찾아가 법거량 끝에 인가를 받았습니다. 법거량 당시 해안 스님은 학명 스님께 "노한老漢이 사람을 속였다"며 큰 소리로 고함을 질렀다고 합니다.

학명 스님이 해안 스님을 깨달음으로 인도하기 위해 다양한 방책을 사용하는 것을 알 수 있습니다. 학명 스님은 하루에도 몇 번씩 은산철벽을 타파하는 해답을 일러줬지만, 해안 스님은 해답을 듣고도 몰랐던 것입니다. 엄밀히 말하면, 해안 스님을 속인 것은 자신입니다. 자신에게 속은 것입니다.

저도 법상에 오를 때마다 여러분께 본래면목本來面目을 일러줬고, 관세음보살을 부르는 놈이 누구인지 드러내 보였습니다. 하지만 여러분들은 자신에게 속은 나머지 본래면목을 보고도 몰랐던 것입니다. 본래면목을 아는 게 바로 도道입니다. 자신의 본래면목을 볼 줄 아는 사람이 바로 부처님입니다. 이것이 바로 불교의 핵심입니다.

부처님께서 45년 동안 고구정녕苦口丁寧하게 중생을 제도하는 설법을 하셨습니다. 하지만 부처님께서 깨달으신 법을 전하는 데는 법문이 아닌 이심전심以心傳心의 시현이었습니다. 이를 일컬어 삼처전심三處傳心이라고 합니다. 부처님의 49년간의 설법 중에서 특별히 세 곳에서는 말이 아닌 마음으로 전했습니다. 부처님의 법을 받은 이는 마하 가섭존자입니다. 말씀으로 설법하지 않았음에도 불구하고 최상근기인 가섭존자만은 부처님의 마음을 알아챘던 것입니다. 불교 선종禪宗의 근본적인 선지禪旨인 삼처전심은 다자탑전분반좌多子塔前分半座, 영산회상거염화靈山會上擧拈花, 사라쌍수곽시쌍부沙羅雙樹槨示雙趺입니다.

부처님께서 가섭존자에게 첫 번째로 마음을 전한 것은 다자탑전분반좌입니다. 다자탑은 중인도 비사리성毘舍離城 북서쪽에 있습니다. 이 탑은 어떤 장자長者가 산에 들어가서 도를 닦아 깨달은 뒤에, 그의 아들딸 60명이 아버지가 공부하던 곳을 기념하기 위해 세운 것이라고 합니다.

부처님이 그곳에서 설법하고 있을 때 여러 제자들이 누더기를 입고 뒤늦게 온 가섭존자를 얕보았다고 합니다. 하지만 부처님께서는 자기가 앉아 있던 자리의 절반을 가섭에게 양보하여 함께 앉도록 했습니다.

부처님께서 가섭존자에 두 번째로 마음을 전한 것은 영산회상거염화입니다. 부처님이 중인도 왕사성王舍城 북동쪽 10리 지점에 있는 영취산靈鷲山에서 설법을 하고 있을 때 하늘에서 꽃비가 내렸습니다. 부처님께서 그 꽃송이 하나를 들어 보이자, 제자들이 모두 무슨 뜻인지를 몰라 어리둥절해 하는데 가섭만은 빙그레 웃었습니다. 이를 보고서 부처님께서 "바른 법, 열반의 묘한 마음을 가섭에게 전한다"고 설하셨습니다.

당시 부처님의 제자들 가운데 사리불과 목건련 존자가 논리에 밝고 덕망도 높아서, 부처님을 대신해서 대담이나 법문을 하였습니다. 그런데도 불구하고 부처님께서는 가섭 존자에게 법을 전하셨던 것입니다.

부처님께서 별들을 보고서 대각을 이루신 것과 부처님께서 들어 보인 꽃을 보고서 가섭존자가 웃음으로 화답한 것은 동일한 깨달음의 경계라고 할 수 있을 것입니다.

부처님의 법이 28대 달마 대사를 통해 중국으로 건너오게 되자 많은 선사들이 염화시중의 미소를 화두로 삼게 되었습니다. 부처님이 꽃을 들어 보일 때 가섭존자만이 빙그레 왜 웃었나

하는 의문을 화두로 삼게 된 것입니다.

부처님께서 가섭존자에게 세 번째로 마음을 전한 것은 사라쌍수곽시쌍부입니다. 부처님이 북인도 구시나가라성拘尸羅城 북서쪽의 사라수 여덟 그루가 마주 서 있는 사이에 잠자리를 깔게 하고 열반하자, 그 숲이 하얗게 변했습니다. 가섭존자가 부처님의 관 주위를 세 번 돌고 세 번 절하자, 관 속으로부터 두 발을 밖으로 내밀어 보였습니다. 선종에서는 삼처전심을 교외별전敎外別傳의 유일한 근거라고 여기고 있습니다.

앞서 많은 선사들이 염화시중의 미소를 화두로 삼았다는 것을 말씀드렸습니다. 그런데 한국의 선원에서 2,200여 명의 수좌들이 열심히 정진하고 있는데, 그 수좌들 중 눈 밝은 몇 사람이나 염화시중의 미소라는 소식을 투관하고 있는지 의심이 듭니다.

이 자리에서 제가 주장자를 들었다가 치는 것은 역대 전등 제대조사들이 주장자를 들어서 치는 도리와 다르지 않습니다.

여러분, 제가 정신병자여서 주장자를 들어 보이는 것이 아닙니다. 그렇다고 해서 남의 흉내를 내는 것도 아닙니다. 제가 들고 있는 이 주장자가 바로 부처님께서 들어 보인 꽃과 같다고 생각하면 됩니다.

부처님께서는 새벽에 별을 보시고 깨달으셨습니다. 깨닫고 보니 모두가 부처인 것을 아셨습니다. 싯다르타 자신만이 아니라 모든 사람들, 나아가서는 모든 중생들, 즉, 유정물有情物, 무정물無情物 등 우주의 모든 존재들이 다 부처인 것을 깨달으셨던 것입니다. 부처님께서도 깨닫기 전에는 이러한 진리를 모르고 사셨던 것입니다.

 부처님께서 45년 동안 설법하신 내용은 한 가지로 귀결됩니다. 그 내용은 다름 아닌 이 세상의 모든 존재는 부처라는 가르침입니다. 우리가 부처인 것을 확실하게 알 때 생로병사의 고통을 뛰어넘을 수 있습니다.

 부처님과 가섭존자가 이심전심以心傳心으로 나눈 도리가 중국에서는 간화선이란 이름으로 발달하게 됩니다. 그런데 부처가 부처인 줄 모르고 중생으로 사는 것을 가장 잘 표현한 것으로『경덕전등록』제16권에 낙보 원안(樂普元安; 834~898) 선사의 게송이 있습니다.

> 일편백운횡곡구一片白雲橫谷口
> 기다귀조진미소幾多歸鳥盡迷巢
> 운산만리청산로雲散萬里靑山露
> 백석고봉시본향白石高峰是本鄕

한 조각 흰 구름이 산골짝 입구를 막으니
얼마나 많은 새들이 둥우리로 돌아가는 길을 찾지 못해
헤맸든가.
모였던 구름이 다 흩어지니 만리청산이 그대로 드러나고
흰 바위 높은 봉우리 바로 보이니 이것이 본래 고향이로다.

 원래 우리가 부처인데 번뇌망상煩惱妄想이라는 흰 구름이 마음에 끼게 되니 본래 부처인 내 마음을 모르고 헤맬 수밖에 없는 것입니다. 번뇌망상이 사라지고 나서야 비로소 맑은 하늘과 같은 자기 본래의 마음을 보게 되는 것입니다. 바로 이 본래의 마음이 바로 부처인 것입니다.

부처님께서 관밖에 내보이신 맨발
- 열반재일 법어 -

부처님께서 기원정사에 계실 때의 일입니다.

부처님의 10대 제자 중 목련존자가 어느 날 왕사성王舍城에서 이교도들에게 몰매를 맞았습니다. 몸이 만신창이가 되어 움직일 수도 없는 지경이 되었으나, 초인적인 정신력과 신통력으로 죽림정사로 돌아와 사리불에게 사정을 이야기했습니다.

"사리불이여, 나는 이제 열반에 들려 하오. 도반道伴 지우知友에게 하직을 고하고자 하오."

사리불이 목련존자의 처참한 몰골을 보고 놀라서 물었습니다.

"대체 어떻게 된 일이오? 어쩌다 이 지경이 되었소? 당신은 신통력神通力으로 어떠한 어려움도 피할 수 있지 않소?"

"나는 이교도들에게 몽둥이로 몰매를 맞았소. 그것은 내 전생前生의 업보業報이기 때문에 어쩔 수가 없었소."

"벗이여, 그대와 나는 함께 자랐고 함께 도를 닦았으며 함께 부처님께 귀의하여 한 몸처럼 지냈는데, 그대만 열반에 들게 할 수 없소. 나도 같이 열반에 들겠소."

그리고 부처님께 나아가 예배하고 아뢰었습니다.

"부처님, 저는 열반에 들고자 하옵니다. 허락하여 주시옵소서."

부처님께서 아무 말씀도 안 하시고 묵묵히 앉아계셨습니다. 그러자 사리불이 세 번 같은 말을 하며 사뢰었습니다. 그때야 부처님께서 물었습니다.

"왜 벌써 열반에 들려고 하는가?"

"세존께서 말씀하시기를 '중생들의 목숨이 매우 짧아서 한껏 살아도 백년을 넘지 못한다. 중생들의 목숨이 짧기 때문에 내 수명도 짧다'고 하셨습니다. 만일 세존께서 한 겁을 더 머물러 주신다면 저도 그렇게 하겠습니다."

그렇게 대답하고 나서 존자는 "세존께서 열반에 드시는 것을 차마 제 눈으로 볼 수 없사오니 저의 열반을 허락하여 주시옵소서"라고 재차 청하였습니다. 부처님은 존자의 천수天壽가 다한 것을 아시고는 "그렇게 하도록 하라. 지금이 바로 그 때이니라"라고 허락하였습니다.

사리불이 부처님께 하직인사를 올리고 물러나자 많은 수행승들이 그 뒤를 따랐습니다. 사리불 존자는 많은 수행자들이 그의 뒤를 따르자 각자 자신의 길을 가도록 완곡하게 말하셨습니다. 많은 사람들이 공양을 올리기를 청하였으나 이조차도 거절하였습니다. 자신을 따르던 수행승들이 최선을 다하여 수행하기를 바라는 마음에서 다음과 같이 마지막 설법을 하였습니다.

"그대들은 돌아가 부지런히 수행하여 고통에서 벗어나도록 하시오. 부처님께서 이 세상에 오시는 것을 만나기란 참으로 어렵소. 마치 우담바라 꽃이 피는 것을 보기 어려운 것과 같소. 또한 사람 몸으로 태어나기도 어렵고, 믿음을 성취하기도 어렵고, 출가하여 법을 수행하기도 어렵고, 집착을 모두 끊고 생사의 굴레를 벗어나기도 어려운 일이오."

그리고 4성제의 진리를 상세히 설명하시면서 대중 설법을 마치셨습니다.

사리불 존자가 고향의 어머니를 찾아갈 때 함께 동행한 사람은 춘다(Cunda)라는 사미였습니다. 춘다는 사리불 존자의 친동생이었습니다. 어머니를 제도하기 위한 마지막 설법을 한 사리불 존자는 춘다(Cunda)의 수발을 받으면서 음력 11월 보름에 완전한 열반에 들었습니다.

춘다(Cunda)는 다비식을 마친 뒤에 존자의 사리와 가사, 발우를 거두어 가지고 아난존자와 함께 부처님을 찾아뵈었습니다.

존자의 사리탑은 지금의 인도 보팔시 인근 산치에 위치하고 있습니다. 산치대탑 입구의 왼쪽 편에 서있는 제2탑이 사리불 존자의 사리를 모신 탑입니다. 사리불 존자의 열반은 목건련에 이어 부처님의 완전한 열반을 예고하는 사건임에 틀림없었습니다.

『증일아함경增壹阿含經』에는 사리불 존자와 목건련 존자의 입적에 대해 아래와 같이 쓰여 있습니다.

세존께서 아난阿難에게 말씀하셨다.
"너는 지금 사리불舍利弗의 사리舍利를 받아 가지고 오너라."
아난이 대답하였다.
"그렇게 하겠습니다, 세존이시여."
그 때 아난은 곧 사리를 받아 세존의 손에 올렸다. 그러자 세존께서는 사리를 손에 들고 비구들에게 말씀하셨다.
"지금 여기에 있는 이것이 사리불의 사리이다. 그는 지혜롭고 총명하였고, 뛰어난 재주와 지혜도 있었으며, 그밖에 여러 가지 지혜가 있었다. 그의 지혜는 이루 다할 수도 없었고, 또한 한정지어 말할 수도 없었다. 그에게는 신속하고 민첩한 지혜, 경편輕便한 지혜, 영리한 기미의 지혜, 매우 깊은 지혜, 자세히 살피는 지혜를 다 갖추고 있었다. 욕심이 적고 만족할 줄을 알며, 한가하고 고요한 곳을 좋아하였으며, 용맹스런 뜻이 있었고 하는 일이 어지럽지 않았으며, 겁내거나 나약한 마음이 없었고 모든 일에 인내하였으며, 나쁜 법을 없앴고 성품이 부드러워 다투기를 좋아하지 않았으며, 항상 정진精進하였고 삼매三昧를 행하며 지혜를 익히고 해탈을 생각하였으며, 해탈지견解脫知見의 몸을 수행하였다. 비구들아, 마땅히 알아야 한다. 비유하면 마치 가지가 없는 큰 나무와 같아졌구나. 그렇다. 비구들아, 지금 여래는 큰 나무인데 사리불 비구가 멸도滅度하고 나니 큰 나무에 가지가 없어진 것과 같구나. 만일 사리불이 있었으면 그가 노니는 지방은 큰 행운을 만나게 되었을 것이니, 그들이 말하기를 '사리불께서 우리 지방에 계신다'고 하였을 것이다. 왜냐하면 사리불 비구는 외도外道나 그밖에 이교도異敎徒들과 변론辯論하여 항복 받지 못한 일이 없었기 때문이니라."

목건련은 사리불이 멸도하였다는 말을 듣고, 곧 신통神通으로 세존의 처소에 찾아가서 머리를 조아려 그 발에 예를 올리고 한쪽에 서있었다.

목건련이 세존께 아뢰었다.

"사리불 비구는 이제 이미 멸도하였습니다. 저도 지금 세존께 하직인사를 하고 멸도에 들고자 하옵니다."

세존께서는 잠자코 아무 대답도 하시지 않으셨다. 목건련은 이와 같이 두 번 세 번 세존께 아뢰었으나 세존께서는 잠자코 아무 대답도 하시지 않으셨다.

목건련은 세존의 발에 예를 올리고 물러나 떠났다. 그는 정사精舍에 돌아와 가사와 발우를 챙겨두고 라열성羅閱城:王舍城을 떠나 자신의 출생지인 고향으로 갔다. 그 때 많은 비구들도 존자 목건련의 뒤를 따라갔다. 목련은 많은 비구들과 함께 마수摩瘦라는 마을로 가서 노닐면서 교화하다가 몸에 중한 병이 들었다.

목건련 존자는 몸소 맨 땅에 자리를 펴고 앉아 첫 번째 선정에 들었다. 첫 번째 선정에서 두 번째 선정으로, 세 번째 선정에서 네 번째 선정으로 옮겨 들어갔다.

네 번째 선정 뒤 공처空處, 식처識處, 불용처不用處, 유상무상처有想無想處, 화광삼매火光三昧, 수광삼매水光三昧, 멸진정滅盡定으로 옮겨 들어갔다. 그리고는 역으로 멸진정, 수광삼매, 화광삼매, 유상무상정처, 불용처, 식처, 공처, 네 번째 선정, 세 번째 선정, 두 번째 선정, 첫 번째 선정 순으로 들어갔다. 첫 번째 선정에서 깨어난 뒤 목건련 존자는 공중에 날아올라가 허공에 앉기도 하고, 눕기도 하고, 거닐기도 하였다.

몸 위에서는 불을 내기도 하고 몸 아래에서 물을 내기도 하였으며, 역으로 몸 아래에서 불을 내기도 하고 몸 위에서 물을 내기도 하였다. 이와 같이 열여덟 가지 신통 변화를 나타내었다.

목건련 존자가 다시 내려와서 자리에 나아가 가부좌하고 앉아 몸과 마음을 바르게 하고 생각을 매어 앞에 두고 다시 첫 번째 선정에 들었다.

목건련 존자는 앞과 같은 방식으로 선정 수행하다가 멸도滅度에 들어갔다. 목련련 존자가 멸도에 들자 때맞추어 땅이 크게 진동震動하였고, 목건련 존자가 멸도하자 나라타那羅陀라는 마을에서 1유순由旬 이내에는 하늘 사람들이 내려와 가득 채웠다. 많은 비구들은 특별히 갖가지 향과 꽃을 존자 목건련의 시체 위에 뿌렸다.

세존께서는 5백 비구를 거느리시고 라열성에서 중생을 교화하시고 계셨다.

세존께서는 물끄러미 모든 비구들을 관찰하시고 나서는 이렇게 설하셨다.

"나는 지금 대중들을 관찰해보았는데 왠지 텅 빈 것 같구나. 왜냐하면 이 대중들 가운데에는 사리불과 목건련 비구가 없기 때문이다. 만일 사리불과 목건련이 나가 노니는 중이라면 그곳은 아마도 쓸쓸하지 않을 것이요, '사리불과 목건련이 지금 여기 계신다'는 소문이 퍼질 것이다. 왜냐하면 사리불과 목건련은 충분히 저 외도外道들을 항복 받을 수 있기 때문이다. 지혜와 신통, 이 두 가지를 모두 갖춘 제자가 반열반에 들었지만, 나 여래는 아무 근심도 없다. 과거의 항하강 모래알처럼 많은 여래에게도 또한 이러한 지혜와 신통이 있는 제자들이 있었고, 미래의 여러 부처님께서 세상에 출현하셔도 지혜와 신통, 이 두 가지를 갖춘 제자가 있을 것이기 때문이다. 비구들아, 마땅히 알아야 한다. 이 세간에는 두 가지 보시의 업業이 있다. 어떤 것이 그 두 가지인가? 재물財物의 보시와 법法의 보시를 말하는 것이니라. 비구들아 마땅히 알아야 한다. 만일 재물의 보시를 바라는 사람이라면, 그 사람은 마땅히 사리불과 목건련 비구에게서 구해야 할 것이고, 만일 법의 보시를 바라는 사람이라면 그 사람은 마땅히 나에게 와서 그것을 구해야 한다. 왜냐하면 지금 나 여래에게는 재물의 보시가 없기 때문이다. 너희들은 오늘 사리불과 목건련 비구의 사리舍利에 공양하여라."

아난존자가 부처님께 아뢰었다.

"사리불과 목건련의 사리에 어떻게 공양해야 합니까?"

세존께서 말씀하셨다.

"마땅히 갖가지 향과 꽃을 모아 네거리 길에다 네 개의 절과 탑[偸婆]을 세워라. 그 까닭은 만일 누가 절을 세우려고 하면 그는 네 가지 탑을 꼭 세워야 하겠기 때문이다. 어떤 것이 그 네 가지인가? 전륜성왕轉輪聖王의 탑을 세워야 하고, 번뇌가 다 없어진漏盡 아라한阿羅漢의 탑을 세워야 하며, 벽지불辟支佛의 탑을 세워야 하고, 여래의 탑을 세워야 하느니라."

아난존자가 세존께 아뢰었다.

"어떤 인연因緣으로 여래와 벽지불과 번뇌가 다 없어진 아라한과 전륜성왕을 위한 탑을 세워야 한다고 하십니까?"

세존께서 말씀하셨다.

"너는 지금 마땅히 알아야 한다. 전륜성왕은 스스로 열 가지 선행善行과 열 가지 공덕功德을 닦고, 또 다른 사람을 시켜서 열

가지 착한 공덕을 닦게 한다. 어떤 것이 그 열 가지인가? 자기 자신이 살생殺生하지 않고 또 다른 사람을 시켜서 살생하게 하지 않으며, 자기 자신도 도둑질하지 않고 다른 사람을 시켜 도둑질하게 하지 않으며, 자기 자신이 음행淫行하지 않고 다른 사람을 시켜서 음행하지 않게 하며, 자기 자신이 거짓말하지 않고, 다른 사람을 시켜 거짓말을 하게 하지 않는다. 또 자기 자신이 비단처럼 부드러운 말을 하지 않고 다른 사람을 시켜서 비단처럼 부드러운 말을 하게 하지 않으며, 자기 자신이 질투하지 않고 다른 사람을 시켜서 질투하게 하지 않으며, 자기 자신이 소송하지 않고 다른 사람을 시켜서 소송하게 하지 않으며, 자기 자신의 뜻도 바르고 다른 사람을 시켜서 다른 사람의 뜻도 어지럽게 하지 않으며, 자기 자신도 바른 소견을 가지고 다른 사람을 시켜서 바른 소견을 행하게 한다. 비구들아, 마땅히 알아야 한다. 전륜성왕은 이런 열 가지 공덕이 있기 때문에 탑을 세워야 하느니라.”

아난이 세존께 아뢰었다.

“무슨 인연으로 여래의 제자를 위해 탑을 세워야 합니까?”

세존께서 말씀하셨다.

“아난아, 마땅히 알아야 한다. 번뇌가 다 없어진 아라한은 다시는 후생에서 몸을 받지 않고 깨끗하기는 마치 순금純金과 같으며, 3독(三毒; 탐貪·진瞋·치癡)과 5사(五使; 탐貪·진瞋·치痴·

만慢·의疑)가 영원히 나타나지 않는다. 이런 인연으로 여래의
제자를 위해 마땅히 탑[偸婆]을 세워야 하느니라."

아난이 부처님께 아뢰었다.

"무슨 인연으로 벽지불을 위해 탑을 세워야 합니까?"

세존께서 말씀하셨다.

"벽지불은 스승이 없이 스스로 깨달아 모든 번뇌를 없애고
다시는 태胎를 받지 않는다. 그렇기 때문에 탑을 세워야 하느
니라."

아난이 세존께 아뢰었다.

"무슨 인연으로 여래를 위해 반드시 탑을 세워야 합니까?"

세존께서 말씀하셨다.

"아난아, 여래는 열 가지 힘[十力]이 있고 네 가지 두려움이 없
으며[四無所畏], 항복하지 않는 이를 항복 받고 건너지 못한 이를
건너게 하며, 도를 얻지 못한 이는 도를 얻게 해주고 반열반하
지 못한 이는 반열반하게 해주며, 여러 사람들이 보고는 모두
기뻐한다. 그러므로 아난아, 여래를 위해 마땅히 탑을 세워야
하느니라."

아난은 부처님의 말씀을 듣고 기뻐하며 받들어 행하였다.

『증일아함경』에 쓰여 있는 멸도는 열반의 의미와 다르지 않
습니다.

열반재일은 말할 것도 없이 부처님의 열반을 기리는 날입니다. 그렇다면 열반의 의미는 무엇일까요?

열반은 온갖 번뇌의 속박束縛에서 자유를 얻어 생사윤회生死輪廻의 굴레에서 벗어나 항상 적정寂靜하고 안온安穩한 절대의 이상의 세계에 든 것을 의미합니다. 범어로는 니르바나(Nirvana)라고 합니다. 사전적 의미는 취멸吹滅, 즉, '불어서 끈다'는 뜻입니다. 여기서 불어서 끄는 주체는 '타는 불', 바로 '욕망의 불꽃'입니다. 따라서 열반은 삼독三毒으로 말미암아 일어나는 불길을 진화鎭火하였다는 뜻입니다.

그렇다면, 열반에 이르는 길은 어떻게 해야 닿을 수 있을까요? 그것은 오직 부처님의 가르침에 따라 진실하게 살고 그 가르침을 실천하는 것입니다. 구체적으로 열반의 세계에 이를 수 있는 방법으로는 4성제四聖諦, 8정도八正道, 6바라밀六波羅蜜 등을 예로 들 수 있습니다. 그러므로 팔만사천법문八萬四千法門의 목적은 한 가지 열반에 이르게 하는 것이며, 수많은 경전들은 결국 열반을 위한 지침서指針書라고 할 수 있습니다.

열반은 두 가지의 의미가 있습니다. 첫째는 '욕망의 불길이 꺼진 상태'를 말합니다. 인간의 마음속에서 한없이 타오르는 번뇌의 불길이 사라지면 바로 열반인 것입니다. 따라서 탐욕과 성냄과 어리석음이 사라지고 번뇌의 불이 소멸되어 지혜가 완성된 '깨달음'을 일컫는 말이라고 할 수 있습니다. 둘째는 부처님의 입멸, 즉, 죽음을 일컫는 것입니다. 물론 조사님들의 입적 역시 열반에 해당합니다.

이 두 열반을 일컬어 유여열반有餘涅槃과 무여열반無餘涅槃이라고도 합니다. 유여열반은 치열한 수행으로 이승의 번뇌는 끊었으나, 아직도 과거의 업보로 받은 신체가 멸하지 못한 상태를 일컫습니다. 다시 말해, 아직 살아 있지만 욕망이 없는 상태인 것입니다. 무여열반은 모든 번뇌가 끊기고 육신까지 사라진 후 얻어지는 평온의 경지를 일컫습니다. 이처럼 유여열반과 무여열반으로 나누는 까닭은 몸이 있으면 그 몸에 따른 업業으로 인해 새로운 번뇌와 욕망과 고통이 생길 수 있으므로 완전하다고는 볼 수 없기 때문입니다. 육체까지도 사라져야만 삼독번뇌가 뿌리내리지 못하므로 온전한 열반이라고 할 수 있습니다.

그런가 하면 대승불교에서는 두 가지 열반관이 있는데, 두 열반관은 자성청정열반自性淸淨涅槃과 무주처열반無主處涅槃입니다.

자성청정열반은 모든 중생이 지닌 불성의 청정함 그대로가 바로 열반임을 말하는 것입니다. 물론 자성청정열반도 수행을 통해서만이 깨달을 수 있습니다. 불성은 중생의 성품 안에 이미 존재하는 것임을 발견할 줄 알아야 합니다. 이 세상의 모든 존재는 부처님의 씨앗을 지니고 있으므로 언젠가는 불성의 싹을 틔우고 꽃을 피우며 열매를 맺을 수 있는 것입니다. 그러기 위해서는 항상 부처님처럼 생각하고 부처님처럼 말하며 부처님처럼 행동할 줄 알아야 합니다. 자성청정열반은 '일체중생 실유불성一切衆生 悉有佛性', 즉, '모든 중생은 불성의 씨앗을 지니고 있다'는 『열반경涅槃經』 사상과도 일맥상통한다고 할 수 있습니다.

무주처열반은 가장 이상적인 열반을 일컫습니다. 진심으로 중생을 고해에서 구하고자 하는 보살은 번뇌를 여의었기 때문에 열반에 들 수 있으나 열반의 세계에서 편히 쉬지 않으려고 합니다. 보살은 중생을 제도하기 위해 어쩔 수 없이 번뇌의 세계로 나올 수밖에 없는 것입니다. 번뇌 속에서도 열반의 길에 들고 열반 속에서도 번뇌의 길에 드는 까닭에 보살은 가는 곳마다 열반을 누릴 수 있는 것입니다.

열반에는 네 가지 덕[四德]이 있는데, 이를 일컬어 '상 · 락 · 아 · 정常樂我淨'이라고 합니다. 열반의 경지에서는 모든 것이 실로 항상[常] 즐겁고[樂], 참나[我]를 발견하므로 마음이 청정하다[淨]는 의미입니다.

상덕常德이란 부처님께서 누리시는 열반의 경지는 항상 변함이 없다는 뜻입니다. 세상의 모든 것은 무상하므로 생겨난 것은 반드시 없어지기 마련입니다. 우리들이 살고 있는 중생계는 시공간의 제약을 받는 유한의 세계입니다. 하지만 열반에 드는 부처님의 세계는 삶과 죽음을 벗어난 영원 그 자체의 세계인 것입니다. 즉, 유한의 세계가 아니라 무한의 세계인 것입니다.

낙덕樂德이란 열반의 경지는 즐거움과 기쁨이 가득한 세계라는 뜻입니다. 세상은 온갖 고통으로 가득 차 있습니다. 생, 노, 병, 사에 따른 고통, 사랑과 미움에서 오는 고통, 욕망이 이루어지지 않는 데서 오는 고통, 욕망이 과하게 성취됨으로써 오는 고통 등 중생들에게는 수많은 고통이 있을 수밖에 없습니다. 하지만 열반의 세계에서는 일체 모든 고통의 원인이 되는 번뇌와 집착을 완전히 끊었으므로 고통을 찾아보려고 해도 찾아 볼 수 없고 즐거움만이 가득할 것입니다. 그 즐거움은 육체나 물질을 통해 얻는 기쁨이 아닙니다. 열반의 기쁨은 누구나 갖추어져 있지만 좀처럼 발견하기 어려운 청정한 참마음, 즉, 불성을 찾은 데서 오는 진실한 기쁨입니다.

아덕我德이란 열반의 경지야말로 참나가 존재하는 세계라는 뜻입니다. 우리의 몸은 허망하기 그지없습니다. 육신은 해변으로 밀려오는 파도가 포말로 부서질 때 사라지는 하나의 거품 같은 것입니다. 그런데도 미욱한 중생은 허깨비 같은 몸에 집착합니다. 그 몸이 자신의 전부라고 믿기 때문입니다. 그러나

이는 그릇된 집착에서 오는 환상에 지나지 않습니다.

열반의 몸은 육체적 자아에 대한 집착으로부터 벗어났을 때 비로소 나타납니다. 열반에 의하여 얻어진 참 나는 지혜와 자비로 화현되기 때문에 자유자재로 형상을 바꿔 온 우주에 모습을 드러낼 수 있습니다.

정덕淨德이란 열반의 세계는 맑고 깨끗한 세계라는 뜻입니다. 중생의 삶은 온갖 죄업罪業으로 물들어 있습니다. 이 사바 세계는 시기와 질투, 분노와 정한, 아집과 욕망이 가득한 곳입니다. 하지만 열반의 세계는 참으로 맑고 청정한 까닭에 안온과 평화만이 존재할 따름입니다. 열반의 세계에서는 모두가 평등하므로 대립할 것도 없고, 미워할 것도 없습니다. 구름 한 점 없는 하늘처럼 투명하고 뚜렷한 지경이 바로 부처님의 열반 경지라고 할 수 있습니다. 무명 속을 헤매는 중생은 번뇌에 가려진 마음 때문에 참 나를 보지 않고 내가 없다고 생각하고, 항상 머무는 것을 무상하다고 생각하고, 깨끗한 것을 부정하다고 생각하고, 즐거운 것을 괴롭다고 생각합니다. 이는 마치 술취한 사람이 하늘이 빙글빙글 돌고 땅이 솟구친다고 생각하는 것과 같습니다. 여기서 중요한 것은 항상 존재하는 것은 법신法身이며, 즐거운 것은 열반이며, 깨끗하다고 느끼는 것은 바로 불법佛法이라는 사실입니다.

열반을 다른 말로는 적멸寂滅, 이계離繫, 해탈解脫, 원적圓寂이라고도 합니다. 부처님이나 조사님의 열반은 그저 육신의 소멸일 뿐 그 진리의 몸은 세세생생世世生生 계승되어 중생을 제도하고 있습니다. 『열반경』에서 불신상주佛身常住를 강조하는 까닭도 같은 이유입니다.

진리의 몸인 부처님의 법신은 여여如如하여서 가고 옴도 없으며, 높고 낮음도 없으며, 좋고 나쁨의 구별 또한 없습니다. 석가모니 부처님은 80세를 일기로 2,600여 년 전 인도 땅에서 입멸하셨지만, 그 법신만큼은 방편으로 중생 교화를 위해 천백억 화신千百億化身으로 나투시고 있습니다.

육신은 물질의 법칙에 따라 입멸하나 법신은 중생 속에 항상 상주常主하고 있다는 가르침도 같은 맥락에서 해석이 가능합니다. 『열반경』「상수품」에서는 붓다의 입멸이 시현示現임을 설하고 있습니다.

물론 부처님께서는 성도하시던 찰나 열반에 드셨습니다. 후대에 열반이라고 일컫는 것은 부처님께서 무상無常의 진리를 5온五蘊의 옷을 벗어던짐으로써 보이신 것을 일컫는 것입니다.

육신을 버리신 구시나가라에서 부처님은 아난 존자에게 이렇게 마지막 가르침을 남기셨습니다.

"아난아, 내가 입멸한 뒤 너희는 다음과 같이 생각할지 모른다. 이제는 선사先師의 말씀만 남아 있지 우리들의 큰 스승은 세상에 없다고 말이다. 그러나 그렇게 생각하지 말라. 내가 입멸한 후에는 내가 지금까지 설해왔던 법法과 율律 이것이 너희들의 스승이 될 것이니라. 이 세상에 만들어진 모든 것은 변해가는 것이다. 게으름 피우지 말고 열심히 정진하여 너희들의 수행을 완성하여라."

이 말씀을 부처님의 열반게라고도 일컫습니다. 줄여서 말할 때는 '자등명自燈明 법등명法燈明'이라고 합니다. 이 세상의 나침반은 자기 자신 바로 참나와 불법佛法 말고는 없을 것입니다.

부처님의 열반재일에는 잊지 말아야 할 또 하나의 가르침이 있습니다. 바로 곽시쌍부槨示雙趺입니다. 곽시쌍부는 석가모니가 마하가섭 존자에게 전한 삼처전심三處傳心 중 마지막입니다. 내용인즉슨, 세존께서 사라쌍수 아래에서 열반에 드신 지 7일 만에 가섭 존자가 이르렀고, 가섭 존자가 관을 세 바퀴 도니 세존께서 관에서 두 발을 내어 보이셨다는 것입니다. 그렇다면 곽시쌍부의 의미는 무엇일까요?

삶과 죽음이 둘이 아님을 시현하신 것입니다.

부처님의 두 발은 모든 것을 버리고 집을 떠난 출가자의 표상입니다. 부처님은 대중 교화를 하는 내내 맨발로 세상의 험난한 길을 밟고 다녔습니다. 발가락과 발톱들이 돌부리에 차이고 가시에 찔리고 긁히기를 거듭하여야 했습니다.

부처님은 왕자 신분일 때 물소 가죽으로 만든 금장식 은장식을 한 신을 신고 살았습니다. 그러니까 한 나라의 태자인 싯다르타가 금장식 은장식을 한 신을 벗어던지고 맨발로 뜨거운 사막을 걸어간 까닭에 붓다가 될 수 있었던 것입니다. 부처님의 일대기는 그야말로 완벽한 무욕과 무소유의 실천이라고 할 수 있습니다.

부처님께서는 그렇게 육신 속에서 본래의 자성을 찾아내신 뒤 열반적정에 드시었습니다. 부처님이 걸어간 그 길은 바로 나고 죽음이 없는 영원의 길인 것입니다.

중생 세계에 계시는 부처님

– 불신상주 법어 –

　해마다 부처님오신날에는 전국의 사찰에서 봉축법요식을 봉행합니다. 그런데 부처님께서는 어디서 오셔서 어디로 가신 것일까요?

　부처님은 시방 삼세에 아니 계신 곳 없으시고, 만유에 평등하사 일체 중생을 제도하십니다. 또한, 자비광명을 밝히시고 감로의 법문 베푸시어 온갖 번뇌 망상 물리쳐 실상을 밝혀 주십니다.

『선문염송禪門拈頌』 '도솔화'에 이런 말씀이 있습니다.

　　미리도솔未離兜率 이강왕궁已降王宮
　　미출모태未出母胎 도인이필度人已畢

　　부처님께서는 도솔천에 계시면서도 이미 정반왕궁에
　　오셨으며, 어머니 태중에 계시면서도 이미 중생을 제도
　　하셨으니, 불생불멸不生不滅한 부처님 공덕은 미래세未
　　來世가 다하도록 우주법계에 두루 편재遍在해 있을 것입
　　니다.

부처님은 과거 전생에 이미 성불成佛하신 분으로 사바세계娑婆世界에 있는 모든 중생衆生을 고통과 괴로움, 슬픔과 번뇌로부터 해탈시키고자 이 세상에 출현出現하시고 시현示現하신 것입니다. 그래서 부처님의 실체實體는 꼭 달과 같다고 하는 것입니다.

어리석은 사람들은 달이 안 보이면 달이 없어졌다고 생각하지만 달은 결코 없어진 적이 없습니다. 달은 항상 지구를 따라 돌고 있습니다. 밤에는 달이 보이지만 낮에는 달이 보이지 않습니다. 낮에는 태양의 빛 때문에 너무 환해서 달이 보이지 않는 것입니다. 그러나 어두운 밤이 되면 달은 세상의 모든 곳을 비춥니다. 달은 사람이 서 있는 시간과 위치에 따라 달리 보이는 것입니다. 엄밀히 말하면 달은 떠서 지는 게 아니라 여여如如하게 우리의 곁을 지키고 있는 것입니다.

조선의 세종대왕이 석가모니 부처님의 공덕을 찬양하여 지은 노래를 실은 책이 『월인천강지곡月印千江之曲』입니다. 달은 천강에 비춰서 흘러가기 때문입니다. 어디 그뿐입니까? 달은 천 그릇의 물에도, 만 그릇의 물에도 나타납니다. 어느 연못, 어느 개울, 어느 강, 어느 바다에도 달이 보이지 않는 곳은 없습니다. 천강에 비친 달처럼 부처님은 시방법계十方法界를 두루 비추고 계십니다. 그런 까닭에 모든 중생衆生의 마음에는 부처님이 계시는 것입니다.

그런가 하면, 이곳에서는 보름달을 보지만 저곳에서는 반달을 봅니다. 역으로 이곳에서는 반달을 보지만 저곳에는 보름달을 봅니다.

부처님은 우리 모두의 마음속에 어떤 모습으로든 항상 내재되어 있습니다. 부처님은 스스로 광명을 통해 나투시기도 하지만, 그럴 여건이 되지 않을 때에는 부처님오신날이 되면 출현하시어 우리들 마음속에 내재되어 있는 불성佛性의 씨앗에 싹이 움트게 하여 각자의 마음에도 불성의 광명이 발할 수 있는 계기를 마련하는 것입니다.

석가모니 부처님께서 이 세상에 출현하신 까닭이 바로 여기에 있는 것입니다. 마음의 바탕이 흐리거나 때가 끼어 있으면, 구름이 끼어 있으면 달이 안 보이듯이 부처님의 자비광명의 빛도 반조되지 않습니다. 그러니 마음을 항상 고요히 가라 앉혀야 됩니다. 항상 맑게 해야 합니다. 항상 외부의 어떠한 환경에도 흔들림이 없어야 합니다.

무엇보다도 재물욕財物慾, 색욕色慾, 식욕食慾, 명예욕名譽慾, 수면욕睡眠慾이라는 다섯 가지 욕망의 재색식명수財色食名睡를 제거해야 하고 탐내는 마음[貪慾], 성내는 마음[瞋恚]과 어리석은 마음[愚癡]의 삼독심三毒心을 제거해야 하겠습니다.

부처님을 만나는 인연
– 불법인연 법어 –

우리가 부처님을 만난 인연을 소중하고 감명 깊게 생각해야합니다. 여러분들은 대부분 어릴 때부터 부모님의 인연이나 시댁, 처가댁의 대대로 내려오는 불심의 인연으로 사찰에 오게되었을 것입니다.

요즈음 젊은이들은 친구나 친척, 지인이 권해서 다른 종교를접해보신 분들도 많이 계실 것입니다. 하지만 우리가 지금도불교를 믿고 있고 이렇게 법문을 듣고 있는 것은 매우 특별한불연佛緣이라고 할 것입니다.

저도 여러 번 말씀드렸지만, 제가 일생을 살아가면서 참으로잘한 일 가운데 제일 잘한 일은 불교를 알게 되고, 부처님과 인연을 맺은 것이라고 생각합니다. 부처님과 인연을 맺은 덕분에 깨달음의 길까지 이르게 된 것이 제 인생 최대의 기쁨이고환희라고 생각합니다.

며칠 전 저는 우연히 도道를 공부하는 사람들과 대담을 하다가 불교의 근본 도리에 관하여 설명하였습니다. 인간과 생물, 나아가서는 무생물에 이르기까지 모두가 하나인 도리를 선적禪的 직관을 통해 설명했던 것입니다. 나와 너, 우리와 우주가 하나라는 사실을 과학적으로도 입증이 되는 사례를 통해 설명하였더니, 거기 모인 사람들이 부처님과 인연을 맺은 것이 너무나 감사한 일이라고 말했습니다.

돌이켜보면 저도 불교를 접하지 않고, 부처님과 인연을 맺지 않았다면 기독교적 세계관에 사로잡혀 신이 모든 것을 만들고, 신의 전지전능한 능력에 의해 우리의 길흉화복이 좌우되고, 죽고 사는 것이 신에 의해 이루어진다고 믿었을 것입니다. 비과학적이고 비합리적인 신앙을 맹종하며 일생을 보내지 않은 것만 해도 부처님께 감사할 따름입니다.

저는 고등학교에 다닐 때 고학苦學을 해야 했습니다. 친구들과 함께 물건을 팔아서 학비를 마련해야 했고, 근로자들의 합숙소에서 쪽잠을 자야 했습니다. 이 합숙소는 걸인, 상이군인, 장애인들이 밤에만 와서 자고 가는 곳이었습니다. 교실처럼 생긴 큰 공간에 난로만 덩그러니 놓여 있어서 난방도 거의 되지 않았고 침구는 낡은 담요가 유일했습니다. 낮에는 학교에 가서 공부를 하고, 방과 후에는 물건 팔러 다니는 생활을 하는 우리의 모습을 보고서 선생님이 "절에 가면 공부를 마음대로 할 수 있다"고 귀띔해주었습니다. 선생님의 말을 듣고서 우리는 각기 다른 절로 떠났고, 저는 삼세三世의 인연因緣이 깊어서 백련사로 출가하게 되었습니다. 그러니까 사찰에 올 때만 해도 저는 기독교적 세계관에 빠져 있었습니다. 불교에 귀의한 뒤 깨달음을 향해 정진했고, 이렇게 법상에서 법문도 할 수 있게 됐으니 이 얼마나 지대한 인연입니까?

불경에는 부처님과 인연을 맺은 다양한 사람의 이야기가 전해지고 있습니다.

『잡아함경雜阿含經』에는 바라문이 부처님께 귀의한 일화가 쓰여 있습니다.

> 어떤 바라문이 부처님 처소에 와서 부처님께 문안하고 아뢰었다.
> "세존이시여, 미래에 몇 분의 부처님께서 세상에 출현하시게 됩니까?"
> "미래에 항하사 수의 부처님께서 세상에 출현하실 것이다."
> 그는 다시 부처님께 아뢰었다.
> "세존이시여, 과거의 세상에 몇 분의 부처님께서 출현하셨습니까?"
> "과거에도 항하사 수의 부처님께서 출현하셨다."
> 그러자 바라문이 이러한 생각을 하였다. 과거에 그렇게 많은 부처님이 출현하셨고 미래세에도 많은 부처님이

출현하신다지만 내가 만나보지 못했고 지금에야 소문을 듣고 부처님을 만나게 되었으니 어찌 헛되게 지낼 수가 있겠는가. 나는 마땅히 부처님 법에서 출가하여 도를 배워야겠다고 하고 즉시 부처님께 아뢰었다.

"세존이시여, 부디 자비와 연민을 베풀어서 저에게 출가를 허락하여 부처님 법에서 범행을 닦게 하여 주십시오."

부처님께서 허락하여 출가하고, 출가 후에 열심히 닦고 익혀서 생사를 끊어버리고 아라한과를 증득했다.

그런가 하면 『찬집백연경撰集百緣經』에는 국왕이 부처님을 친견하고 출가한 이야기가 실려 있습니다.

어떤 국왕 두 사람이 서로 싸워 많은 백성들을 죽이게 하고 전쟁에서 승리할 음모를 계속하였다.

때마침 비사익왕은 저 두 왕이 생사에 유전되어 구제하기 어려운 것을 보고 생사에서 해탈시키기 위해 부처님 처소에 나아가 부처님께 아뢰었다.

"세존이시여 여래께선 더없는 범왕이시라, 항상 저 고통에 허덕이는 중생들을 관찰하시어 구호하시고 서로 싸우는 자를 화해하게 하십니다. 이제 두 왕이 항상 투

쟁하기를 일삼아서 백성들만 살해되고 있으니, 원하옵
건대 두 왕을 서로 싸우지 못하게 하옵소서."
부처님께서 그렇게 하시기로 허락하시고 바라나국 녹
야원에 도착하셨다. 바로 그때 두 왕이 제각기 군사를
집결시켜 전투를 하려는 무렵 전세가 불리한 왕이 겁을
먹고 부처님에게로 갔다. 그때 부처님께서 그 왕을 위
해 무상게를 말씀해 주셨다.
"높다는 것도 언젠가는 떨어지고, 있다는 것도 언젠가
없어지며
태어난 자 언젠가는 죽어가고, 모이는 자는 반드시 흩
어지네."
그때 국왕은 부처님의 게송을 듣고, 마음이 열리고 뜻
을 이해하게 되어 수다원과를 얻고 부처님께 출가를 청
하므로, 부처님께서 그에게 말씀하셨다.
"잘 왔도다, 비구여."
그 길로 머리와 수염을 깎고 출가하여 사문이 되어 부
지런히 닦고 익혀 아라한과를 얻었다.

『찬집백연경』에는 가난한 수마須摩가 부처님을 만난 인연도
실려 있습니다.

수마라는 사람이 있었는데, 살림이 빈궁하고 어려워 항상 뜨내기 품팔이로 겨우겨우 생활을 해왔다. 그러던 어느 날 이렇게 생각했다.

"내가 전생에 보시하지 않았기 때문에 이제 이와 같은 빈궁한 고통을 받게 된 것이다. 내가 이제부터 부지런히 노력하여 조그마한 것이라도 보시함으로써 미래세에 좋은 과보를 받게 하리라."

그리고는 실絲을 구해 길을 건너 집으로 돌아가다가 거리에서 세존께서 여러 비구들과 함께 걸식하시는 모습을 보고는 곧 부처님 앞에 나아가 가지고 있던 실을 받들어 보시하였다. 세존께서 이를 기꺼이 받으시고 입고 있던 옷의 헤어진 곳을 꿰매셨다.

이때 수마는 마음속으로 기뻐하며 엎드려 예배한 뒤 큰 서원을 세워, 부처님 앞에서 게송을 읊었다.

"비록 보시하는 것이 적지만, 큰 복을 만나 지녔기에 세존께 받들어 보시함으로써 후에 성불하기를 서원하여 한량없는 중생을 제도하려 하오니, 큰 위력을 갖추신 세존께서 이 일을 증지證知해 주소서."

이때 세존께서 게송을 읊어 대답하셨다.

"그대 이제 나를 만났기에 성실한 신심 내어 보시함이니, 미래세에 가서 성불할 때엔 십연이란 명호로 그 소문이

시방에 두루함으로써 한량없는 중생들을 제도하리라."

『출요경出曜經』에는 똥치기 나다이와 부처님이 만난 인연이
쓰여 있습니다.

부처님이 말씀하셨다.
"나는 지금 일부러 너 때문에 왔는데 너는 어디로 가려
하느냐?"
나다이는 대답하였다.
"제 몸이 더러워 감히 부처님을 가까이 할 수 없기 때
문에 피하려고 하였을 뿐입니다. 저는 일찍 부모를 잃
었고 친척도 없고 처자도 없는 고독한 사람으로 똥치는
품팔이로 겨우겨우 살아가고 있습니다. 그런데 부처님
께서 이런 죄인과 이야기를 나누려 하십니까?"
부처님께서 말씀하셨다.
"내가 영원한 과거로부터 지금까지 무수한 행을 닦으
면서 부처의 도를 이루려고 한 것은 바로 죄에서 고통
받는 사람을 위해서이다."

심지어 『출요경』에는 연쇄살인마인 앙굴마라와 부처님을 만
나 불교에 귀의한 감동적인 일화도 소개돼 있습니다.

부처님께서는 신통지혜로써, 앙굴마라가 오역죄를 범할 생각을 내어 틀림없이 그 어머니를 죽일 것임을 아시고 생각하시기를 만일 오역죄를 범하면 많은 부처님도 구제하기 어려울 것이다. 내가 지금 그를 고통에서 구제하여 그 모자로 하여금 모두 안전하게 한다면 얼마나 좋은 일인가 라고 하셨다.

부처님께서는 곧 어떤 비구로 화현하여 손에 발우를 들고 땅을 보면서 바로 앙굴리마라가 있는 가까운 동산으로 가셨다. 그러자 길가는 사람 소먹이는 사람들이 말하였다.

"저 사문이여 멈추시오. 그 길로 가지 마시오. 저 앞에는 사나운 도적이 있는데 이름을 지만知鬘(앙굴마라의 다른 이름)이라고 하오. 그는 지금까지 헤아릴 수 없는 많은 사람들을 죽였소. 그래서 우리는 그를 피해 그 길로 가지 않는 것이요. 사문께서는 혼자 몸인데 만일 그 도적이 해친다면 어찌 하겠습니까?"

"염려 마오. 그 도적은 나를 해치지 않을 것이요. 내게는 금주金呪가 있기 때문에 그를 제어하여 나를 해치지 못하도록 할 것이요."

사문은 자꾸만 앞으로 나아가 드디어 그 동산에 이르게 되었다. 지만은 멀리서 어떤 스님이 오는 것을 보고, '이

제 내 소원이 이루어지게 되었구나. 손가락으로 화환을 만들 수 있겠다. 번거롭게 어머니를 해치지 않아도 주술이 성취하게 되었다'고 생각하고, 칼과 창을 가지고 비구에게 다가갔다. 그는 원래 힘이 센 장사였기 때문에 달리는 말처럼 날렵하게 사문에게 달려들었다. 그때 부처님께서는 신통력으로 그를 땅에 쓰러뜨리고는 두 사람의 사이의 거리를 좁혔다 늘렸다 하셨다. 그가 부처님을 잡으려고 하면 부처님이 멀어졌다. 당최 부처님을 따라잡을 수가 없었다. 그는 안간힘으로 소리 지르면서 말하였다.

"거기 서라 사문아. 너에게 묻고 싶은 것이 있다."
부처님께서 말씀하셨다.
"나는 아까부터 서 있었는데, 그대가 서 있지 않는구나."
그때 지만(앙굴마라)는 다음과 같이 게송으로 말하였다.

사문은 가면서 서 있다고 말하고
나는 서 있는데 간다고 말하는 구나.
사문아 그 이치를 말해라.
왜 너는 서 있고 나는 간다고 하느냐?

부처님께서 게송으로 답하셨다.
지만아, 나는 아까부터 서 있었으니
너는 일체의 사람을 해치지 말아라.
너는 흉악하고 사나운 사람인데
어찌하여 그 허물을 고치지 아니 하느냐.

지만은 곧 칼과 방패를 머리에 올린 채 깊은 연못에 몸을 던졌다. 그리고 부처님께 합장하고 다음과 같은 게송으로 찬탄하였다.

부처님께 스스로 귀의하오니
거룩한 사문을 뵙고 싶어라.
오랫동안 지어온 그 죄업을
나는 지금 스스로 참회하네.

부처님께서 본래의 모습을 나타내시니 그 위신력이 밝고 빛났다. 부처님께서는 손수 지만을 붙잡고 기원정사로 가서 여러 제자들에게 말씀하셨다.
"너희들은 이 지만을 데리고 가서 제도하여 비구로 만들어라."
그는 부처님을 따라 수도하는 사람이 되었다.

사회의 각계각층, 지위 고하를 막론하고 다양한 사람들이 부처님을 만나 불교에 귀의했습니다. 제가 처음에 말씀 드렸듯이, 우리도 불교를 알게 되고 믿게 된 인연을 소중하게 생각해야 할 것입니다. 또한, 법연의 소중함을 가슴에 잘 간직하고 부처님의 가르침을 가족과 자손들에게도 전해야 할 것입니다. 특히 어린 자손들에게는 불교의 가르침이 얼마나 숭고한 것인지 알려줘야 합니다.

부처님은 먼 데 계시지 않습니다. 우선, 누구나 불성佛性을 지니고 태어났으니 자기 자신이 바로 부처님입니다.

다음으로는 부모와 자녀의 인연, 부부의 인연으로 한 집에서 함께 웃고 울며 평생 살아가는 가족들이 바로 부처님입니다.

다음으로는 공동의 목표를 위해 하루 종일 합심해서 일을 하는 직장 동료들, 법회 때마다 만나서 함께 예불을 하는 법우님들이 바로 부처님입니다.

더 나아가서는 같은 해를 바라보면서 일어나서 같은 달을 보면서 잠이 드는 사해동포四海同胞가 바로 부처님입니다.

그러니 만나는 사람마다 소홀히 대해서는 안 됩니다. 만나는 사람마다 부처님이라고 생각한다면 빈부격차도, 지위고하도 따지지 않고 공경하게 될 것입니다.

부처님께서 걸으신 길을 부처님의 가르침대로 따르는 것만이 광대무변廣大無邊한 부처님 은혜에 만분의 일이라도 보답하는 것임을 명심하시기 바랍니다.

부처님은 전염병이 창궐하는 베살리를 직접 방문해 구호활동을 전개하셨습니다. 부처님께서 도착하셨을 때 베살리에는 시체 썩는 냄새가 코를 찔렀다고 합니다. 부처님은 우선 제자들과 함께 발우에 물을 담아와 뿌리면서 거리를 깨끗하게 청소하셨습니다.

그리고 죽음의 공포에서 벗어나고자 하는 사람들은 삼보에 귀의하라고 설하셨습니다. 이렇게 부처님께서 재난 구제에 나선 지 7일이 지나자 베살리에는 전염병이 사라지고 하늘에서 비가 내려 가뭄도 해결되었다고 합니다.

재난을 당한 이웃을 구호하기 위해 제자들과 함께 헌신적인 방역활동을 펼치신 부처님의 일화는 코로나 시대에 우리 불자들이 귀감을 삼아야 할 교훈입니다.

타인의 고통을 외면하지 않고 슬픔과 절망을 함께 나누는 것이야말로 불자들이 실천해야 할 자비행인 것입니다.

『열반경』「범행품」에는 이런 구절이 있습니다.

"어떤 사람이 무엇이 온갖 선행의 근본이냐고 묻거든
자비심이라고 대답해라. 자비심은 진실해서 헛되지

않고, 선한 일은 진실한 생각에서 일어난다. 진실한
생각이 곧 자비심이며, 자비심이 곧 여래이다."

여래如來란 진리의 세계에서 왔다는 의미입니다. 자비심을
가질 때 진리를 실현할 수 있습니다. 그리고 자비를 실천하는
것이 한걸음씩 여래에 가까이 가는 길이기도 합니다.

4부
부처님의 가르침에서 배웁시다

사성제四聖諦의 가르침

사성제四聖諦는 고·집·멸·도苦集滅道를 일컫습니다. 고苦는 삶이 곧 괴로움이라는 진리입니다. 현실 세계는 괴롭다는 것입니다. 괴롭다는 것은 육체적 괴로움뿐만 아니라 심리적 괴로움도 포함하며, 불안함, 불편함, 부조화 등을 모두 나타내는 말입니다. 삶 속에 있는 모든 불만족스러움을 모두 포함한다고 생각하면 됩니다. 그런데 그 괴롭다는 것은 깨닫고 보면 괴로울 것도 없는 것들입니다. 무지하여 괴롭고, 윤회하여 생사가 있는 것입니다.

중생에게는 태어남生, 늙음老, 병듦病, 죽음死이 모두 괴로움입니다. 사랑하지만 헤어져야 하는 괴로움(애별리고)愛別離苦, 미워하는 사람과 만나는 괴로움(원증회고)怨憎會苦, 얻고자 한 것을 얻지 못한 괴로움(구불득고)求不得苦, 자기에게 집착하는 괴로움(오음성고)五陰盛苦도 있습니다. 이를 인생의 여덟 가지 괴로움(인생팔고)人生八苦라고 합니다.

이 밖에도 수많은 괴로움과 불안함, 걱정이 있습니다. 그래서 108번뇌라고도 합니다. 사실은 그보다 훨씬 많은 괴로움이 있습니다. 이렇게 고통의 바다苦海에서 허우적거리는 것이 중생의 모습입니다.

고성제苦聖諦란 쉽게 말해서 인생이 고달프다는 뜻입니다. 인생은 자연법칙에 지배되는 까닭에 고통스러울 수밖에 없습니다. 설령 잠시 꿀맛 같은 쾌락이 있을지라도 이는 영구적인 것이 아닙니다. 생로병사라는 윤회의 사슬을 끊을 수 없는 게 바로 우리의 인생살이입니다.

집성제集聖諦란 괴로움의 원인이라는 진리입니다. 집集이란 '불러 모으다'라는 뜻입니다. 삶의 실상이 괴로운 이유는 욕망 때문입니다. 이는 마치 목이 말라 물을 찾는 것과 같은데, 이러한 마음 상태를 일컬어 갈애渴愛라고도 합니다. 애愛란 애착을 말합니다. 중생이 욕망을 가지는 것은 어리석기 때문입니다. 이를 무명無明이라고 합니다. 즉 진리를 제대로 모르고 있기 때문에 갈애가 생기는 것입니다. 집성제는 괴로움의 원인을 찾아가는 과정을 일컫습니다. 삶의 괴로움은 어디서 오는 것인가 하는 이유를 밝혀 나가는 것이 바로 집성제입니다.

멸성제滅聖諦는 괴로움의 원인을 알고 괴로움을 없애는 과정을 말합니다. 괴로움을 없애려면 8정도를 실현해야 하는데, 그 과정을 멸성제라고 합니다. 도성제는 괴로움(고성제)을 알고, 집성제인 괴로움의 원인이라는 것을 아는 것입니다.

멸성제는 그 괴로움을 없애는 방법으로 8정도를 실현함로써 나타나는 현상 즉 해탈이요. 열반을 말하는것입니다. 이 것이 견성성불입니다.

도성제道聖諦란 모든 불자들의 이상향인 도에 이르는 길을 일컫습니다. 팔정도와 육바라밀 같은 수행방법이 대표적인 예일 것입니다. 이 방법에 대해서 수많은 경전들이 설명을 해놓았습니다.

비유하자면, 고성제는 병자와 같고, 집성제는 병의 원인과 병으로 인한 고통을 말하는 것이고, 멸성제는 병을 완치하는 것과 같고, 도성제는 치료가 완료되어 완쾌될 상태를 말합니다.

제諦는 체로 읽기도 합니다. 산스크리트어의 satya, 팔리어의 sacca를 번역한 것입니다. 진실 혹은 진리라는 뜻입니다. 사성제四聖諦는 네 가지 성스러운 진리라는 뜻입니다. 석가모니 부처님께서 보리수 아래에서 깨달으신 것이 바로 사성제와 연기설입니다.

사성제의 첫 번째인 괴로움[苦]이라는 말에는 일반적으로 세 가지 의미가 깃들어 있습니다.

첫째는 육체적 고통입니다. 아프다, 배고프다, 춥다, 뜨겁다 등 육체적으로 느낄 수 있는 고통입니다. 이를 일컬어 고고苦苦라고 합니다.

둘째는 있던 것이 없어졌을 때 느끼는 괴로움입니다. 재물, 지위, 명예 등을 상실했을 때 오는 고통입니다. 이를 일컬어 괴고壞苦라고 하고 그 괴로움의 원인을 말합니다.

셋째는 항상 존재하지 못하기 때문에 겪는 괴로움입니다. 만족하지 못하여 겪는 욕망과 욕구에서 오는 괴로움입니다. 이는 모든 것이 무상하기 때문에 일어나는 것으로 행고行苦라고 합니다. 이 행고는 무상한 시간 속에서 겪는 괴로움과 유한한 시간 속에 던져진 존재가 어쩔 수 없이 느껴야 하는 실존적인 고뇌와 불안을 가리킵니다.

프라세나짓왕의 어머니가 목숨을 잃었을 때 부처님은 이렇게 설했습니다.

"예나 지금이나 두려운 일 네 가지가 있다. 태어나면 늙고, 늙으면 병들고, 병들면 죽고, 죽으면 가까운 사람들과 이별하지 않을 수 없다. 사람의 목숨은 언제 어디서 어떻게 될지 알 수 없다. 세상 만물은 덧없다. 마치 강물이 밤낮으로 쉬지 않고 흐르듯이 인생도 빠르게 흘러간다. 우리가 사는 세상은 무상하다. 영원한 것은 아무 것도 없다. 모두 죽음에서 벗어날 길이 없다."

– 『법구비유경』 –

시간은 돌이킬 수 없습니다. 따라서 '태어나서 늙고 병들어 죽는다'는 4고四苦의 문제는 그 누구든지 예외 없이 겪어야 하는 원초적 고뇌입니다. 영생永生은 모든 인간이 바라는 소망이지만, 육신이 영생한 사람은 동서고금東西古今을 막론하고 이 세상에 없었습니다. 중국 최초로 통일국가를 만든 진시황제도 신하를 시켜 불로초不老草를 찾았지만 죽어서 무덤의 한 줌 흙이 되었습니다. 부처님께서 출가하게 된 계기도 바로 사문유관을 통해서 생로병사生老病死의 현장을 목도하였기 때문입니다.

앞서 설명했다시피 4고四苦에 네 가지 고통을 추가해서 팔고八苦라고 합니다. 애별리고愛別離苦는 사랑하는 사람, 애착이 가는 것과 영원히 함께하고 싶지만 언젠가는 이별하는 데서 오는 고통입니다. '생자필멸 회자정리生者必滅 會者定離'라는 말이 있습니다. 태어난 자는 반드시 죽게 되고 만나면 헤어지기 마련이라는 뜻입니다.

원증회고怨憎會苦는 미운 사람, 보기 싫은 것과 만나야 하는 데서 오는 괴로움입니다. 이러한 괴로움은 좋은 사람과 나쁜 사람, 좋은 것과 싫은 것을 나누기 때문에 발생하는 것입니다.

구부득고求不得苦는 갖고 싶어도 갖지 못하는 데서 오는 괴로움입니다. 우리는 무엇인가를 얻기 위해 온갖 노력을 다합니다. 사업가는 재물을 얻으려 고 하고, 정치가는 권력을 얻으려고 하고, 학자나 예술인은 명예를 얻으려고 합니다.

오음성고五陰盛苦는 색色, 수受, 상想, 행行, 식識 등 육신의 오음五陰에 너무 집착한 아만我慢이 불 같이 치솟아서 생기는 괴로움입니다.

기실, 4고四苦와 8고八苦는 깨치지 못한 사람들이 살아가면서 겪는 괴로움 중에서 대표적인 것을 간추려 놓은 것입니다. 우리가 가지고 있는 고통의 종류는 헤아릴 수 없이 많습니다.

그렇다면 이러한 고통의 원인은 어디서 오는 것일까요? 바로 우리의 몸입니다. 이 몸은 괴로움을 담고 있는 그릇이므로, 모든 근심과 고통은 여기에서 나옵니다. 그러므로 우리는 이 몸을 탐하지 않고 괴로움의 뿌리를 끊으려고 열반의 길을 가야 합니다.

부처님께서는 오래 살기를 원하고 많은 것을 갖고자 하는 생각이야말로 괴로움의 원인이라고 설하셨습니다. 또한, 생에 대한 갈애渴愛, 소유에 대한 탐욕貪慾, 명예와 권세에 대한 격정激情 등 지나친 욕망이 괴로움의 원인이라고 말씀하셨습니다.

중생이 고통 속에 빠지는 이유는 망아妄我에 집착하여 진아眞我를 등지기 때문입니다. 이는 마치 불나방이 자신의 욕망 때문에 몸을 태울 줄 모르고 불 속으로 달려드는 것과 같은 이치입니다.

괴로움에 대한 인식[苦聖諦]으로부터 출발한 사성제는 괴로움을 소멸하는 길을 제시함으로써 마지막을 장식합니다. 사성제는 도성제라는 실천적 과제를 제시함으로써 마침표를 찍는 것입니다. 도성제란 괴로움을 소멸하는 고귀한 진리인 것입니다. 괴로움이 소멸된 경지란 열반을 의미합니다. 열반은 깨달음의 완성이라고 바꾸어 말할 수 있습니다. 경전에서는 도성제에 대해 다음과 같이 설하고 있습니다.

"비구들이여, 이러한 괴로움의 소멸에 이르는 길이라는 거룩한 진리가 있다."

주목할 것은 사람의 성정性情은 각기 다르지만, 빈부귀천을 떠나서 팔고의 고통을 살아간다는 점에서는 일치한다는 사실입니다. 유사 이래 태어나서 늙고 병들어 죽지 않은 사람은 없습니다. 이 사실을 명심하면 타인에 대한 연민이 싹트게 됩니다. 저 사람도 나와 똑같이 고통 받고 있는 존재라는 것을 깨닫게 되는 것입니다.

육조 혜능 선사는 '번뇌즉보리煩惱卽菩提'라고 말씀하셨습니다. 어찌 보면 고통이야말로 진정한 '깨달음의 안내자'라고 할 수 있습니다.

팔정도八正道의 가르침

불교를 믿는 사람은 무엇보다도 먼저 이 8정도에 의하여 수행하고 생활하여야 할 것입니다. 앞서 설명 드린 바와 같이 사성제의 가르침은 열반에 드는 길을 제시한 것입니다. 그렇다면 어떻게 살아야 열반에 이를 수 있는 것일까요? 그 해답은 부처님이 제시하신 '여덟 가지 바른 길', 즉, 8정도八正道입니다.

8정도는 욕락과 고행이라는 양극단을 떠난 중도中道의 가르침이 담긴 것일 뿐만 아니라, 올바른 깨침으로 인도하는 가장 합리적인 올바른 수행법입니다. 따라서 깨달음을 이루려는 불자라면 마땅히 8정도를 수행해야 합니다. 그 누구나 실천할 수 있는 보편적인 중도中道의 길을 부처님께서 밝히신 것이 바로 팔정도입니다. 8정도는 아래와 같습니다.

첫째, 바른 견해正見입니다.

바른 견해는 나를 둘러싸고 있는 세상을 똑바로 인식하고 자각하는 것에서 시작합니다. 세상에 존재하는 모든 것들의 참모습을 보려면 부처님이 설하신 연기의 진리를 통해서만 가능합니다. 또한 불교의 바른 세계관과 인생관으로서의 인연과 4제四諦에 관한 지혜는 정견에서 얻을 수 있습니다. 따라서 아직도 이러한 지혜를 확립하지 않은 사람이라면 반드시 먼저 바른 신앙을 지녀야 합니다. 만약 새로운 일을 도모한다면 그 사업의 전체적인 계획이나 전망이 정견에 의하여 수립되어야 성공 할 수 있습니다.

둘째, 바른 생각[正思]입니다.

몸과 말에 의한 행위를 하기 전의 바른 의사 또는 결의를 가리킵니다. 불자라면 부드러운 조화와 자비의 마음으로 사념사유思念思惟, 즉 바르게 기억하고 바르게 생각해야 합니다. 자신의 처지를 언제나 바르게 생각하고 의지를 바르게 갖는 것이 정사유입니다. 그리고 부처님의 가르침을 끊임없이 생각하는 것이 바로 정사라고 할 수 있습니다. 마치 연인을 그리워하고 사랑하듯이 부처님의 진리만 생각하는 것입니다. 진리에 대하여 그리워한다는 것은 진리를 내 안에 품겠다는 반증이기도 합니다. 진리를 향한 그리움과 열정으로 자신의 마음을 가득 채운다면 다른 생각이 들어올 수 없게 됩니다.

셋째, 바른 말[正語]입니다.

정사유 뒤에 생기는 바른 언어적 행위를 의미하는 것으로, 신구의 삼업 중 의업에 속하는 망어妄語(거짓말), 악구惡口(악담), 양설兩說(이간질 하는 말), 기어綺語(속이는 말)를 하지 않고, 진실하고 남을 사랑하며 남과 융화하는 유익한 말을 하는 것이 정어입니다. 부처님의 진리를 내 안에 품게 되면 결국 그 생각은 말로 나타나게 됩니다. 항상 진리를 생각하면[正思] 자연히 바르고 진실된 진리의 말을 할 수 있게 될 것입니다.

넷째, 바른 행동[正業]입니다.

정사유 뒤에 생기는 것으로 바른 신체적 행위를 의미하며, 살생殺生, 투도偸盜, 사음邪淫을 떠나서 모든 생명에 대해 자비심을 갖고, 물욕에 집착한 나머지 도둑질하지 않고, 성도덕을 지키는 등 바른 행동으로 삶을 살아가는 것이 대표적인 바른 업을 짓는 것입니다.

또한 진리에 맞게 행동하는 것을 정업이라고 할 수 있습니다. 정업은 계율로 정한 것만 해당하는 것이 아니라, 부처님의 진리에 의하여 행동하는 모든 행위를 일컫습니다.

다섯째, 바른 생활[正命]입니다.

정명은 바른 직업에 의하여 바르게 생활하는 것을 의미합니다. 진리에 비추어 이루어진 올바른 행위는 당연히 바른 생활을 하게 됩니다. 정업이 개인적인 차원의 의미가 강조된 행위라고 한다면, 정명은 사회적 성격을 갖는 행위라고 할 수 있습니다.

여섯째, 바른 노력[正精進]입니다.

바르게 노력하고 정진하는 것으로 이상을 실현하기 위하여 노력하는 것이 정정진입니다. 모든 면에서 이상으로서의 선善을 낳고 증대시키되, 이에 어긋나는 악을 줄이고 제거하도록 노력하는 것을 의미합니다. 병이 깊으면 아무리 좋은 약이라도 한번 먹고 낫기 어려운 법입니다. 병을 완치하려면 계속 약을 잘 복용해야 하는 것처럼 부처님의 가르침에 따라 열반에 이르려면 쉼 없이 노력해야 합니다. 열반에 이르기 위해서는 무엇보다도 부처님의 가르침을 실천하는 것이 중요합니다. 정정진은 쉬지 않고 부처님의 가르침을 실천하는 것입니다.

일곱째, 바른 집중[正念]입니다.

바른 생각을 지니고 이상과 목적을 언제나 잊지 않는 것이 정염입니다. 그리고 일상생활에서도 맑은 정신으로 세상을 살아가되 무상無常, 즉 모든 것은 항상 같은 상태로 존재하지 않고 시시각각 변화하고, 무아無我, 즉 나라는 것은 실체가 없으며, 개고皆苦, 즉 모든 것은 불완전하여 괴로움이라는 삼법인三法印을 언제나 염두에 두고 잊지 않는 일입니다. 진리를 실천하는 일은 항상 현재에 이루어져야 합니다. 불자라면 마땅히 바로 이 순간에 바로 이곳에서 행동해야 합니다. 절대로 뒤로 미루거나 주저해서는 안 됩니다. 이러한 생각을 항상 견지하는 것이 실로 바른 생각입니다.

여덟째, 바른 수행[正定]입니다.

정신수련, 즉 선정禪定을 의미합니다. 깊은 선정은 일반인으로서는 얻을 수 없는 것이라고 하더라도, 일상생활에서도 마음을 안정시키고 정신을 집중하는 것은 얼마든지 가능합니다.

바른 수행은 바른 지혜를 얻거나 지혜를 적절하게 활용하기 위해서도 반드시 필요합니다. 명경지수明鏡止水와 같이 흐림이 없는 마음과 무념무상과 같은 마음의 상태는 정정이 진전된 것입니다. 정정이란 마음이 산란하지 않고 움직임이 없음을 의미하는 올바른 삼매를 일컫습니다. 바른 삼매는 진리와 일치된 삶을 뜻하는 것이기도 합니다. 이는 무한한 자유와 해방을 의미하는 것입니다.

8정도의 출발은 정견입니다. 정견은 나머지 일곱을 달성하기 위한 목적입니다. 그리고 팔정도는 여덟 가지 항목이지만, 이것은 하나의 성도를 이루는 각 부분이며, 여덟 가지는 일체로서 유기적으로 결합되어 있기 때문에 별개의 것이 아닙니다.

부처님께서 최초 설하신 법문은 이것을 설한 것이며, 4제四諦, 12연기十二緣起와 함께 불교의 기본적 근본 교의가 되는 것입니다. 팔정도는 중생을 미혹세계인 이곳에서 깨달음의 세계인 피안彼岸으로 인도하는 힘을 가지고 있어, 나룻배[船]나 뗏목[筏]으로 비유되기도 합니다.

십이연기十二緣起의 가르침

　불교의 핵심 사상 중 하나인 연기론緣起論은 우주만유宇宙萬有, 즉, 삼라만상森羅萬象은 상의상관相依相關에 의하여 존재하고, 생성하고, 변화한다는 내용을 담고 있습니다. 연기緣起는 인연생기因緣生起의 줄임말로 인연이 모여서 결과를 얻게 된다는 의미가 깃들어 있습니다. 실제로 인생의 모든 일들은 물론이고 우주의 운행 또한 연기의 법칙에 의하여 비롯됩니다.

　부처님께서는 여러 경전을 통해서 연기법에 대해 설하셨습니다. 그 경구들을 인용해보겠습니다.

> "인연因緣의 인因은 원인, 결과를 생기게 하는 내적인 직접적인 원인이고, 연緣은 외부에서 이를 돕는 간접적인 원인이다. 그래서 내인內因, 외연外緣이라고도 한다."
> "연기법은 영원히 변치 않는 미묘한 진리니라. 그러나 중생들은 이 법을 깨닫지 못하고, 보지 못하므로 엉킨 실타래와 같이 그 속에 얽히어 스스로 벗어나지 못하고 윤회하여 해탈할 길이 없는 것이니라."
>
> －『아함경』－

"모든 법은 인연에 의하여 생하고 모든 법은 인연에 의하여 멸하느니라. 이것이 있을 때 저것이 있고, 이것이 살 때 저것이 산다. 이것이 없을 때 저것이 없고, 이것이 멸하는 것에 의하여 저것이 멸한다."

－『화엄경』－

"연기법은 내가 만든 것도 아니고, 그 누가 만든 것도 아니다. 그러므로 그것은 여래의 존재와 무관하게 법계에 항상 머물러 있다. 여래는 이 법을 스스로 깨닫고 깨달음을 완성한 뒤에 중생들을 위하여 바른 진리를 전하노라."

－『잡아함경』－

이처럼 많은 경전에 연기법에 대한 내용이 쓰여 있는 까닭은 부처님의 가르침 중에서도 핵심사상에 해당하기 때문입니다.

우리가 나무 그늘에 쉬어 가고, 샘에서 물을 마시는 것도 과거의 인연에 의하여 이루어지는 것입니다. 연이 있다면 천리를 떨어져 있어도 만나게 마련이고, 연이 없다면 지척에 있어도 만나기 어렵습니다.

천생연분天生緣分이란 운명적 또는 숙명적으로 맺어진 인연이란 뜻입니다. 선연善緣이니 악연惡緣이니 하는 말도 인연의 소중함을 일깨워주는 단어들이라고 볼 수 있습니다.

연기설은 불교의 중심사상입니다. 그리고 그 가르침의 체계적으로 정비된 것이 '12연기설'입니다. 연기의 도리를 이해하면 절로 불법을 깨닫게 되므로, 인연법이 불법 그 자체라고해도 과언은 아닐 것입니다. 우리는 살면서 이런 질문을 스스로에게 던집니다.

'생명이란 무엇인가?'

'과거에 나는 무엇이었을까?'

'나는 죽어서는 어떻게 될 것인가?'

'내 생명의 근원은 무엇인가?'

이런 질문에 대한 해답이 바로 '12연기十二緣起' 또는 '12인연十二因緣'인 것입니다.

열두 가지 인연 가운데 무명無明, 행行이 과거세의 2인因이 되어 식識, 명색名色, 육처六處, 촉觸, 수受라는 현재세의 5과果를 결정하고, 다시 애愛, 취取, 유有라는 현재세의 3인因이 생生, 노사老死라는 미래세의 2과果를 결정하게 됩니다. 그리고 이러한 윤회의 수레바퀴는 끊임없이 계속됩니다. 이를 일컬어 '삼세양중인과三世兩重因果'라고 합니다. 삼세三世에 걸쳐 인과가 겹치게 된다는 의미입니다.

이해를 돕기 위해 십이연기에 대해 보다 상세히 설명하겠습니다.

첫째, 무명無明입니다. 무명無明은 무지無智와 같습니다. 다시 말해, 진리眞理를 모른다는 뜻입니다. 명明은 진리와 같은 뜻입니다. 따라서 무명은 진리에 어둡단 말입니다. 번뇌와 무명은 같은 뜻입니다. 진리를 모르니까 번뇌가 생기는 것이고 이는 무명무지無明無知에서 비롯되는 것입니다.

둘째, 행行입니다. 과거세過去世의 번뇌煩惱에 의依하여 지은 바 선악善惡의 행업行業을 뜻합니다. 우리가 죽으면 몸은 사라지고 우리 영혼靈魂이 헤매다가 부모의 연緣을 만나는 것입니다. 무명 때문에 남녀가 결합하는 것입니다. 이렇게 해서 어머니의 태胎에 탁태托胎되는 과정이 바로 행입니다.

셋째, 식識입니다. 과거세過去世의 업에 의依하여 받은受 영식靈識이 어머니의 태에 들어가는 단계를 의미합니다. 다시 말해 영혼이 인연을 선택하여 어머니의 모태에 잉태 되는 그 과정이 식인 것입니다.

넷째, 명색名色입니다. 명색은 태중胎中에서 심신心身이 발육發育하는 때를 말합니다. 어머니의 태안에서 마음과 몸이 발육發育하는 자리를 말하는 것입니다.

다섯째, 6처六處입니다. 6처六處는 다른 말로 6근六根이라고 합니다. 안眼, 이耳, 비鼻, 설舌, 신身, 의意 등 육근이 어느 정도 갖추어져 있는 때가 육처입니다.

여섯째, 촉觸입니다. 태어나서 어린애가 이것저것 만지고 싶어 하는 것이 바로 촉입니다.

일곱째, 수퓿입니다. 수는 좋아하고 싫어하는 것을 조금씩 알아가는 때입니다. 고락苦樂을 식별하고 감수感受하기 때문에 좋고 나쁜 것을 알게 되는 것입니다. 따라서 좋은 것은 취하려고 하고 싫은 것은 피하려고 하는 심리心理현상이 생깁니다.

여덟째, 애愛입니다. 강성強盛한 애욕愛慾이 생기는 때입니다. 사춘기 과정이라 할 수 있는데, 이때가 되면 이성에 대해서 애욕을 느끼게 됩니다.

아홉째, 취取입니다. 갖고 싶은 모든 대상을 취하려는 시기를 의미합니다. 성인이 되어 애욕이 더욱 치성해지는 시기입니다.

열째, 유有입니다. 사람들은 누구나 애와 취로 말미암아 갖가지 업業을 짓게 됩니다. 애와 취에 의해서 행동하면 그것이 업이 되어 장차 과보를 받게 됩니다. 이를 일컬어 유有라고 합니다.

열한번째, 생生입니다. 현재現在의 업業으로 말미암아 미래未來의 생生을 받는 것을 일컫습니다. 현세에 지은 여러 가지 업에 의해서 내세來世에 생을 받는 것을 뜻합니다.

열두번째, 노사老死입니다. 말 그대로 늙어서 죽는다는 뜻입니다. 열두 가지의 인연에 의해 우리는 태어나서 늙고 병들어 죽는 것입니다.

우리는 살면서 삶과 죽음에 대한 근원적인 질문들을 던질 수밖에 없습니다. 유일신교에서는 그 해답으로 신의 섭리를 제시하고 있고, 유물론자들은 물질만이 진실이라고 여기고 있습니다. 하지만 부처님께서는 과거, 현재, 미래가 있으며 그래서 중생들은 업보業報에 따라 윤회輪廻를 거듭한다고 말씀하셨습니다.

부처님께서는『중아함경』에서 '독화살의 비유'를 들면서 이렇게 설하셨습니다.

"어떤 사람이 몸에 독한 화살을 맞아 위독한 상태에 이르렀다. 친족들이 의사를 부르려고 하자 그 사람은 아직 화살을 뽑아서는 안 된다고 주장했다. 나는 먼저 화살을 쏜 사람이 누구이며, 왜 쏘았는지 알아야겠다는 이유에서였다. 하지만 그 사람은 끝내 그것을 알지 못한 채 목숨을 마치고 말 것이다."

부처님께서 독화살의 비유를 든 이유는, 나라는 존재가 어디에서 와서 어디로 가는 지 아는 것도 중요하지만, 이 보다 늙고 병들어 죽는 괴로움의 고통을 당하는 현재의 삶에서 그러한 고통을 극복하는 게 더 중요하다는 것을 일깨워주기 위해서였을 것입니다.

12연기설十二緣起說은 고통스러운 현실의 삶에서 우리가 처한 상황이 어떠한지 일깨워줍니다. 12연기의 마지막은 노사老

死인데 노사란 곧 근심, 슬픔, 괴로움, 번민을 수반하는 것입니다. 우리의 삶은 이러한 번뇌에서 자유롭지 못합니다. 그런데도 불구하고 가끔씩은 이러한 사실 자체를 망각합니다. 하지만 어느 누구도 죽음을 피할 수는 없을 뿐만 아니라 그에 수반된 고통 또한 직면하지 않을 수 없습니다.

12연기설은 무명無明과 노사老死라고 하는 두 가지 축을 중심으로 전개된 법문입니다. 십이연기설에 따르면 현실의 괴로움은 무명에서 비롯되는 것입니다. 무명과 거기에 수반된 행, 식, 명색 등의 독을 제거할 때 우리는 고통스러운 미혹의 세계를 벗어나서 깨달음의 세계에 이를 수 있는 것입니다. 12연기설의 현실적인 출발점은 지금 이 순간의 존재 상황에 대한 참된 자각이라 할 수 있으며, 그리하여 고통의 원인이 되는 무명의 화살을 뽑아내는데 그 목적이 있습니다.

인과응보因果應報의 가르침

『장아함경長阿含經』에는 부처님께서 연기법에 대해 설한 대목이 있습니다.

> 어떤 제자가 부처님께 여쭈었습니다.
> "세존이시여, 연기법은 세존께서 지으신 것입니까?"
> 부처님께서 대답했습니다.
> "연기법은 내가 지은 것이 아니다. 그렇다고 다른 사람
> 이 지은 것도 아니다."

연기법이야말로 부처님 가르침의 요체라고 할 수 있습니다. 이 연기법에 대해 재야 불교학자 신용국 씨는 『연기법, 우주의 진실』(하늘북, 2004)이라는 책에서 "연기법은 우주의 진실이다. 따라서 인간이 삶에서 찾는 진리가 연기법이며, 또한 연기법은 인간의 삶과 인간의 존재가 찾는 인과율因果律에 대한 해답"이라고 강조했습니다.

연기법은 우주 운영의 실체입니다. 인간의 삶은 인과율로 뒤덮여 있습니다. 사람은 누구나 일상생활에서 시시비비를 가려

야 하고, 나의 존재에 대한 질문, 세계가 작동하는 인과에 대한 질문, 자연과 우주의 인과에 대한 질문, 사회의 제도나 관습, 이데올로기에 대한 질문들을 안고 살아야 합니다. 그러고 보면 인간 존재 자체도 인과율이라고 할 수 있습니다.

사람은 순간마다 선택의 기로에 서야 하고, 그 선택의 과정 속에서 자신의 존재를 만들어가는 것입니다. 인간의 자유의지 조차도 인과율의 하나이며, 세계와 우주를 이해하는 사상도 인과율의 구조적 관념인 것입니다.

연기법은 인간 존재에 대한 궁극적인 해답을 제시하는 가르침인 동시에 우주 운영의 진리입니다.

부처님은 우주 운영의 실체를 깨달으시고, 그 진리를 연기법이라 명명하셨습니다. 부처님에 의해 우주의 진리가 이 땅에서 비로소 각성되기 시작한 것입니다. 따라서 부처님의 깨달음은 인류에게 개벽과 다르지 않은 것입니다.

부처님은 성도 후 평생 동안 연기법을 전하는 데 매진하셨습니다. 그러므로 부처님의 가르침을 따르는 불제자라면 마땅히 연기법에 대한 확고한 이해는 물론이고 연기법의 전법에 힘을 다해야 할 것입니다.

우리 속담에 "콩 심은 데 콩 나고 팥 심은 데 팥 난다"는 말 있습니다. 바로 인과법을 일깨워주는 말입니다. "원인 없는 결과는 없다"는 말은 동서고금의 진실입니다. 우주는 인과법에 의해 한 치의 어긋남도 없이 운영(경영)되고 있기 때문입니다. 원인은 항상 과거(전생)의 일이며, 결과는 지금(현재, 금생) 현상적으로 내 앞에 일어나고 있는 일입니다. 지금 벌어진 일을 내가 어떻게 하느냐에 따라 새로운 미래가 결정되기 때문에 지금이라는 시간은 결과이면서 새로운 원인이 됩니다. 그래서 지금이라는 시간이 가장 중요하고 우리가 쓸 수 있는 시간은 지금(찰나)이라는 시간뿐입니다. 따라서 인과법은 과거와 현재 미래라는 시간의 연기관계입니다. 과거로 말미암아 현재가 일어나고 현재에 의해 미래가 일어나기 때문입니다.

우리가 표면의식 안·이·비·설·신·의眼耳鼻舌身意, 6식六識으로 하는 모든 행위는 업業이라는 이름으로 무의식 제8식 아뢰야식阿賴耶識에 저장되어 다음 생(윤회, 순환)의 주체가 됩니다. 다시 말해서 금생에 지은 업은 일종의 에너지이기 때문에 죽으면 육신은 본래대로 4대四大, 즉 지·수·화·풍地水火風으로 흩어지나, 업은 사라지지 않고 다음 생의 모든 것을 만들어내는 원인이 된다는 말입니다. 이것을 운명이라고 합니다. 그러나 과거 전생에 지은 업으로 인해 지금의 여건이 만들어지기는 하나, 내가 지금 그 길을 어떻게 가느냐에 따라 미래가 결정되기 때문에 운명은 있으면서도 없는 것과 같습니다. 이것을 '업의 순환(윤회) 원리'라 합니다.

진여는 본래 항상恒常한 것이며, 우주를 만들어내는 에너지이고, 업은 개개인이 과거(전생)로부터 지금까지 배우고 익히고 학습하여 자기 것(아상我相), 고정관념, 무명無明으로 삼아 무의식에 저장된 에너지입니다. 이 업이 개체(個體 : 개개인)를 만들어 냅니다. 진여와 업은 그 본질本質과 본성本性에 있어서는 다르지 않으므로 업은 진여의 다른 모습일 뿐입니다.

업의 순환 원리로 볼 때 내가 짓는 대로 다 내가 되돌려 받기 때문에 자업자득自業自得, 즉 내 앞에 벌어지는 일[因緣]은 모두가 다 내 탓입니다. 남이 지은 업이 내 것으로 돌아오는 일은 결코 있을 수 없습니다. 따라서 지금 나에게 즐거움을 주는 사람도 과거 전생의 나의 모습이요, 고통을 주는 사람도 과거 전생의 나의 모습입니다. 이 원리를 깊게 깨달으면 과거를 보는 숙명통宿命通이 열리게 됩니다.

부처님께서는 "너의 과거 전생을 알려면 지금 너에게 주어진 여건을 보고, 너의 내생을 알려면 지금 네가 하고 있는 모습을 보면 된다."고 하였습니다.

업의 순환원리로 보면, 악인악과惡因惡果요, 선인선과善因善果입니다. 인과법을 잘못 이해해서 숙명론이나 보복의 논리로 알면 안 됩니다. 인과법은 원인에 의한 결과의 나타남이기 때문에 원인과 결과의 연기관계로 일어나는 현상은 있으나 그 현상을 주재하는 주재자는 없기 때문입니다. 씨앗(因 : 직접적인 원인)을 심지 않고 가만히 두면 결코 싹은 돋아나지 않습니다. 흙, 적당한 습기, 따뜻한 온도, 농부의 손길과 같은 연(緣 : 간접적인 원인)이 있어야 합니다.

이와 같이 원리를 깨달아 중도의 지혜가 완성되어야 비로소 삶의 모든 문제를 어디에도 의지하지 않고 스스로 해결할 수 있는 능력의 소유자로 거듭나서 태어날 수 있습니다.

그래서 부처님께서는 마지막에 제자들에게 이렇게 가르치셨던 것입니다.

"자등명 자귀의自燈明 自歸依, 스스로의 등불이 밝으니 스스로에게 돌아가 의지하고, 법등명 법귀의法燈明 法歸依, 법의 등불이 밝으니 법에게 돌아가 의지하라."

삼법인三法印의 가르침

　재차 강조하건대 불교의 기본이 되는 사상은 연기법입니다. 연기법은 세상의 모든 것이 서로 조건으로 인하여 존재한다는 것입니다. 모든 정신적, 물질적인 것이 조건으로 인해 존재한다면 그 어떤 것도 변하지 않고 영원한 것은 없습니다. 이러한 이론을 체계화한 것이 바로 삼법인입니다. 연기법에 대해서는 앞에서 설명했기 때문에 여기서는 삼법인에 대해서만 알아보겠습니다.

　삼법인은 세 가지 근본진리를 말합니다. 다시 말해 석가모니 부처님이 설하신 진리가 불법에 도장처럼 찍은 것 같다는 뜻에서 법인法印, 즉 법의 도장이라고 한 것입니다.

　이 법인은 수많은 불교경전의 말씀이 부처님의 진설眞說인지 아니면 후세 사람들이 꾸며낸 가짜인지 가려내는 기준이 되는 중요한 불교사상이기 때문에 불자라면 당연히 이해하고 알아야 합니다. 흔히 삼법인을 제행무상諸行無常, 제법무아諸法無我, 열반적정涅槃寂靜으로 보는데, 남방불교에서는 제행무상, 일체개고, 제법무아로 보기도 합니다. 일반적으로 알기 쉽게 무상無常, 고苦, 무아無我를 묶어 설명하기도 합니다. 그리고 제행무상, 제법무아, 열반적정, 일체개고를 합쳐 사법인四法印이라고도 합니다. 삼법인의 의미는 아래와 같습니다.

제행무상諸行無常은 세상의 모든 것이 변한다는 뜻입니다. 모든 현상적인 것은 형상이 있든 형상이 없든 마음에 있든 끊임없이 변하고 바뀐다는 의미입니다. 사람은 나고 성장하고 병들고 죽으며, 세간의 모든 물건도 생겨나서는 소멸하고, 사람의 생각도 끊임없이 변합니다. 사람들은 자신이 천년만년 살 것처럼 생각합니다. 그리고 권력, 명예, 재산이 언제나 있을 것처럼 생각합니다. 그러나 가족, 친지, 친구 등 지인의 죽음을 경험하거나, 권력을 가진 사람, 재산이 많은 사람이 몰락하는 것을 보게 되면 모든 것이 변한다는 것을 깨닫게 됩니다. 이러한 평범平凡한 진리 앞에 설 때 사람은 겸허하게 마음을 비우게 됩니다. 그리고 지금까지 자신의 생각이 헛된 욕망에 사로잡힌 것이었음을 깨닫게 되는 것입니다. 이러한 잘못된 생각이 바로 전도몽상顚倒夢想입니다. 사물이 무상하다는 것을 알지 못하고 영원한 것으로만 보는 생각들을 버릴 때 세상을 있는 그대로 볼 수 있고, 그 속에서 바르게 사는 길을 알게 되는 것입니다.

제법무아諸法無我는 모든 변하는 것에는 자아의 실체實體가 없다는 가르침입니다. 무아無我의 가르침으로 보자면 형상이 있는 것은 몇 가지 요소가 결합한 것으로 실체가 없습니다. 그리고 형상을 구성하는 요소라 하는 것들도 그 근본은 허망한 것입니다. 우리가 마음이다, 생각이다, 라고 부르는 것도, 우리가 의식하는 세계도 모두가 망념의 그림자일 뿐으로 그 실체는 없는 것입니다. 인연 따라 생긴 것은 인연이 다하면 흩어집니다. 때문에 고정불변하는 것이란 있을 수 없습니다. 아집, 즉 자기중심적인 사고가 허망하기 짝이 없는 것들을 영원한 것이라고 믿게 하고 집착하게 합니다. 어떤 존재도 영원한 실체가 없기 때문에 제법무아인 것입니다. 그러므로 모든 법에는 실체가 없습니다.

일체개고一切皆苦는 모든 변하는 것이 괴로움 이라는 가르침입니다. 무상하기 때문에 고苦라는 것입니다. 물론 세상을 사는 사람들이 느끼는 감정에 괴로움만 있는 것은 아닙니다. 희로애락喜怒愛樂이 있습니다. 그런데 왜 삶은 고통苦이라고 하는 것일까요? 기쁨과 즐거움 등 긍정적인 감정도 슬픔과 괴로움 등 부정적인 감정적인 감정과 마찬가지로 일시적인 것임에도 여기에 집착하여 고통을 낳기 때문입니다. 모든 것은 변하여 고정불변固定不變하는 실체가 없습니다. 기쁨과 즐거움도 마찬가지입니다. 그러나 사람들은 언제나 자기중심적인 습성에 길들여져 기쁨과 즐거움을 지속하려고 별별 수단을 다 쓰지만,

영구히 기쁨이나 즐거움을 누릴 길은 이 세상에 없습니다. 부처님께서는 중생들이 갖고 있는 이러한 욕망의 근본을 간파하여 일체가 괴로움이라고 설하셨던 것입니다. 불자가 욕망의 불을 끄고 이 세상을 있는 그대로 볼 수 있게 되면 모두 열반에 이르게 됩니다.

열반적정涅槃寂靜은 모든 존재와 모든 현상이 공허하고 얻을 수 없는 것인 반면, 깨달음의 진리 세계는 영원한 불멸의 실상이라는 것을 일깨워 줍니다. 열반은 진리의 구현이며 그러므로 고통이 사라지고 평안한 상태를 말합니다. 번뇌와 욕망, 대립과 고통이 사라진 고요한 평화의 상태, 고통의 불을 완전히 끈 상태가 바로 열반인 것입니다.

부처님께서는 이상의 세 가지 진리의 법인을 사유함으로써 모든 괴로움에서 벗어날 수 있다고 설하셨습니다. 이 말씀은 삼법인의 도리를 깨달아야만 생노병사, 근심, 슬픔, 번뇌 등 모든 괴로움에서 근본적으로 벗어날 수 있음을 의미하는 것이기도 합니다. 따라서 불자들은 삼법인三法印의 가르침을 깨달아 최상의 평화와 대자유인大自由人이 되는 열반을 향해 부지런히 정진해야 합니다.

공空과 실實의 이치

– 나뭇가지 속에는 꽃이 없습니다 –

승칙생원勝則生怨 부칙자비負則自鄙
부승부심夫勝負心 무쟁자안無諍自安
불호책피不好責彼 무자성신務自省身
여유지차如有知此 영멸무환永滅無患

이기면 남에게 원한을 사고,
지면 스스로 비굴해지니
이기고 진다는 마음 버리고
다툼이 없으면 절로 편안하리라.
남의 허물 꾸짖기 좋아하지 말고
자신의 몸 성찰하는 데 노력하라.
이를 알고 실천한다면
근심과 걱정은 영원히 사라지리라.

– 『법구경』 –

이 법문의 교훈은 공空과 실實을 제대로 볼 줄 알아야 한다는 것입니다. 다시 말해 사실이 아닌 것을 사실로 아는 사람이 되어서는 안 된다는 의미입니다.

부처님께서 왕사성의 영취산에서 설법을 하고 계실 때의 일입니다.

한 마을에 금슬이 좋은 젊은 부부가 살고 있었는데, 어느 날 남편이 아내에게 부엌에 있는 술을 가져와서 함께 마시자고 했습니다. 더 마시려고 아내가 부엌으로 가서 술항아리를 열어 보았는데 그 안에 아름다운 여인의 얼굴이 비치는 게 아니겠습니까? 아내는 자기 모습이 술 항아리에 비치는 줄 모르고 질투심을 일으켜 남편에게 달려가서 따지고 물었습니다.

"당신은 아름다운 여인을 술 항아리 속에 숨겨 두고 뻔뻔스럽게도 나와 결혼을 했단 말이오?"

이 말을 들은 남편이 화들짝 놀라 부엌으로 달려가서 술 항아리를 들여다보았습니다. 그런데 거기에는 젊은 남자의 얼굴이 보이는 것이 아니겠습니까? 그래서 이번에는 남편이 아내에게 소리를 질렀습니다.

"정부情夫를 숨겨 두다니 네가 바로 간부姦婦로구나."

이리하여 화목한 즐거움을 누리던 금슬지락琴瑟之樂의 부부는 상대를 서로 의심하고 미워하면서 원망의 세월을 보내게 되었습니다. 이 부부와 평소에 친하게 지내왔던 바라문이 이 소문을 듣고 찾아와서 사실을 확인하고 부부를 화해시킬 요량으로 술 항아리를 들여다보았습니다. 그런데 이번에는 그 술 항아리 속에 그들이 말한 여자와 남자는 보이지 않고 의젓한 바라문이 보이는 것이 아니겠습니까? 바라문은 부부가 자기보다 더 친한 바라문이 생겨서 자기를 멀리하려고 꾸민 일이라 생각하고, 서운한 마음에 간다는 말도 없이 떠나버렸습니다. 그 뒤에도 많은 사람들이 찾아왔지만 모두 자신의 그림자에 속아 오해만 하고는 돌아가고 말았습니다.

그러던 어느 날 수행자가 찾아왔는데 그는 항아리 속의 사람이 모두 그림자란 것을 알고 공空을 실實로 생각한 어리석음을 가련하게 생각하였습니다. 하여 수행자는 부부를 술 항아리 옆으로 데리고 온 뒤 말했습니다.

"내가 이 속에 있는 사람을 나오도록 해 드리겠습니다."

그리고 큰 돌로 술 항아리를 깨뜨려 버렸습니다. 그제야 비로소 진상을 알게 된 부부는 자신들의 어리석음을 뉘우치고 다시 금슬 좋은 부부가 되었다고 합니다.

대부분의 사람은 내면의 아름다움을 채우기보다 남에게 보여주기 위한 외면을 치장하는 데 더 많은 신경을 씁니다. 남보다 좋은 집에 살아야 하고 좋은 차를 타야 합니다.

그러나 반대로 버리고 덜어내는 데에는 인색합니다. 버려야 채울 수 있다는 진리를 망각한 채 무턱대고 채우려고만 합니다. 참으로 안타까운 일이 아닐 수 없습니다. 이는 그림자가 자신인 줄 알고 살아가는 것도 다르지 않습니다.

세기말世紀末이면 종말론을 주장하는 종교가 성행합니다. 지구의 종말이 다가오는데 자신들의 종교를 믿으면 구원을 받을 것이고, 믿지 않으면 구원을 받지 못한다는 게 교리의 요지입니다. 이런 종교를 믿는 사람 중에는 머지않아서 구원을 받을 것이라고 자신의 재산을 모두 교주에 바친 사람도 적지 않습니다. 그런데 더욱 안타까운 것은 예상했던 날짜에 종말이 오지 않았음에도 불구하고 터무니없는 사이비 교리를 가르치는 종교를 떠나지 못하는 사람들이 있다는 사실입니다. 교주는 종말이 오는 날짜를 다시 설정한 뒤 신도들을 속이고, 어리석은 신도들은 교주의 말을 맹신하는 것입니다.

종말론을 믿는 사람들이야말로 그림자에 속고 있는 사람의 대표적인 사례라고 할 수 있습니다.

부처님께서는 무상無常의 진리를 설하셨습니다. 무상無常은 우주의 모든 존재나 현상은 고정된 실체가 없으므로 덧없다는 의미입니다. 이 세상에 영원한 것은 없습니다. 그저 인연에 의해 잠시 생성됐다가 사라지는 것입니다. 이러한 무상無常의 진리를 깨닫게 되면 무상無想, 즉, 일체의 상념을 갖지 않게 됩니다. 우리가 보는 모든 것은 실체가 없는 환영幻影에 지나지 않습니다. 그런데도 불구하고 미욱한 중생들은 헛것에 집착해서 다툼을 벌이곤 합니다. 삼독심三毒心, 탐내는 마음, 성내는 마음, 어리석은 마음 때문에 실상實相을 제대로 보지 못하기 때문입니다.

우리의 인생은 꿈과 다르지 않습니다. 길몽을 꾸든, 흉몽을 꾸든 꿈은 깨고 나면 사라지는 무상한 것입니다. 우리가 살아가는 이 세상도 한 바탕 꿈에 지나지 않습니다.

주인몽설객主人夢說客 객몽설주인客夢說主人
금설이몽객今說二夢客 역시몽중인亦是夢中人

주인이 손님에게 꿈결에 이야기를 하고,
손님이 주인에게 꿈결에 이야기를 하니
지금 꿈결에 이야기를 하는 두 사람
역시 꿈결속의 사람이구나.

위의 인용문은 서산 스님의 「삼몽가三夢歌」입니다. 「삼몽가」의 교훈은 간단합니다. 우리가 실제라고 여기는 현실의 삶도 꿈속의 삶과 다르지 않다는 것입니다.

서산 스님의 「삼몽가」는 장자의 '호접몽胡蝶夢'과 흡사합니다.

나비가 되어 훨훨 날아다니는 꿈을 꾸고 나서 장자는
이렇게 생각하였습니다.
'나비가 내 꿈을 꾸고 있는지, 아니면 내가 나비 꿈을
꾸었는지 알 수가 없구나.'

　중국 당 나라의 노생盧生은 여관에서 베개를 베고 누웠다가 잠
이 들었습니다. 그리고 높은 벼슬에 올라 예쁜 아내와 결혼하고
다섯 아들을 낳아 팔순이 넘도록 장수하며 사는 꿈을 꾸었습니
다. 그러나 그 영화로운 꿈을 꾼 시간은 저녁밥을 짓는 순간에
지나지 않았습니다. 많은 사람들이 삶이 영원한 것처럼 생각
하고 살고 있습니다. 하지만 삶이란 고작 저녁밥 짓는 순간에
꾼 꿈처럼 허망한 것입니다. 당나라 풍자소설 심기제(沈旣濟;
750~800)의『침중기枕中記』에 나오는 이야기입니다.
　일연 스님이『삼국유사三國遺事』에 조신설화를 남긴 까닭도
같은 이유일 것입니다. 조신설화의 내용은 이러합니다.
　달례를 사랑하게 된 조신이 파계하고 환속합니다. 젊은 날의
애욕은 꿀처럼 달지만, 나이가 들어가면서 둘은 삶의 나락에
빠지게 됩니다. '홍안미소紅顔微笑는 풀 위의 이슬이요, 지란약
속芝蘭約束은 광풍 앞에 놓인 버드나무 꽃일 뿐'이라는 것을 깨
닫고 나서 조신은 그간의 모든 일들이 꿈임을 알게 됩니다.
　세상이 한낱 꿈에 불과하다는 것을 깨닫고 나면 갈구하는 세

상의 모든 욕망이 부질없게 느껴지는 것입니다.

서산 대사의 「삼몽가」, 장자의 '호접몽', 노생의 이야기, 조신설화 등 앞서 예로 든 이야기들은 인생의 무상함을 일깨워줍니다. 『금강경金剛經』은 인생의 무상함을 '꿈과 같고, 곡두[幻]와 같고, 거품과 같고, 그림자와 같고, 이슬과 같고, 번개와 같다'고 비유해 육여六如라고 일렀습니다. 그리고 인생은 '여몽如夢', 즉, 꿈과 같다고 했습니다. 이 세상에 변하지 않는 것은 없습니다. 인생이라는 것도 태어나고 늙고 병들어 죽어가는 법칙을 거스를 수는 없습니다.

부처님이 출가를 결심하게 된 계기를 사문유관四門遊觀이라고 합니다. 사문유관은 부처님이 가비라성迦毗羅城의 밖으로 나갔다가 동문 밖에서는 노인을 보고, 남문 밖에서는 병든 사람을 보고, 서문 밖에서는 죽은 사람을 보고, 북문 밖에서는 스님을 만남으로써, 태어나서 늙고 병들어 죽는 인생의 괴로움을 몸소 경험한 뒤 출가를 결심했던 것을 일컫습니다.

출가하신 뒤 부처님은 일체 분별을 여읜 크나큰 깨달음을 얻었습니다. 부처님이 성도를 이룰 수 있었던 것은 세속적인 욕망을 버림으로써 가능했습니다. 부처님이 이루신 깨달음의 세계는 상생하고 순환합니다. 이는 더불어 살아가는 숲을 보면 이해가 쉬울 것입니다.

숲은 나무들이 모여서 이뤄진 것입니다. 그런가 하면 새들은 나무에 둥지를 틀고 삽니다. 새들을 키우는 게 나무라면 나무를 키우는 것은 맑은 공기와 시원한 바람과 촉촉한 비와 따뜻한 햇볕입니다.

비는 내려서 나무를 키웁니다. 나무의 이파리가 자라게 하고, 꽃을 피게 하고, 열매를 맺게 합니다. 나무가 내뿜는 수증기는 다시 하늘로 올라가 구름이 되어 떠돌다가 인연이 닿는 곳에 가서 다시 빗물이 되어 내립니다.

상생하고 순환하는 자연의 법칙을 깨닫고 나면 허깨비에 지나지 않은 몸뚱이나 소유물에 집착하지 않게 됩니다.

삶이 한바탕 꿈에 지나지 않다는 것을 깨닫고 나면 세상사 욕망을 초월하게 됩니다.

초기경전에 보면 부처님은 무상에 대해 이렇게 설하였습니다.

"그대들은 늘 모든 것이 무상하다고 생각을 하고 그 생각을 모든 것에 적용시켜라. 그러면 욕심의 세계[欲界]와 형상의 세계[色界]와 무형의 세계[無色界]에 있는 모든 욕망을 끊고 무명과 교만을 없애게 될 것이다. 비유하면 마치 불로 모든 초목을 태워 남김이 없고 그 자취마저 없도록 하는 것과 같다. 수행자가 항상 모든 것이 덧없다는 생각을 하게 되면 욕심이 없어지기 때문이다. 욕심이 없으므로 곧 법을 잘 분별하고 그 뜻을 생각하여 근심과 걱정과 고통과 번민이 없어지고, 법의 뜻을 생각함으로써 곧 어리석음과 미혹이 없어질 것이다."

그러니 불자들은 "번사교시여몽翻思覺時與夢하니 전도이견불수顚倒二見不殊로다"라는 중국 양나라 보지寶誌 화상의 『대승찬大乘讚』의 구절을 곱씹어 생각해봐야 합니다. "깨어난 때와 꿈꿀 때를 뒤집어 생각해 보니 뒤바뀐 두 견해가 다르지 않구나"라는 뜻입니다.

이 말인즉슨, 꿈속의 일뿐만 아니라 현실의 일도 헛것이라는 의미입니다. 인생은 초저녁 풋잠에 꾼 꿈에 지나지 않은 것을 알면 부처이고, 이를 모르고 꿈속에서 꿈을 꾸면 무지한 중생인 것입니다.

고려시대 때 수행을 많이 하신 스님이 살고 있었습니다. 스님이 수행하는 사찰의 뒷산에는 산적들이 살고 있었습니다. '죄를 짓지 말라'는 스님의 법문이 산적들이 듣기에는 마뜩치 않았습니다. 그래서 어느 깊은 밤 사찰에 침입하여 스님에게 칼을 들이대며 위협했습니다.

"너는 말할 때마다 불법佛法을 들먹이는데, 그 불법이 도대체 어디 있다는 것이냐? 법당의 부처님 배 속에 있는 것이냐? 목탁 안에 있는 것이냐? 걸망 속에 있는 것이냐? 어서 있는 곳을 말해보아라. 그렇지 않으면 죽음을 면치 못할 것이다."

그러자 스님이 대답했습니다.

"불법은 네 마음속에 있느니라."

"불법이 마음속에 있다고? 그럼 네 가슴을 열어보면 되겠구나."

산적이 찌를 기세로 시퍼런 칼을 스님의 가슴에 댔습니다. 하지만 스님은 두려운 기색 없이 크게 웃은 뒤 이렇게 말했습니다.

"미욱한 중생아. 거미줄을 더 많이 뽑으려고 거미의 뒤꽁무니를 자른다면 어떻게 되겠느냐? 그 속에는 물만 있느니라. 실을 더 많이 뽑기 위해 누에의 입을 자른다면 어떻게 되겠느냐? 그 속에는 물만 있느니라. 봄마다 피는 꽃이 예쁘다고 나무를 자르면 그 속에서 예쁜 꽃을 찾을 수 있겠느냐? 나뭇가지 속에는 꽃이 없다. 다만 인연이 되어 밖으로 드러날 때 줄이 되고 실이 되고 꽃이 되는 것이니라."

이 말을 들은 산적들이 칼을 버리고 스님 앞에 엎드려 잘못을 참회하고 스님의 제자가 되었다고 합니다. 그러니 공空을 공空으로 보고, 실實을 실實로 보는 바른 안목을 가진 불자가 되기 바랍니다.

우주만상은 잠시도 쉬지 않고 변하거나 바뀌고 있으며, 변하고 바뀌는 과정에 이것과 저것은 서로 주고받는 상호의존의 관계로 그 존재가 가능합니다. 전자는 무상공無常空이라 하고, 후자는 연기공緣起空이라 합니다. "무상하기 때문에 공하고, 연기관계로 존재하기 때문에 공하다"는 말은 "이것은 이것이고 저것은 저것이다"고 할 만한 고정불변의 자성自性이 없다, 즉 무자성無自性이라는 의미인 것입니다. 따라서 무아無我를 뜻합니다.

무아란 내가 없다는 뜻이 아니라 내가 있기는 하나, 나라고 할 만한 고정불변의 스스로의 성품은 없다는 말입니다. 따라서 '나'라는 존재는 이것과 저것이 서로 혼재되어 한시적限時的으로 가립假立된 존재이므로 '나'아닌 것이 인연(상황, 여건, 조건)에 따라 모였다가 흩어지는 비아非我인 것입니다. 이를 아공我空이라고 하고, 나만 그런 것이 아니라 만상이 다 그러하기 때문에 법공法空이라고 합니다.

무상을 알면 바라는 마음이 없어지고, 연기를 알면 모든 것을 하나[全體]로 연결해서 보게 됩니다. 이것과 저것의 주고받는 관계성을 알기 때문에 세상에 필요치 않는 것은 존재할 수 없다는 진실을 꿰뚫어 알게 됩니다. 한 개인의 중심적 사고로 보자면 좋은 것도 있고 나쁜 것도 있으나 전체로 보면 상생相生의 관계일 따름입니다.

무상을 보고 연기를 알고, 공을 보고 공을 알면 여래如來를 본다고 하였습니다. 따라서 공의 의미를 확실하게 깨달으면 무궁무진한 지혜가 발현되고, 이 지혜로 인생의 모든 문제를 해결할 수 있는 능력을 갖추게 됩니다.

각기 인연에 따라 좋고 나쁨은 있으나 고정불변의 좋고 나쁨은 없기 때문에 모든 것은 무자성이고 공한 것입니다. 나의 입장에서 주관적으로 보면 모든 것에 분별이 있고 차별이 있으나 전체의 입장에서 객관적으로 보면 분별과 차별이 없다는 것이 진리입니다. 수행자는 항상 전체를 보고 전체를 볼 때 지혜는 발현됩니다.

유루법有漏法과 무루법無漏法의 차이

부처님께서는 "공덕에도 유루有漏와 무루無漏가 있다"고 설하셨습니다. 유루법이란 언젠가는 사라지는 법, 즉, 유한한 법을 일컫고, 무루법이라는 영겁이 다하도록 변치 않는 것, 즉, 무한한 법을 일컫습니다.

이 세상의 부귀영화는 모두 유루법에 속하는 것입니다. 아무리 지위가 높고 권력이 있고 돈이 많다고 하더라도 이러한 영화는 오래가지 못하는 것입니다. 언젠가는 없어지기 때문에 유루에 속하는 것입니다. 하지만 자성自性을 반조返照하여 원력을 세운 뒤 남을 위해 자비행을 실천하면 그 공덕은 세세생생 사라지지 않습니다. 영구적인 것이기에 무루에 속하는 것입니다.

『금강경金剛經』에는 "금, 은 등 7보를 삼천 대천 세계가 가득하도록 보시한 공덕보다 단 일분 동안이라도 자성을 반조한 수행 공덕이 더욱 크다"는 구절이 있습니다. 금, 은 등 칠보를 보시한 공덕은 물질적인 것에 지나지 않으므로 유한할 수밖에 없지만, 마음을 깨끗이 닦은 공덕은 열반으로 향하는 공덕이므로 무한한 것입니다.

『법구경法句經』에는 "여래께서 이 세상에 오신 것은 가난하고 재난을 당하여 고통 받고 병들은 사람들을 구원하기 위함이며, 그렇기 때문에 만일 사람들이 병들고, 약한 사람이나, 수행자, 그리고 가난하고 외로운 노인들에게 공양하면 그 복은 한량이 없어 무엇이나 뜻대로 이루어질 것이니라. 비유하자면 복이 오는 것이 모든 강물이 흘러 바다로 모이듯이, 그와 같이 복덕이 쌓이게 되며 마침내 공덕이 모이고 쌓이면 영원히 죽지 않는 불생불멸의 해탈을 얻게 될 것이니라"라는 구절이 있습니다.

이 말씀에서 알 수 있듯 헐벗고 배고픈 이웃에게 자비행을 펼치는 것만큼 좋은 공덕은 없습니다. 하지만 이러한 자비 공덕에도 단서조항이 따릅니다. 무엇인가를 바라는 마음이 없어야 한다는 것입니다.

『벽암록』 제1칙은 이런 이야기로 시작됩니다.

양梁나라 무제가 궁성 밖에까지 나가서 달마 대사를 마중하였습니다. 전각에 오른 뒤 양 무제가 물었습니다.

"화상께서는 그쪽 나라에서 어떤 가르침을 가지고 와서 사람들을 가르치려 합니까?"

달마 대사가 답했습니다.

"한 글자의 가르침도 가져오지 않았습니다."

양 무제가 다시 물었습니다.

"나는 수많은 절을 짓고 수많은 학승들을 절에 살게 했습니다. 또한 나는 불법을 펴기 위해 많은 대학을 세웠습니다. 양나라를 불법의 보배로 가득 채웠습니다. 내 공덕은 어느 만큼이나 되겠습니까?"

달마 대사가 마지못해 대답했습니다.

"공덕이 없습니다. 청정한 지혜의 본체는 원래 비어 있으므로 세상의 유위有爲의 법으로는 공덕을 구하지 못합니다."

놀란 양 무제가 물었습니다.

"어떤 것이 성스러운 진리의 으뜸입니까?"

"전혀 성스러움이 없습니다[廓然無聖]."

양 무제와의 대화 후 달마 대사는 위나라로 향했다고 합니다.

이 화두話頭를 통해 우리가 배울 수 있는 교훈은 불법은 청정한 서원誓願이 없이는 얻을 수 없다는 사실입니다. 베푸는 이와 받는 이, 그리고 그 공덕물이 모두 청정했을 때 비로소 참된 공양이 되는 것입니다. 유위법有爲法에 의한 보시나 시주는 어떤 욕심이 있어서 억지로 하는 것이기 때문에 청정한 서원이라고 볼 수 없습니다.

불법은 유위법이 아닌 무위법無爲法입니다. 꽃이 필 때는 꽃이 피고, 꽃이 질 때는 꽃이 지는 게 자연의 법칙입니다. 부처님의 가르침도 스스로 그러한 것[如如]인 바 애써 궁구하려고

하면 오히려 더 얻을 수 없는 것입니다. 달마 대사가 양 무제
에게 무위법을 설한 이유도 마찬가지입니다.

양변兩邊을 모두 여읜 중도中道

『중아함경中阿含經』에 이르길 "욕락을 구하지 말라. 또한 고행을
구하지 말라. 이 둘 다 여의어 버리면 그것이 곧 중도이다"라고
했습니다.

『잡아함경雜阿含經』에 "네가 만일 저 사람을 그르다고 하면 저
사람도 너를 그르다고 할 것이니, 그 중간을 취하지 않는다면
곧 고苦이다"라고 쓰여 있습니다.

크살라의 수도 사밧티에 다섯 명의 왕이 모여 이 세상에서 가
장 즐거운 일이 무엇인가라는 주제로 열띤 토론을 했습니다.

왕들이 차례대로 말했습니다.

"색色이 첫 번째다."

"성聲이 첫 번째다."

"향香이 첫 번째다."

"미味이 첫 번째다."

"촉觸이 첫 번째다."

이처럼 각기 다른 주장을 해서 결론이 나지 않았습니다. 결
국 다섯 명의 왕은 부처님을 찾아가서 여쭸습니다.

"무엇이 세상에서 가장 좋습니까?"

"대왕들이여, 모든 즐거움은 자기의 뜻에 맞아야 가장 즐거운 것이 되는 것이니라. 자기의 뜻에 맞는다는 것은 무엇인가? 다섯 가지 감각기관으로 어떤 느낌을 받아들일 때 지나치거나 모자라지 않고 적절한 것을 뜻에 맞는다고 하느니라. 그러므로 대왕들이여, 나는 적절하게 유쾌한 것이 가장 즐거운 것이라고 생각한다."

부처님의 말씀은 중도의 지혜를 일깨워주고 있는 것입니다. 예를 들면 아무리 맛있는 음식이라도 과하면 먹기가 싫어집니다. 어디 음식 뿐이겠습니까? 좋은 꽃향기도 지나치게 맡으면 머리가 아픕니다. 남녀 간의 애정도 지나치면 건강을 해칩니다. 이 세상의 모든 일이 지나쳐서도 안 되고 모자라서도 안 됩니다. 적절하지 못하면 도리어 고통이 됩니다. 이런 사실을 잘 알기에 부처님께서는 적절하게 유쾌한 것이 가장 즐겁다고 말씀하신 것입니다. 적절하게 유쾌한 것이란 무엇일까요. 한쪽에 치우치지 않는 것입니다. 즉, 중도입니다.

어느날 파세나디 왕이 숨을 헐떡이며 부처님을 찾아왔습니다. 왕은 자주 과식하는 버릇이 있었습니다. 이날도 욕심을 부려서 너무 많은 음식을 먹고서 부처님께 왔던 것입니다. 부처님께서 왕을 바라보며 게송을 읊었습니다.

"사람은 누구나 스스로를 살펴 적당히 음식을 조절해야 한다. 그래야 자신에게 괴로움도 없고 신체와 수명을 보존할 수 있다."

이후 왕은 식사 때마다 부처님의 게송을 떠올리며 식사를 했습니다. 그 결과 비대했던 몸이 정상이 됐고, 건강도 되찾을 수 있었습니다. 왕은 환희에 넘쳐 이렇게 외쳤습니다.

"참으로 세존은 내게 두 가지 이익의 은혜를 베푸셨다. 나는 세존에 의해 현재와 미래의 이익을 얻었다."

한 시각장애인이 밤에 이웃집에 놀러 갔다가 돌아오려고 하는데, 이웃집 주인이 등불을 들려주었습니다. 시각장애인은 이웃집 주인이 자신을 조롱한다고 판단돼 화를 냈습니다. 그러자 이웃집 주인은 "당신은 장님이므로 소용이 없을지 모르나, 맞은편에서 오는 사람은 그 등불을 보고 피할 수 있을 것입니다"라고 말했습니다. 듣고 보니 이웃집 주인의 말이 일리가 있었습니다. 시각장애인은 등불을 받아들고 어두운 길을 더듬어 갔습니다.

길을 걷다가 행인과 부딪치고 말았습니다. 시각장애인은 노발대발하였습니다.

"당신은 눈 뜨고도 등불이 보이지 않소?"

"등불이 꺼졌는데 어떻게 불이 보인다 말입니까?"

행인이 어처구니없다는 듯 말했습니다. 시각장애인은 더 이상 아무 말도 할 수가 없었습니다. 그리고 자신이 한 가지밖에는 생각하지 못하는 사람인 것을 깨달았습니다.

옛날 인도에 망고 숲을 세 곳이나 가지고 있는 사람이 있었습니다. 그가 여행을 떠나게 되어서 세 아들을 불러서 망고 숲 하나씩을 맡겨 놓고 "날마다 망고나무 한 그루에 한 양동이씩의 물을 주라"고 시켰습니다.

큰 아들은 명석하고 합리적인 사람이었습니다. 큰 아들은 크든 작든 망고나무에 한 양동이씩의 물을 주는 것은 옳지 않다고 판단했습니다. 하여 먼저 나무의 크기부터 재었고, 다음으로 뿌리의 크기에 따라 주는 물의 양도 달라야 한다고 생각해 나무를 한 그루씩 뽑아 그 뿌리의 길이를 쟀습니다. 결국 나무의 크기와 나무뿌리의 길이를 재는 동안에 망고나무는 한 그루도 남김없이 모두 말라죽었습니다.

둘째 아들은 몹시 게으른 성격이었습니다. 날마다 나무에 물을 주는 것이 귀찮았던 까닭에 아버지가 여행하는 날짜만큼의 물을 한번에 주고는 이튿날부터는 전혀 주지 않았습니다. 그 결과 망고나무가 모두 시들어 버렸습니다.

셋째 아들은 사려 깊은 성격이었습니다. 아버지가 당부한 말이 필시 오랜 체험에서 비롯된 것이라고 생각했습니다. 그래

서 아버지의 말대로 날마다 나무 한 그루에 한 동이씩의 물을
주었습니다. 그 결과 아버지가 돌아왔을 때 모든 망고나무가
싱싱하게 자라 있었습니다.

중도中道란 극단으로 치우치지 않고, 믿음의 길을 가는 진리
입니다. 부처님께서 몸소 체득한 중도의 가르침은 진리로 향
하는 지름길입니다. 중도를 알고 실천한다는 것은 우주의 자
연법칙에 순응해서 사는 방법을 익히는 것이기도 합니다.

쾌락과 고행이라는 두 극단을 동시에 여읠 때, 사랑과 미움
이라는 두 극단을 동시에 여읠 때 우리는 행복할 수 있습니다.

역사적으로 보면 이 중도의 가르침을 이론적으로 완성시킨
사람은 용수龍樹였습니다. 그는 중도를 공空ㆍ가假ㆍ중中으로
설명했습니다. 다시 말해 세상은 그 본성이 공합니다. 따라서
세상의 헛된 욕심에 집착해서는 안 됩니다. 이 세상에 영원한
것은 없다는 것을 깨닫는 것이 반야의 궁극입니다. 불자 여러
분은 중도의 지혜를 배우고 실천해야 할 것입니다.

반야바라밀다般若波羅蜜多의 가르침

불교는 지혜의 종교입니다.

반야바라밀다般若波羅蜜多는 대승불교의 근본목표입니다. 반야바라밀다는 '지혜의 완성'과 '지혜로써 피안에 도달한다'는 의미가 담겨 있습니다. 이러한 의미를 갖는 반야바라밀다는 여섯 가지 실천덕목으로 실현될 수 있습니다. 그 여섯 가지는 보시布施, 지계持戒, 인욕忍辱, 정진精進, 선정禪定, 반야般若입니다.

보시는 주는 것으로써 아낌없이 준다는 의미입니다. 지계는 계율을 지키는 것, 인욕은 참고 견디는 것, 정진은 부지런히 노력하는 것, 선정은 마음을 깊이 모으는 것, 반야는 올바로 정확하게 아는 것을 말합니다. 그리고 반야를 제외한 다섯 가지 덕목의 실천에는 반야바라밀다가 근본이 됩니다. 곧 주는 것은 보시이지만, 보시를 행함에 있어 준다는 생각, 무엇을 주었다는 생각, 그것이 공덕이 된다는 생각 등 일체의 집착을 일으키는 마음가짐을 떠나는 지혜를 바탕으로 보시해야 한다는 것입니다. 이러한 반야바라밀다가 근본이 될 때 각각의 덕목은 완성되고, 피안으로 도달하게 하는 것입니다.

법은 있는 것도 아니고 없는 것도 아니며, 생기는 것도 없어
지는 것도 아닙니다. 바라밀은 그런 것입니다. 그러니 베풀어
도 베푼다는 생각 없이 보시바라밀을 행해야 합니다. 참된 보
시에는 베푼 사람도 없고 베푼 물건도 없고 베품을 받는 사람
도 없는 것입니다.

어떤 것으로부터 방해받지 않는 것이 반야바라밀다의 특징
입니다. 반야바라밀이 어떤 것으로부터도 방해받지 않는 것처
럼 법도 일체로부터 자유롭습니다. 모든 법도 공하여 실체로
서 존재하지 않습니다.

6바라밀은 대승불교의 최고 실천덕목으로서 강조되었습니
다. 육바라밀은 나와 남의 연관성 속에서 보다 완성된 세계로
나아가려는 실천덕목입니다. 육바라밀을 실천하려면 그에 앞
서 나는 곧 너라는 생각을 가져야 합니다. 그래서 부처님께서
는『금강경金剛經』을 통해 다음과 같이 전생담을 설하셨던 것입
니다.

> "옛날 가리(Kalinga) 왕이 내 몸을 마디마디 잘랐을 때
> 만일 내게 아상我相 · 인상人相 · 중생상衆生相 · 수자상
> 壽者相이 있었더라면 마땅히 진한瞋恨이 일어났을 것이
> 다. 그러나 내겐 그러한 상이 없었느니라."

보리살타라는 산토끼의 전생담도 같은 맥락에서 해석해야 합니다.

먼 옛날 어떤 들판에 수많은 토끼가 살고 있었습니다. 토끼들은 새끼를 많이 낳아 사람들의 양식까지 위협하게 됩니다. 그러자 사람들이 이를 큰 골칫거리로 생각했습니다.

보리살타라는 토끼는 '곧 사람들이 우리를 죽이러 몰려올 것이다. 그 전에 뭔가 보람 있는 일을 해야 한다. 깨달음의 경지에 조금이라도 가까이 가면 언젠가 부처님처럼 될 수 있을 텐데……'라고 생각하며 자신들에게 닥쳐올 위험을 주변의 토끼들에게 일러 주었습니다. 그리고 자신과 같이 금욕 생활을 할 것을 권했습니다. 그러나 토끼들은 보리살타의 말에 귀 기울이지 않고 오히려 조소의 눈길을 보내는 것이었습니다.

그러던 어느 날 한 바라문이 참선을 하려고 숲속으로 들어왔다가 추위와 배고픔에 떨며 모닥불 앞에 앉아 있었습니다. 보리살타는 이것을 보고 '이 사람은 지혜로운 바라문이니 언젠가 많은 사람들의 빛이 되어 줄 거야. 내가 이 사람의 음식이 되어 주린 배를 채워 주어야지……'라고 생각하며 불 속으로 뛰어들어 바라문의 양식이 되어 주었습니다.

살을 베어 부모를 살린 선생동자善生童子 설화도 마찬가지입니다.

옛날 인도에 선주라는 왕이 있었습니다. 그는 나라를 훌륭히 다스려 태평한 세월을 보내고 있었는데, 이웃의 나쁜 왕이 선주국의 부유함을 탐내어 쳐들어왔습니다. 결국 중과부적으로 전쟁에 지고 나라를 빼앗긴 선주왕은 부인과 아들 선생善生을 데리고 피난길에 올랐습니다.

그런데 길을 잘못 들어 식량이 떨어지고 굶어 죽을 지경에 이르자 왕은 '셋 다 죽을 수는 없다'고 생각하고 부인을 죽여 고기를 구하고자 했습니다. 이를 본 선생은 "저를 죽여 식량으로 삼으십시오"라고 말하며 어머니 곁에서 떨어지지 않았습니다. 왕은 눈물을 흘리며 칼을 거두었으나 선생동자는 '저를 죽이면 고기가 썩기 때문에 조금씩 잘라 드십시오'라고 말하며 칼로 살을 도려내어 부모님께 바쳤습니다.

이윽고 뼈만 남을 즈음에 선생은 "제발 무사히 돌아가십시오. 그리고 저는 자신을 희생한 공덕으로 미래에 부처님의 깨달음을 얻도록 빌어주십시오"라고 말하며 부모와 헤어졌습니다. 이때 제석천帝釋天이 선생을 시험하기 위해 늑대로 변신하여 그 앞에 나타나자 선생은 '이제 뼈밖에 남지 않은 이 몸을 늑대에게 베풀겠습니다'라며 기꺼이 몸을 내밀었다. 그러자 제석천은 변신을 풀고 물었습니다.

"부모를 원망하지 않느냐?"

"털끝만큼도 원망치 않습니다. 그러나 미래에 부처가 될 수 있다면 그 증거로서 저를 원래의 모습으로 만들어 주십시오."

선생은 순식간에 원래의 모습을 되찾았습니다.

대승불교도들은 자타불이自他不異의 입장에서 중생에 대한 헌신을 통해 지혜의 완성을 이루어 낼 수 있다고 했습니다. 이를 상구보리上求菩提 하화중생下化衆生이라고 했습니다. 그래서 육바라밀의 첫째 항목에 보시를 넣고 동체대비同體大悲의 정신을 강조했습니다. 완성에 이르는 길은 이러한 실천을 통하여 이루어집니다. 이것이 보살의 길입니다.

세부적으로 육바라밀에 대해 설명하겠습니다. 육바라밀이란 보살이 열반涅槃에 이르기 위해서 해야 할 여섯 가지의 수행 덕목을 의미합니다.

바라밀은 산스크리트어인 파라미타(Paramita)에서 따온 말입니다. 파라미타는 파라미最高라는 말에서 파생된 말로 '피안彼岸에 이르는 길', '완성完成'이라는 의미가 있습니다. 반야바라밀을 '지혜의 완성'이라고 번역하는 것도 이 때문입니다.

현실세계가 차안此岸이고, 이상세계가 피안彼岸입니다. 따라서 차안은 삶과 죽음이 되풀이 되는 윤회의 세계이고, 피안은 삶과 죽음의 윤회를 벗어난 열반의 경지입니다. 위로는 부처님의 지혜를 구하고 아래로는 중생을 구제하려는 보살의 길은 수도 없이 많겠지만, 그 수행방법은 크게 여섯 가지로 나눕니다. 이를 일컬어 6바라밀六波羅蜜이라고 합니다.

이 6바라밀은 우리나라 불교에서 가장 중요시하는 보살의 실천행입니다. 생사의 고해를 건너 이상경인 열반의 세계에 이르는 실천수행법인 육바라밀은 보시布施, 지계持戒, 인욕忍辱, 정진精進, 선정禪定, 반야바라밀般若波羅蜜 등의 여섯 가지로 구성되어 있습니다.

자기의 인격완성을 위하여서는 원시불교의 4제四諦와 8정도八正道의 가르침으로 충분하지만, 대승불교에서는 이에 만족하지 않고 보살의 수행법으로서 팔정도 외에 육바라밀이라는 독자적인 수행법을 실천하게 되었습니다. 그 이유는 팔정도가 자기완성을 위한 항목만을 포함하고 있기 때문에 이타행利他行을 위해서는 충분하지 않으며, 보시와 인욕과 같은 대사회적인 항목을 포함하고 있는 육바라밀이 보살의 수행법으로 알맞다고 생각되었기 때문입니다.

육바라밀의 수행법에서 보시를 제일 먼저 둔 까닭도 사회의 모든 사람이 상호협조적인 보시자선을 행하는 것이 대승불교로서는 가장 필요한 정신이었기 때문입니다. 6바라밀의 의미는 아래와 같습니다.

첫째, 보시布施, 아무런 조건 없이 베풀어 주는 것입니다. 굶주리고 헐벗은 사람에게 먹을 것과 입을 것을 주는 재시財施, 진리를 모르는 사람에게 법을 전하는 법시法施, 삶을 두려워하는 사람에게 용기를 주는 무외시無畏施도 모두 보시에 속합니다. 보시를 하는 데 무엇보다도 중요한 것은 조건 없이 베푸는 것입니다. 더 나아가서는 보시를 했다는 생각조차 끊어야 진정한 보시라고 할 수 있습니다.

둘째, 지계持戒, 규범을 지키는 것입니다. 여기서 지켜야 할 계율은 가장 기본적으로는 오계입니다. 지계는 부처님께서 제자들의 비도덕적인 행위를 막기 위하여 설정해 놓은 법규를 지키는 것, 계율을 범하지 않는 것은 물론이고 선善을 실천하고 모든 중생에게 자비행을 베푸는 행위까지 포함하고 있습니다.

셋째, 인욕忍辱, 어려움을 참고, 어려운 일을 행하는 것입니다. 물질생활에 있어서는 내핍耐乏을, 정신생활에 있어서는 극기克己를 인욕이라 합니다. 어떠한 곤경이나 난관에도 굽히지 않고 조용하고 꿋꿋이 살아나가는 모습이 보살의 자세입니다. 그리고 인욕은 온갖 모욕과 번뇌를 참고 어려움을 극복하여 안주하는 것입니다. 특히, 우리 일상생활에 있어서 가장 견디기 어려운 일인 성나고 언짢은 마음을 참고 견디는 것입니다.

넷째, 정진精進, 끊임없이 노력하는 것입니다. 안으로는 자기 인격의 완성을 위하여 번뇌를 끊고, 밖으로는 중생을 구제하는 데 끊임없이 노력하는 것입니다. 보살도의 실천은 정진으로 가능한 것입니다. 그리고 정진은 순일하고 물들지 않는 마음으로 항상 부지런히 닦아 꾸준히 나아가는 것입니다. 정精은 순일무잡純一無雜을 의미하고 진進은 용맹무퇴勇猛無退를 말합니다. 이 정진에는 두 가지가 있습니다. 첫째는 몸과 입으로써 부지런히 착한 일을 닦고 배우며 실행하는 것이고, 둘째는 뜻을 항상 진리에 머무르게 하여 모든 생각이 착한 진리를 떠나지 않게 정진하는 것입니다.

다섯째, 선정禪定, 정신을 통일시켜 생각을 고요히 하는 것입니다. 번뇌의 망상으로 인하여 생겨나는 번거롭고 소란한 마음을 진정시켜 정신을 통일하는 수행 방법입니다. 다른 말로는 삼매三昧라고도 합니다. 삼매란 시간과 공간에 대한 의식을 초월하고 순수하게 몰입하는 경지를 일컫습니다.

그리고 선정은 수행하는 사람이 반야의 지혜를 얻고 성불하기 위하여 마음을 닦는 것이며, 생각을 쉬는 것을 의미합니다. 현실생활이 불만과 고통으로 가득 차는 까닭은 잡다한 생각을 쉬지 못하고 어리석게 집착하고 있기 때문입니다. 선정은 마음을 고요하게 하는 공부입니다. 따라서 선정을 하면 망념과 사념과 허영심과 분별심을 버리게 합니다.

 여섯째, 지혜智慧, 모든 진리를 밝게 보고 아는 것입니다. 일반적으로 배워서 얻는 지식과는 다릅니다. 다른 말로는 예지叡智, 선험지先驗智, 직관지直觀智라고도 합니다. 그리고 반야는 지혜라고 번역합니다. 모든 사물이나 이치를 밝게 꿰뚫어보는 깊은 슬기를 일컫습니다. 지식과 다른 점은 지식이 분별지分別智인 데 반하여 지혜는 무분별지입니다. 보살이 피안에 이르기 위하여 수행하는 육바라밀 중 마지막인 반야바라밀은 모든 부처의 어머니라 하며, 다른 5바라밀을 형성하는 바탕이 됩니다.

 이상의 육바라밀을 보살이 무량한 세월 동안 수행하면 성불하게 되는데, 뒤에 육바라밀에 네 가지 바라밀을 첨가하여 십바라밀을 갖추게 되었습니다.

마음을 어둡게 하는 삼독번뇌三毒煩惱

『열반경涅槃經』에 이르길 "도할塗割에 무심無心해야 한다"고 했습니다. 수많은 번뇌가 있으나 성내는 마음보다 나쁜 번뇌는 없습니다. 번뇌가 한량이 없으나 성내는 것보다 더한 것이 없습니다. 칼로 베거나 향약을 발라주더라도 그 두 가지에 다 무심해야 합니다. 성을 내는 것은 차가운 구름 속에 번갯불이 일게 하고 벼락이 치게 하는 것과 같습니다.

3독심이란 탐욕貪欲, 진애瞋恚, 우치愚痴를 일컫습니다. 탐내고 성내고 어리석은 마음은 자신을 망가뜨리는 중요한 요소이며, 남에게까지 피해를 주는 경우가 많습니다.

탐貪은 분수에 넘치게 색, 성, 향, 미, 촉 등 오경에 욕심내어 만족할 줄을 모르는 것입니다. 탐애貪愛, 탐착貪着, 탐욕貪欲이라고도 합니다. 탐내는 것에 의하여 모든 고통이 필연적으로 따르게 됩니다. 우리는 재물과 명예와 이성 등 온갖 것에 욕심내고 집착하여 잠시도 쉬지 않으니, 그로 인하여 온갖 고통을 받는 것입니다. 탐내는 마음이 있는 곳에 고통이 같이 합니다.

진진瞋은 다른 말로 진애瞋恚라고 합니다. 자기의 마음대로 되지 않는 것에 대하여 미워하고 분한 마음을 내는 것을 일컫습니다. 무명無明, 무지無知와 같은 의미입니다. 성내는 마음으로 인하여 지옥의 고를 받게 됩니다. 자신의 뜻과 같지 않을 때 화를 내게 되는데, 화내는 것으로 인하여 온갖 공덕의 숲을 불태우게 되고 자신의 심성과 육신이 망가져 가는 것입니다. 10년의 수행도 잠시 성내는 마음으로 해서 사라지고 맙니다. 왜냐하면 화내는 그 한 마음으로 불태워지는 것입니다.

치痴는 삼라만상의 이치와 도리에 대하여 어두운 것을 일컫습니다. 즉 사물의 진상을 알지 못하는 것, 연기의 도리를 알지 못하는 것을 말합니다. 어리석은 마음은 성현의 진리의 말씀을 받아들이지 않고 부정합니다. 지혜가 없기 때문입니다. 아만심이 지혜의 눈을 가려 사물을 바로 못보고, 바로 생각 하지 못하고, 바로 행하지 못합니다. 마치 밤길 가는 자가 등불도 없이 헤매는 것과 같습니다. 그러나 자신은 자신만이 항상 옳다고 생각하고 있습니다. 마음의 문을 열지 못하고 있기 때문에 옹졸함에 사로 잡혀 있습니다.

이와 같이 탐내고 성내고 어리석은 마음은 자신을 망가지게 합니다. 삼독심이란 항상 부정적인 감정이 자신의 내면에 있으며, 또한 자신을 어두운 곳으로 끌고 갑니다. 본인의 바른 생각이 삼독심을 여읠 수 있고 모든 고통에서 벗어 날 수 있으며 자신을 밝은 곳으로 인도 할 수 있습니다.

지금의 자신의 모습은 과거생의 거울이요, 또한 미래 세상의 자신의 모습입니다. 현재 자신의 마음가짐 몸가짐은 내생을 결정짓는 원인이 됩니다. 자기 얼굴은 자신이 책임진다는 말과 같이 자신의 삶이 행복이든 불행이든 자신이 책임질 일입니다.

이와 같이 삼독이란 인간의 지혜를 어둡게 합니다. 번뇌가 중생의 마음을 해치는 것이 마치 독사의 독과 같아서 삼독심이라고 하는 것입니다. 우리의 마음속에는 팔만사천 번뇌가 있고 그것을 다시 요약하면 백팔번뇌가 됩니다.

인간에게는 세 가지 유혹이 있습니다. 거친 육체의 욕망, 자신이 잘났다고 생각하는 데서 오는 교만, 졸렬하고 불손한 이기심이 바로 세 가지 유혹입니다. 이러한 그릇된 욕망으로 말미암아 중생의 마음이 서서히 병들어 가고 있는 것입니다. 탐, 진, 치 중 가장 중한 죄는 진심입니다. 탐심이나 치심의 경우 그 마음을 버리게 되면 그 죄과가 조금 가벼워집니다. 하지만 진심의 경우 그 마음을 버리더라도 그 죄과가 여전히 무겁습니다. 그러나 삼, 독, 심은 우열을 가릴 수 없을 만큼 사람의 마음을 병들게 하는 것입니다.

그렇다면 어떻게 해야 삼독심을 없앨 수 있을까요? 이에 대해 부처님께서는 아래와 같이 설하셨습니다.

"십악업이 사라진 궁극적인 상태는 탐, 진, 치가 사라진 상태이다. 팔정도의 수행이 궁극에 이른 경지는 탐, 진, 치가 사라진 상태이다. 열반이란 탐욕이 멸진하고, 진애가 멸진하고, 우치가 멸진한 것이니 일체번뇌가 영진한 것을 말한다." ─『아함경』─

"이 세상 모두가 불타고 있다. 눈과 마음에서 눈이 물건에 접촉할 때에 감각에서도 불이 타고 있다. 어떤 불에 의해 타게 되는가? 탐욕의 불, 진심의 불, 어리석음의 불로 타고 있다. 눈, 귀, 코, 혀, 몸, 뜻 등의 육식의 감각 기관이 빛깔, 소리, 냄새, 맛, 감촉, 의식의 경계에 접촉하여 감각 지각을 일으킬 때 삼독의 불이 일어난다. 이와 같은 삼독의 불이 모두 꺼져버리면 해탈 열반에 이른다." ─『아함경』─

"마음에는 세 가지 때가 있다. 탐하여 구하는 욕심, 성을 내고 화를 내는 진심, 그리고 미련하여 어리석은 마음이 그것이다. 이것이 모든 슬픔과 근심의 근본이 되

는 것을 알아야 하나니라."   - 『법화경』 -

　탐, 진, 치를 멸한 사람은 가장 정확한 생각을 할 수 있습니다. 욕심이 없는 상태에서, 분노가 일지 않는 고요한 마음에서, 어리석음이 걷힌 지혜의 눈으로 현실에 일어나는 모든 일을 판단하고 결정하기 때문입니다.

　서산 대사의 『선가귀감禪家龜鑑』에는 "일념진심기一念瞋心起 백만장문개百萬障門開"라는 구절이 있습니다. '누가 와서 해롭게 하더라도 마음을 거두어 성을 내거나 원망하지 말라. 한 생각 성내는 데서 백만 가지 장애의 문이 열린다'는 의미입니다.

　금강산 표훈사 산내암자의 돈도암頓道庵에서 수행하던 홍도弘道 스님은 열심히 정진해 성불을 앞둔 상황이었습니다. 어느 날 몸이 불편해서 소나무 밑에 누웠는데 부는 바람에 소나무 가지가 꺾이어 떨어졌습니다. 소나무 가지가 눈을 찌르는 바람에 홍도 스님은 자신도 모르게 화를 냈습니다. 이 사건 이후 홍도 스님은 습관처럼 화를 내게 되었고, 그 결과 몸에 병이 생겨서 입적하였습니다. 평소 화를 많이 낸 악업 때문에 홍도 스님은 다음생에 뱀으로 태어났습니다.
　홍도 스님이 입적한 뒤 돈도암은 폐사가 되다시피 했습니다.

몇 년 뒤 한 스님이 정진하려고 돈도암을 찾았는데, 마당에 구렁이가 똬리를 틀고 앉아 있었습니다. 구렁이는 아궁이가 있는 곳으로 가더니 재를 꼬리에 묻힌 뒤 몸으로 글씨를 써내려갔습니다. 이하에 홍도弘道 비구 스님께서 쓰신 내용을 소개한다. 금강산 표훈사 산내 암자인 돈도암頓道庵에 걸려 있다고 한다.

행봉불법득인신幸逢佛法得人身

다겁근수근성불多劫勤修近成佛

송풍취타병석중松風吹打病席中

일기진심수사신一起嗔心受蛇身

영아파신작미진寧我破身作微塵

서불평생일기진誓不平生一起嗔

아석비구주차암我昔比丘住此庵

금수차형한무궁今受此形恨無窮

가사단엄구인상假使端嚴具人相

진심부단수차신嗔心不斷受此身

원사각향염부제願師脚向閻浮提

설아형용계후인說我形容誡後人

천당불찰여지옥天堂佛刹與地獄

유유인심소작인唯有人心所作因

일실인신난가득一失人身難可得

진심영단지보리嗔心永斷至菩提
함승묘불능언어含勝妙不能言語
이미성서토영정以尾成書吐靈情
권군차서제점벽勸君此書題點壁
욕기진심거안간欲起嗔心擧顔看

다행히도 불법을 만나고 사람 몸을 얻어서
오랜 세월 부지런히 수행하여 성불에 가까웠는데
소나무 그늘에 누웠을 때 부는 바람에 솔가지가 떨어져
얼굴을 쳐서
한순간 성내는 마음이 생겨서 이렇게 뱀의 몸을 받았소.
차라리 내 몸 부수어 먼지가 될지언정
평생토록 성내지 않겠다고 맹서합니다.
내가 옛적에 비구로 이 암자에 살았는데
이제 이런 몸을 받았으니 한스럽기 그지없소.
설령 인물이 아무리 잘 생겨도
성내는 마음을 끊지 못하면 이런 몸 받게 되오.
원컨대 스님이 염부제에 돌아가거든
내 꼴을 말해주어 많은 사람을 경책하시오.
천당이나 지옥이나 부처님세계나
오직 사람의 마음이 그 원인을 만드니

한 번 사람 몸 잃어버리면 다시 얻기 어렵고
진심을 끊어야 깨달음에 이르게 됩니다.
간절하고 묘한 뜻 품었으나 말을 할 수 없어
꼬리로 글을 써서 내 심정을 토로하노니
원컨대 스님께서 이 글을 잘 써서 벽 위에 걸어 두고
성내는 마음이 일어나거든 이 글을 보시오.

화내는 것도 습관입니다. 그런데 화를 내는 사람이 있으면, 모욕을 당하는 사람도 있을 수밖에 없습니다. 모욕을 당하는 사람의 가슴에는 때로는 불길이 치솟고, 때로는 폭풍우가 불어옵니다. 특히, 수행자에게 화는 독보다도 위험한 것입니다. 약무인행若無忍行 만행불성萬行不成, 즉, 만약 참는 행이 없으면 온갖 수행을 이룰 수 없습니다.

자비와 인욕만큼 좋은 수행은 없습니다. 수행이나 기도는 번뇌 망상의 근원인 탐, 진, 치를 없애는 데 목적이 있습니다. 성내는 마음을 다스리기 위해서는 인욕이 필요합니다. 『금강경金剛經』에는 "석가모니 부처님이 과거세에 오백생 동안 인욕선인으로 있었다"고 쓰여 있습니다. 인욕은 자비심으로 외부에서 오는 역경계를 참는 것입니다. 옛 사람은 자비와 인욕을 옷과 집에 비유하여 인의자실忍衣慈室이라고 했습니다.

수본진심守本眞心 제일정진第一精進, 본래의 마음을 지키는 것이 가장 으뜸 가는 정진입니다. 만약에 정진한다는 마음을 애써 갖는다면 이는 망상일 뿐 정진이 아닙니다. 무위심無爲心이야말로 참된 수행입니다. 운문 선사는 "여러 스님들이여. 망상을 피우지 마시오. 하늘은 하늘이요 땅은 땅이요. 산은 산이요 물은 물이며 스님은 스님이요 속인은 속인일 뿐"이라고 설했습니다.

『경덕전등록景德傳燈錄』에 진각 영조 스님과 부溥 상좌의 선문답이 전해지고 있습니다. 진각 스님은 고려 사람으로 당나라로 유학하여 설봉 의존(雪峰義存; 822~908) 선사 문하에서 수행하신 분입니다.

진각 스님이 어느 날 저녁 반달을 보고 부 상좌에게 물었습니다.

"저기 달의 한 조각은 어디로 갔는고."

"망상을 피우지 마십시오."

"한 조각을 잃어버렸구나."

분주 무업(汾州無業; 760~821) 선사는 누가 와서 물어도 "망상 피우지 말라"고 설했습니다. 『경덕전등록』 제8권에 전하는 '무업망상無業妄想'의 가르침을 잊지 말아야 합니다.

독사毒蛇보다 무서운 탐욕貪慾

우생염려愚生念慮 지종무리至終無利
자초도장自招刀杖 보유인장報有印章

어리석은 사람은 온갖 생각해도
끝내 아무 이익 얻지 못하고
스스로 칼이나 몽둥이를 불러서
반드시 해를 입는다네.

원도순사遠道順邪 탐양비구貪養比丘
지유간의止有慳意 이공피성以供彼姓

도를 멀리하고 삿됨을 따르며
이양利養만을 탐하는 수행인이여
인색한 마음 떨쳐버리고
타인을 공양하고 이양에 의지하지 말라.

－『법구경』－

부처님께서 아난 존자阿難尊者와 함께 사위국의 넓은 들판을 걷고 계실 때의 일입니다.

부처님께서 아난 존자에게 물었습니다.

"아난아! 저기를 보아라. 저 논두렁에 불쑥 높게 솟아있는 것 보이느냐? 저 속에 무엇이 들어있는지 아느냐? 무섭고도 고약한 독사가 숨겨져 있느니라."

부처님께서 걸음을 멈추시고 아난 존자에게 이렇게 말씀하시자, 뒤따르던 아난 존자도 걸음을 멈추고 부처님께서 가리키는 곳을 바라보며 대답했습니다.

"부처님이시여, 저 속에는 과연 무섭고 고약한 독사가 숨겨져 있습니다."

부처님과 아난 존자가 대화를 나누며 들판을 지나가고 있는데, 때마침 인근에 논을 갈고 있던 농부가 두 분의 이야기를 들었습니다. 부처님과 아난 존자의 대화를 들은 농부가 논을 갈다 말고 그곳으로 달려가 보았습니다. 그런데 거기에는 독사가 있는 것이 아니라 눈이 부시도록 빛나는 황금 덩어리가 묻혀 있었습니다.

농부는 황금 덩어리를 독사라고 무서워하는 부처님과 아난 존자를 비웃으며 그 황금을 파내서 집으로 가지고 왔습니다. 그리고 황금을 팔아서 큰 부자가 되었습니다. 갑자기 큰 부자가 된 그 농부는 흥청망청 돈을 쓰며 사치한 생활을 했습니다.

원래 이 농부는 입을 옷과 먹을 음식조차 없을 정도로 가난했습니다. 그런데 갑자기 큰 부자가 되어 사치한 생활을 하게 되자, 금방 소문이 퍼지게 되었고 주위로부터 의심을 사게 됐습니다. 급기야 관아에까지 소문이 퍼지게 되어 결국 잡혀가는 신세가 되고 말았습니다. 그리고 어디서 무엇을 훔쳐 갑자기 큰 부자가 되었는지 사실대로 말하라며 추궁을 당했습니다. 이렇게 매일 같이 심문을 받았지만, 억울한 도둑의 누명을 벗을 도리가 없었습니다. 논을 갈다가 논두렁에서 황금을 캐냈다는 말을 믿어주지 않았기 때문입니다.

　결국 그 농부는 모든 것을 체념하고 자신의 처지를 한탄하며 혼잣말처럼 이렇게 중얼거렸습니다.

　"독사입니다, 아난 존자여. 큰 독사입니다, 부처님이여."

　결국 이 이야기는 국왕에게까지 알려지게 되어 국왕이 직접 신문을 하는 상황까지 이르렀습니다. 왕이 농부를 불러 친히 물었습니다.

　"너는 도둑질을 하고 형벌을 받게 되니까, '독사입니다, 아난 존자여. 큰 독사입니다, 부처님이여.'란 말만 되풀이하고 있다고 하는데 무슨 까닭이냐?"

　농부가 모든 것을 포기하고 왕에게 말하였습니다.

　"제가 논을 갈고 있는데 부처님께서 아난 존자를 데리고 지나가시다가 황금이 땅에 묻혀 있는 것을 보시고, '독사다, 큰 독사다'라고 말씀하시는 것을 들었습니다. 그런데 오늘에야 비로소 부처님과 아난 존자께서 황금 덩어리를 큰 독사라고 하신 뜻을 알게 되었습니다. 저에게 있어서 그 황금은 독사보다도 더 심한 해독을 끼쳤다는 사실을 깨달았습니다."

그리고 농부는 다시 다음과 같이 왕에게 고했습니다.

"부처님의 말씀에는 거짓이 없습니다. 부처님은 황금덩어리를 독사라고 말씀하셨습니다. 아난존자도 똑같이 말씀하셨습니다. 황금덩어리야말로 독사가 아니고 무엇이겠습니까? 독사의 힘은 가히 가공할만합니다. 저는 이제야 비로소 가르침을 깨달았습니다. 마음의 눈을 뜨고 보니 부처님의 가르침을 절로 우러러 믿게 되었습니다. 들에 있는 독사의 해독은 저 한 몸에 그치지만, 이 황금의 독사는 제 온 가족을 해쳤습니다. 어리석은 자가 늘 빠져버리는 황금을 보배라고 생각하는 함정에 빠졌습니다. 이제야 참으로 지혜로운 사람은 마음의 어두움을 씻어버린다는 것을 깨달았습니다."

왕은 농부의 말을 듣고서 감동을 받았습니다. 농부의 말은 마음에서 우러난 진실된 내용이었습니다. 왕은 부처님을 찬송하고 농부를 칭찬한 뒤 말했습니다.

"부처님의 자비로운 말씀에 나도 신앙심을 갖게 되었다. 부처님의 말씀은 추호의 거짓이 있을 수 없다. 네가 얻은 재물을 다시 네게 다시 돌려주는 것은 물론이고 조금 더 재물을 보태

줄 테니 너는 부처님께 공양하도록 해라. 그리고 오로지 게으름 없이 부처님의 참다운 말씀을 따르도록 하라."

이 이야기는 『대장엄론경大莊嚴論經』에 있는 법문입니다.

어리석은 사람들은 황금이 보배라는 생각에만 늘 빠져있습니다. 하지만 참으로 지혜로운 사람은 마음에 있는 이러한 어두움을 씻어낼 수 있는 사람입니다. 여기서 마음 속 어두움이란 탐심을 일컫는 것입니다.

왕도 농부의 참회의 말을 듣고서 부처님의 가르침에 감동받아 농부를 놓아주고 재물도 되돌려주었습니다. 농부는 되돌려받은 황금으로 보시의 삶을 살아가며 공덕을 쌓아갔습니다.

이 우화를 듣고서 불자 여러분들은 자신의 삶을 반추해 보기 바랍니다. 자신이나 자신의 지인이 독사와 살아가지 않는지 되돌아보기 바랍니다.

입안의 도끼口中之斧

독일의 철학자 마르틴 하이데거는 "언어는 존재의 집"이라고
말했습니다. 사람의 말은 그 사람의 마음을 그대로 표현한 것
입니다. 그래서 기분이 좋으면 좋은 말이 나오는 반면, 기분이
언짢으면 나쁜 말이 나오게 마련입니다. 하지만 불자라면 마
땅히 10악十惡 중에 구업으로 짓는 업이 네 가지나 된다는 것을
명심해야 합니다. 십악은 몸과 입과 마음으로 짓는 열 가지 업
보를 일컫습니다. 살생殺生, 투도偸盜, 사음邪淫은 몸으로 짓는
업이고, 탐욕貪慾, 진에瞋恚, 사견邪見은 마음으로 짓는 업이라
면 망어妄語, 기어綺語, 양설兩舌, 악구惡口가 바로 입으로 짓는
업입니다. 여기서 망어는 사실이 아닌 것을 사실처럼 꾸며서

남의 마음을 어지럽히는 말, 즉, 거짓말이고, 기어는 교묘하게 꾸며서 상대를 현혹시키는 말입니다. 양설은 한 입으로 두 말을 하는 것이고, 악구는 남을 헐뜯는 말입니다.

어떤 사람은 제게 이렇게 묻습니다.

"물론 거짓말을 하는 것은 잘못입니다. 하지만 기어는 일종의 꾸밈말인데, 미사여구를 쓰는 것을 잘못이라고 할 수 있습니까? 특히 자기 '피알' 시대에 자신을 포장하는 말은 죄악이 아니라 오히려 미덕이 아닐까요?"

또 어떤 사람은 제게 이렇게 묻습니다.

"양설은 말을 바꾸는 것입니다. 자주 말을 바꾸는 것은 옳지 않지만, 살다보면 생각이 달라져서 이전에 했던 말과 다른 말을 할 수도 있지 않겠습니까?"

또 다른 어떤 사람은 제게 이렇게 묻습니다.

"누군가를 헐뜯는 말은 좋지 않습니다. 하지만 상대의 행동이 잘못됐다면 헐뜯을 수도 있는 것 아닙니까?"

이처럼 많은 사람이 거짓말을 하는 것은 잘못된 일이라는 데 공감하면서도 기어, 양설, 악구가 죄업이라는 사실에는 공감하지 못하고 있습니다. 하지만, 기어, 양설, 악구 모두 중죄입니다.

'아' 다르고 '어' 다르다는 말이 있습니다. 꾸밈말을 쓰다보면 사실과 다르게 축약되거나 거꾸로 과장될 수 있습니다. 기어는 사전적 의미만 보면 비단결 같은 말입니다. 비단결처럼 화려한 말을 쓰는 사람은 듣는 사람의 마음을 현혹시킵니다. 진실한 말은 굳이 화려할 필요가 없습니다. 사기꾼들이 상대를 기망하기 위해 쓰는 화술이 바로 기어인 것입니다.

양설은 크게 두 가지가 있습니다. 하나는 자신이 한 말을 바꾸는 것이고, 다른 하나는 들은 말을 다른 사람에게 전하는 것입니다. 둘 다 옳지 않습니다. 어제 한 말과 오늘 한 말이 다르다면 그 말을 한 사람을 누가 신뢰하겠습니까? 그런 사람은 내일 또 다른 말을 할 것입니다. 언어는 사회적 약속인 까닭에 한마디 말도 신중하게 해야 합니다. 말을 전하는 사람은 이 사람에게는 저 사람을 헐뜯고, 저 사람에게는 이 사람을 헐뜯기 마련이어서 사람들의 사이를 이간질하고 결국 싸움을 유도합니다. 악구는 남을 헐뜯는 말로 모든 욕설이 이에 해당합니다.

망어, 기어, 양설, 악구를 삼갈 때 비로소 입은 물론이고 몸과 마음도 깨끗해질 수 있는 것입니다.

부처님께서 아난 존자를 데리고 왕사성 밖으로 탁발을 나가셨을 때의 일입니다.

외진 길가에 왕사성 사람들이 인분을 가져와서 버리는 커다란 웅덩이가 있었습니다. 부처님과 아난 존자는 그 웅덩이에 빗물이 가득 차 있는 것을 보았습니다. 웅덩이 속에 사람의 형상을 한 벌레 한 마리가 있었습니다. 그 벌레는 물속에서 머리를 들고 부처님을 쳐다보고 있었습니다. 이 광경을 보고 아난 존자가 부처님께 여쭈었습니다.

"세존이시여, 저 벌레는 전생에 어떤 악업을 지었기에 더러운 물웅덩이에 사는 것입니까? 저 벌레는 언제부터 물웅덩이에서 살았으며, 언제나 저 고통에서 벗어날 수가 있습니까?"

부처님께서 대답했습니다.

"옛날에 부처님이 나타나서 생명이 있는 모든 것을 교화하고 입멸하셨다. 이 부처님 입멸 후 마음 착한 한 바라문이 절을 세우고 많은 스님에게 공양을 올렸다. 이 바라문은 절에 시주한 공양물 중에는 유제품도 있었다. 공양물이 풍족하다보니 이 절에는 많은 객승이 찾아왔다. 그런데 이 절에서 객승을 접대하는 소임을 맡은 스님이 '모처럼 시주자로부터 받은 유제품을 쓸데없는 자들이 와서 다 먹겠구나. 차라리 유제품을 숨겨 두자'라고 생각했다. 이 스님은 자신의 계획대로 유제품들을 감추어 두고 객승들의 식탁에 올려놓지 않았다. 객승들이 이 사실을 알고 접대를 맡은 스님을 책망했다.

'당신은 왜 유제품을 우리에게 나누어 주질 않는 것이오?' 이 말을 듣고서 스님이 대답했다. '절에 들어온 지 오래지 않은 당신들은 객에 지나지 않는 반면 절에서 오랫동안 살아온 우리는 주인이다. 객승인 당신들에게는 유제품을 줄 수 없다.' 스님은 말끝에 화를 내다가 마침내 자제력을 잃고서 입에 담지 못할 욕설을 퍼부었다. 그리고 이런 말을 덧붙였다. '너희에게 줄 유제품은 없다. 너희는 화장실 물이나 마셔라' 객승을 접대하는 소임을 맡은 스님은 객승들에게 욕설을 한 과보로 인해 오랜 세월 더러운 웅덩이 속에서 살아야 했다. 그는 단 한 번 욕설을 한 죄를 갚느라 장구한 세월 동안 고통을 받아야 했던 것이다. 그러니 입은 화근의 근원이며 몸을 태우는 맹화猛火라는 사실을 잊어서는 안 된다. 부모 형제는 물론이거니와 인연 있는 모든 사람에게 항상 상냥한 말을 써야 한다."

말을 들으면 그 사람이 어떤 사람인지 대번 알 수 있습니다. 사람이 나무라면 사람의 말은 나무의 씨앗과 같습니다. 아름드리 둥치가 굵고 사방으로 가지를 뻗어서 여름에는 더위를 피하고 겨울에는 추위를 피할 수 있는 나무를 얻고자 한다면, 봄이면 가지마다 예쁜 꽃이 피어나고 가을이면 가지마다 향기로운 과일이 맺히는 나무를 얻고자 한다면 좋은 씨앗을 땅에 심어야 합니다.

『법구비유경』에는 '입안의 도끼斧在口中'라는 표현이 있습니다.

"사람이 태어나면 입안에 도끼가 생겨나, 몸을 동강낼

수 있으니 나쁜 말[惡言] 때문이다."

어떤 말을 쓰느냐에 따라서 한 사람의 운명이 달라질 수 있습니다.

『법구비유경』의 가르침대로 나쁜 말을 쓰면 자신의 운명을 해칠 수 있지만, 속담대로 말 한 마디에 천 냥 빚도 갚을 수 있습니다. 『잡아함경雜阿含經』에 이르길 "정정되지 않거나 뜻이 없거나 이익 되지 않는 것을 말하지 않고, 언제나 법다운 말을 쓰면 이는 곧 하늘에 나는 길이다"고 했습니다.

또한, 『무량수경』에는 "추한 말을 멀리 하라. 추한 말은 자기도 해롭고 남도 해를 입히므로 피차가 다 해로운 것이다. 그러나 착한 말을 닦아 익히면, 자기도 이롭고 남도 이로워서 피차가 다 이로운 것이다"라고 쓰여 있습니다.

신라의 경덕왕이 아버지 성덕대왕의 명복을 빌기 위하여 절을 지었습니다. 봉덕사에서 종을 만드는 일이 계속 실패하여 걱정이 많았습니다. 그때 한 스님이 민가를 돌며 재물이나 쇠붙이를 보시 받으러 다니다가 어린아이를 업고 있는 아낙을 만났습니다. 승려가 시주를 청하자, 아낙은 집안이 가난하여 시주할 것이 없으니 어린아이라도 가져가라고 농을 했고 승려는 그냥 돌아갔습니다. 주종 작업에 계속 실패를 거듭하자 아이를 바쳐야 종을 만들 수 있다는 계시가 있었습니다. 스님은 다시 그 아낙의 집을 찾아 아이를 데리고 와 쇳물에 넣었습니다. 마침내 종이 완성되었는데, 종을 치면 그 아이의 원혼 때문에 '에밀레' 하고 소리가 났습니다. 만약에 아낙이 농을 하지 않았다면 아이는 희생되지 않았을 것입니다.

노자老子는 "지자불언知者不言 언자부지言者不知"이라고 했습니다. '아는 자는 말하지 않고 말하는 자는 알지 못한다'는 의미입니다. 그런 까닭에 노자는 '도를 도라 함은 이미 도가 아니다'라고 했던 것입니다.

말은 하나의 표상입니다. 매스미디어의 발달은 정보의 공유를 양산했습니다. 지구 반대편의 일을 금세 알게 된 것입니다. 하지만 익명의 폭력으로 인해 유언비어가 횡행하는 세상이 되기도 했습니다. 거짓을 말하고도 부끄러워하지 않는 사람이 늘고 있습니다. 그러다 보니 어제 한 말을 오늘 뒤집습니다.

불자는 자신의 말에 책임질 줄 알아야 합니다. 진실의 말이 가득 찬 세상이 될 때 서로 믿을 수 있는 세상을 이룰 수 있습니다.

절언절려絶言絶慮

무처부통無處不通

말과 생각이 끊기면

통하지 않는 곳이 없다.

　이상은 유명한 『신심명信心銘』에 나오는 구절입니다. 말이 없어지면 근심이 없어지고, 통하지 않는 곳이 없습니다. 은산철벽銀山鐵壁에 갇혔을 때 외려 자유를 얻을 수 있듯, 말을 삼갈 때 진실의 마음을 전할 수 있는 것입니다.

5부
세상사 인연에서 배웁시다

- 우란분절에서 배웁시다
- 부모님께 배웁시다
- 가정에서 배웁시다
- 도반에게 배웁시다
- 재물에서 배웁시다

우란분절에서 배웁시다

음력 7월 15일은 백중百中입니다. 백중白衆으로도 표기하는데 사전적 의미는 승가공동체[衆]에 사뢴다[白]는 뜻입니다. 대중 스님들이 한 곳에 모여 공부하는 하안거夏安居가 끝나는 해제解制에 맞춰 자자自恣를 통해 서로의 잘못을 이야기하고 참회합니다.

백중의 다른 말은 우란분절입니다. 우란분盂蘭盆은 범어 '우람바나Ulambana'의 음역으로 '거꾸로 매달린 것을 풀어주고 바르게 세운다'는 뜻입니다. 즉, 우란盂蘭은 도현倒懸 즉, '거꾸로 매달려 있다'는 뜻이며, '분盆'은 '구제한다'는 뜻입니다.

우란분절은 목련 존자 설화에서 기인한 명절입니다. 부처님의 제자인 목련은 천안天眼으로 우주의 모든 현상을 꿰뚫어 볼 수 있었습니다. 효심이 지극한 목련은 어머니가 돌아가시자 천상과 인간계를 두루 살펴보았습니다. 그러나 아무리 살펴보아도 어머니가 보이지 않아 혹시나 하는 생각에 지옥계를 살펴보았습니다. 어머니는 아귀도에 떨어져 고통을 받고 있었습니다.

그 형상이 얼마나 흉측한지 입에 담기조차 끔찍했습니다. 목련 존자는 가슴이 찢어지는 듯이 아팠습니다. 하여 목련 존자는 부처님께 간청하였습니다.

　"세존이시여, 돌아가신 저의 어머니를 찾기 위해 33천과 인간계를 두루 헤맨 결과 아귀도에서 고통 받으시는 어머니를 보았습니다. 이는 어떤 과보로 그리된 것입니까? 그리고 제가 신통력으로써 다른 아귀의 인과는 훤하게 알면서 어찌하여 제 어미의 인과는 볼 수가 없는 것입니까? 자비를 베풀어 일러주십시오."

　부처님께서는 목련의 이야기를 들으시고 안타까운 표정으로 묵묵히 계시다가 말씀하였습니다.

　"목련아, 너무 슬퍼하지 말라. 너의 어머니는 이 세상에 있을 적에 출가 사문을 비방하고 미신을 믿으며 축생들을 죽여 귀신에게 바치는 등 바른 법과 인과를 믿지 않았을 뿐만 아니라, 이웃의 많은 사람들을 삿된 길로 이끌어 들인 죄로 아귀보를 받게 된 것이다. 다른 아귀들은 보면서 너의 어머니의 인과를 보지 못하는 것은 모자의 정이 앞서서 너의 눈이 흐려졌기 때문이다."

　세존의 말씀을 들은 목련 존자는 더욱 목이 메었습니다.

　"목련아, 네 어머니의 죄가 너무 크고 무거워서 네가 비록 도력이 있고 신통력이 있다고 하지만 그 죄업을 대신하거나 구제할 수는 없을 것이다. 삼보를 비방한 죄는 어찌할 수 없기 때문이다. 너의 측은한 마음을 헤아려 내가 한 가지 법을 일러 주겠다. 시방十方의 출가 대중에게 지성으로 공양을 하라. 그러면 삼보를 공양한 공덕의 힘으로 네 어머니의 죄는 가벼워져서 아귀도는 면하게 될 것이다."

슬픔에 휩싸여 있던 목련 존자는 한 줄기 빛을 보는 것 같았습니다.

"목련아, 부모 형제의 곁을 떠나 대도大道를 성취하기 위해 출가한 사문들이 정진을 풀고 자유로운 수행으로 들어가는 날인 7월 보름날 진수성찬과 신선한 과일 등을 정성껏 마련하여 많은 사문들에게 공양하면, 그 공양으로 일곱 생 동안의 부모와 현세의 부모들이 모든 재앙에서 벗어나게 된다. 또 악도에 떨어졌더라도 악도를 벗어나 천상이나 인간 세상에 태어나게 된다. 그뿐 아니라 현세의 부모들은 의식이 넉넉하고 장수하며 복을 누리게 될 것이다."

부처님의 말씀을 듣고서 목련 존자는 7월 보름날을 기다렸다가 부처님의 가르침대로 공양을 올렸습니다. 그리고 관하여 본즉 그의 모친은 그날로 아귀고통을 벗어났습니다. 이 일을 계기로 불교에서는 7월 보름날 우란분절 행사를 지켜오고 있는 것입니다.

불교의 명절은 우란분절을 제외하고는 모두 부처님의 거룩한 행장과 관련한 것입니다. 우란분절만 목련 존자의 어머님 천도에 기인한 명절입니다.

『불설우란분경佛說盂蘭盆經』에 이르길, "불제자로서 효순을 닦는 이가 항상 부모를 생각하고 공양하되, 선망 7대의 부모까지 함이니라. 7월 보름은 항상 효순한 마음으로써 낳으신 부모와 7대의 부모를 생각하며, 우란분절을 만들어 부처님과 스님에게 이바지하여 부모가 길러주고 사랑하여 준 은혜를 갚는 것이니라. 너희들 일체의 불자는 응당히 이 법을 받들어 지닐지니라"라고 했습니다.

이처럼 우란분절을 명절로 삼은 데에는 깊은 뜻이 있습니다. 자신이 지은 인과에 따라 상응하는 응보를 받는다는 것은 거스를 수 없는 자연의 이치입니다. 인과응보는 부처님이 나투시기 이전부터 중생계와 우주에 존재하는 '법칙'입니다. 그렇기에 부처님 10대 제자 가운데 신통력이 가장 수승하다는 목련존자 조차도 지옥고에 빠진 어머님을 구할 수 없었습니다.

우란분절의 교훈은 효도孝道, 즉, 부모님의 은혜에 최선을 다하라는 것과 자신의 소원을 이루기 위해서는 남을 위하는 자비행을 펼쳐야 한다는 것입니다. 목련 존자의 이야기에서 대중 스님에게 공양을 올리는 것은 두 가지 의미가 있습니다. 하나는 승보에 대한 존경의 표시이고, 다른 하나는 선업을 닦은 공

덕이 모든 중생에게 미친다는 의미입니다. 따라서 우란분절은
부모님을 섬기는 효도의 날인 동시에 어려운 이웃을 돕는 자비
의 날인 것입니다.

부모님께 배웁시다

> 만일 중생이 인간으로 태어나 부모에게 효도하지 않고
> 사문을 존경할 줄 모르며, 진실하고 미덥게 행하지 않
> 고 복업을 짓지 않으며, 후세의 죄를 두려워하지 않으
> 면, 그는 이것으로 인연하여 몸이 무너지고 목숨이 끝
> 난 뒤에는 지옥에 나게 된다.
>
> – 『중아함경』 –

부처님께서 왕사성 죽림정사竹林精舍에 계실 때 그 마을에 어떤 늙은 부부가 살고 있었는데 그들은 두 눈이 멀고 가난하여 의지할 데 없이 다 쓰러져가는 오두막에 살고 있었습니다.

이 늙은 부부에게는 효성이 지극한 아이가 있었습니다. 이 아이는 구걸을 해서 얻은 공양물 중 맛있는 것은 부모님께 드리고 맛없는 것은 자신이 먹었습니다. 이러한 미담을 전해들은 아난존자는 부처님을 모시고 절로 돌아온 다음에 공양이 끝나기를 기다려 예를 갖추고 사뢰었습니다.

"조금 전 눈 먼 부모를 지극정성으로 모시는 어린 아이를 보았습니다."

세존께서 말씀하셨다.

"출가한 사람이거나 가정을 이루고 속가에 사는 사람이거나 효도하는 마음으로 부모를 공경하면 그 공덕功德은 특별히 뛰어나 이루 헤아리기 어렵다. 왜냐하면 나도 과거 먼 전생에 효도하는 마음으로 부모님을 공양하였다. 때로는 부모님의 급한 병을 구하기 위하여 살을 베어드린 적도 많았다. 그래서 그 공덕으로 천국에 태어나게 되고, 천왕중의 천왕인 제석천왕帝釋天王이 되었다. 인간세계에 태어나서는 성왕聖王이 되었으며, 마침내는 3계三界를 벗어나 위없는 깨달음을 얻어 부처가 되었는데 모두 그 복이 큰 원인이 된다."

아난존자가 여쭈었다.

"스승이시여, 스승께서 과거 전생에 효성이 지극하여 신명을 돌보지 아니하고 살을 베어 부모님께 공양하신 일을 알고 있습니다."

부처님께서 말씀하셨다.

"자세히 듣고 잘 기억하라. 아주 먼 옛날 아승기겁阿僧祇劫에 사바세계에 특차시리라는 큰 나라가 있었고, 그 왕은 제바였다. 제바왕에게는 열 명의 왕자가 있었는데 각기 여러 나라를 다스렸고, 가장 어린 왕자가 수바라제치修婆羅提致였다. 수바라제치가 다스리는 나라는 경치가 좋고 농산물이 풍부했다. 이 나라의 백성은 선량했다.

그런데 부왕에게 반역을 품은 대신이 있었는데 이름이 라후羅睺였다. 그는 늘 반역할 생각을 품고 있다가 끝내 대왕을 죽였다. 대왕이 죽은 뒤에는 바로 왕이 되고, 곧 군사를 여러 나라에 보내어 태자들을 죽였다.

수바라제치가 경치를 구경하러 동산으로 들어갔을 때, 야차가 땅에서 솟아올라 꿇어앉으며 아뢰었다.

"라후 대신이 반역해 부왕을 죽이고, 다시 군사를 보내어 여러 형들을 죽이고, 이제는 사람을 보내어 왕을 죽이려고 올 것입니다. 왕은 화를 피해야 합니다."

수바라제치는 야차의 말을 듣자 두려운 나머지 도망치려고 하였다. 수바라제치에게는 아들이 있었다. 이름이 수사제須闍提였다. 수바라제치는 수사제를 안고 슬피 울면서 탄식했다. 이런 모습을 보고서 부인이 물었다.

"무엇 때문에 그리 초조해하고 두려워하십니까?"

수바라제치가 자초지종을 설명했다. 수바라제치는 아내를 데리고 아이를 안고 다른 나라로 떠날 채비를 하였다. 수바라제치는 두 갈래 길 앞에 섰다. 한 길은 이레가 걸리는 길, 다른 한 길은 열나흘이 걸리는 길이었다. 수바라제치는 실수로 열나흘이 걸리는 길에 들어섰고, 며칠이 지나자 양식이 떨어졌다. 수바라제치는 한 사람의 입이라도 덜기 위해서 아내를 살해하려고 했다. 아내에게 아이를 업고 앞서 가게 한 뒤 수바라제치는 그 뒤에서 칼을 들었다. 그런데 이 모습을 본 아들이 말했다.

"원컨대 대왕이여, 차라리 저를 죽일지언정 어머니는 죽이지 마십시오. 나를 단박에 죽이지 말고 조금씩 살을 베어 먹으면 며칠은 지낼 수 있을 것입니다. 만일 내 목숨을 끊어 버리면 살은 곧 썩어 오래 가지 못할 것입니다."

수바라제치 부부는 번민 끝에 어쩔 수 없이 아들의 살을 베어 먹었다. 날마다 베어 먹으니 살은 차츰 없어지고 오직 뼈만이 남아 있었다. 수바라제치는 칼로 뼈마디를 헤치고 살을 조금 얻었다. 수바라제치 부부가 떠나려고 하자 아이가 말하였다.

"원컨대 부모님께서 방금 전 얻은 살을 조금만 내게 주십시오."

수바라제치 부부는 망설이지 않고 그 살을 세 몫으로 나누어 두 몫은 자신들이 먹고, 나머지 한 몫과 부스러기 살과 눈, 혀 따위는 아들에게 모두 주고 떠났다. 아들은 곧 서원을 세웠다.

"나는 내 몸의 살을 부모님께 공양하였다. 이 공덕으로써 불도를 구하고 일체 중생을 두루 제도하여, 그들로 하여금 온갖 괴로움에서 벗어나 열반의 즐거움에 이르게 하리라."

아들이 발원할 때에 3천세계가 여섯 가지로 진동하였다. 욕계欲界와 색계色界의 여러 하늘들이 감동했던 것이다. 그리고 제석천이 내려와 시험하려고 거지로 변한 뒤 그 손에 가진 살을 구걸하였다. 아이는 곧 그것을 보시하였다. 제석천은 다시 사자와 호랑이로 변해 와서 아이를 잡아먹으려고 하였다. 아들은 생각하였다.

"이 짐승들이 나를 먹고자 하는 것은 내 몸에 남아 있는 뼈와 살과 골수 때문이리라."

아들은 그것을 모두 다 주면서도 마음은 기뻤다. 아들의 뜻이 흔들리지 않는 것을 보고 제선천은 본래의 몸으로 나타났다.

"너는 네 몸의 살로 부모님께 공양함으로써 효도하였다. 그 공덕으로 무엇을 구하려 하는가? 제석천인가? 마왕인가? 혹은 범천왕인가?"

아들이 대답하였다.

"저는 3계의 쾌락을 원하지 않습니다. 이 공덕으로써 불도를 구하여 한량없는 일체 중생을 제도하기를 원합니다."

제석천이 다시 물었다.

"너는 네 몸으로 부모님께 공양하였다. 그러고도 부모에게 원한이 없는가?"

아들이 대답하였다.

"저는 지금 지극한 정성으로 부모님께 공양하였으므로 털끝만큼도 원한은 없습니다."

제석천이 말하였다.

"너는 몸에 살이라고는 없는데도 불구하고 후회하지 않는다고 했다. 그 말을 믿기 어렵다."

아들이 대답하였다.

"만일 후회함이 없어 제 소원대로 부처가 될 수 있다면, 내 몸을 본래와 같이 되게 하소서."

이 서원을 마치자 아들의 몸이 곧 회복되었다. 제석천이 "장 하다"고 칭송하였고, 그 부모는 물론이고 온 나라 사람들이 아 들을 찬탄하였다. 이 소식을 들은 대왕은 몸소 군사를 이끌고 라후를 죽였다. 수바라제치 부자父子는 잃었던 나라를 찾을 수 있었다.

부처님께서는 이어 아난에게 말씀하셨다.

"과거 생에서 선주왕이 지금의 아버지이시고, 수사제 태자가 지금의 나이니라. 나는 과거 세상에 효도하는 마음으로 부모 님께 공양하고 몸의 살로써 부모님의 액을 구제하였다. 그 공 덕으로 천상이나 인간에서 항상 뛰어나고 높은 집에 태어나서 한량없는 복을 받았다. 또 그 공덕으로 스스로 부처가 되었느 니라."

대중들은 부처님의 전생담을 듣고 감격하였다.

우리나라 사람들은 예부터 효도를 미풍양속으로 여겨왔습니 다. 그런데 세간적인 효행뿐만 아니라 출세간적인 효행을 누 구보다도 먼저 실천한 분이 부처님이십니다. 깨달음을 얻고 명 실공이 '석가족의 성스러운 어른'이 된 부처님은 부왕 정반왕이 계신 곳, 고향으로 가서 설법을 베풀어 가족 친지들이 삼보에 귀의하도록 하였다. 또한, 부처님께서는 부왕이 돌아가신 뒤 장례식에 나아가 직접 향로를 받쳐들고 장의행렬에 동참하시기도 했다.

　몸을 낳아주시고 길러주신 부모님의 은혜에 보답하라는 내용의 경전이 많습니다.

　『부모은중경父母恩重經』에는 아래와 같은 구절이 있습니다.
　"부모의 은혜라고 하는 것은 아버지는 자애한 은혜慈恩가 있고, 어머니는 자비한 은혜悲恩가 있느니라. 만일 내가 이 세상에서 일겁 동안 머물며 부모의 은혜에 대하여 말할지라도 능히 다하지 못할 것이니라. 설사 어떤 사람이 한 어깨에 아버지를 지고 한 어깨에 어머니를 지고 그 목숨이 다하도록 잠시도 잊지 않고 의식과 의복 등 가지가지 구하시는 것을 공급해 드릴지라도 오히려 부모의 깊은 은혜는 갚지 못한다."

　『심지관경心地觀經』에는 아래와 같은 구절이 있습니다.
　"선남자야, 세상에서 어떤 것이 가장 부자이고 어떤 것이 가장 가난한 것이냐 하면, 부모님 계시는 것을 부자라 하고 부모님이 계시지 아니한 것을 가난하다고 하며, 부모님 계실 때를 해가 한낮이라고 하고 부모님께서 돌아가신 때를 해가 졌다고 하며, 그러므로 너희들은 부지런히 더욱 닦아서 부모님께 효도로 봉양하라. 부처님께 공양한 것과 그 복이 평등하여 다름이 없나니 마땅히 이와 같이 부모의 은혜를 갚아야 한다."

『대집경大集經』에는 아래와 같은 구절이 있습니다.
"만일 세상에 부처님이 계시지 않으시거든 부모를 잘 섬길지니 부모를 섬기는 것이 부처님을 섬기는 것과 같으니라."

『육방예경六方禮經』에는 아래와 같은 구절이 있습니다.
"사람의 자식 된 자는 마땅히 다섯 가지 일로 부모님을 공경하고 따라야 하느니라. 어떤 것이 다섯 가지인가? 첫째는 이바지해 받들어 모시기에 부족함이 없어야 하는 것이다. 둘째는 할 일이 있으면 먼저 부모님께 고해야 하는 것이다. 셋째는 부모님이 하는 일에 순종하여 거스르지 말아야 하는 것이다. 넷째는 부모님의 바른 말씀을 감히 어기지 않는 것이다. 다섯째는 부모님께서 하시는 바른 직업을 이어야 하는 것이다."

이상 경전의 내용들은 모두 부모님의 은혜에 대해 설한 것입니다. 사람은 누구나 홀로 살아가야 하는 존재이지만, 서로 의지하지 않으면 생존할 수 없으므로 부처님께서는 인연의 소중함을 설하셨던 것입니다. 소매 자락만 스쳐도 5백생의 인연이고, 같은 나라에 태어나면 일천겁의 인연이고, 하루를 동행하면 이천겁의 인연이고, 한 고향에 동족으로 태어나면 사천겁의 인연이고, 한 마을에 태어나면 오천겁의 인연이고, 하루 밤을 동침하면 육천겁의 인연이고, 한집에서 생활하면 칠천겁의 인연이고, 부부가 되면 팔천겁의 인연이고, 형제간이 되면 구천겁의 인연이고, 부모와 자식의 인연은 만겁의 인연이라고 합니다. 부모와 형제, 부부는 모두 팔천겁 이상의 인연이 있어야 만날 수 있는 것입니다. 가족은 실로 소중한 인연이 아닐 수 없습니다.

『부모은중경』에는 "어머니가 아기를 잉태하면 첫째 달에는 마치 풀잎 위의 이슬이 아침에는 보존되었다가 저녁에는 보존되지 못하는 것처럼 이른 아침에는 피가 모였다가 오시가 지나면 피가 흩어지느니라. 둘째 달에는 흡사 뚝뚝 흐르는 녹은 엿물 같으니라. 셋째 달에는 흡사 엉킨 피와 같게 되느니라. 넷째 달에는 작은 인형처럼 어렴프시 형체가 생기고, 다섯째 달에는 머리, 두 팔, 무릎 등의 오포가 생기느니라. 여섯째 달이면 눈, 귀, 코, 혀, 입, 뜻 등의 육정이 생기느니라. 일곱째 달에는 삼백육십 골절과 팔만사천 털구멍이 생기느니라. 여덟째 달이면 눈, 귀, 코, 입과 대소변이 나오는 아홉 구멍이 생기느니라. 아홉째 달이면 먹을 줄을 알게 되지만 복숭아, 배, 마늘,

과실들은 먹지 않는다. 열째 달이 되면 낳게 되는데 만일 효순한 자식이면 주먹을 쥐어 합장하고 나와서 어머니를 괴롭히지 않지만, 만일 불효의 자식이면 어머니의 포태를 잡아 헤치며 염통이나 간을 움켜쥐고 다리로는 어머니의 엉덩이를 뻗어서 어머니로 하여금 칼로 배를 찌르며 염통을 쑤시는 듯한 고통을 받게 하나니 이런 고통을 받으면서 나의 이 몸을 낳았느니라" 라는 내용이 있습니다.

태에서 사람이 될 때까지의 어머니 은혜를 열 가지로 나누고 있는 것입니다. 태에 실어 보호한 은혜나, 해산할 때 고통 받으신 은혜는 아기를 가져서 낳아 본 사람들만이 알 수 있는 은혜입니다. 아기 낳고 근심하신 은혜란 그 집안에서 꼭 필요로 하는 자식을 낳지 못했을 때는 열 자식을 낳더라도 늘 섭섭하고 근심을 쉬지 못하는 것이 우리나라의 풍속이었습니다. 이는 유교적 풍습으로 아들이 있어야 후사를 이어간다는 사회적 관념 때문에 우리의 어머니 중에는 남몰래 눈물을 흘리신 분들이 많습니다. 젖 먹여서 양육하신 은혜, 똥, 오줌을 가려주신 은혜는 어머니라면 누구나 다 겪는 일입니다. 군에 간다든지, 해외 근무나 지방 출장을 나가 떨어져 있을 때는 돌아와야만 마음을 놓고 잠을 주무시는 부모님들. 자식에게 좋다고 하면 살생도 무섭지 않고, 도둑질도 무섭지 않으며, 때에 따라서는 몸을 팔아서라도 양육하였다가 도리어 뒤에 이로 인해 망신을 당하는 경우도 있습니다. 돌아가실 때까지 자식 걱정하고 잊지 못하는 것이 우리들의 부모님인데, 어찌 그 은혜를 소홀히 할 수 있겠습니까?

『증일아함경』에는 "부모님께 효순 공양하는 공덕의 과보는 일생보처의 보살의 공덕과 같다"고 쓰여 있고, 『본사경』에는 "설사 어떤 사람이 한 어깨에 아버지를 지고 한 어깨에 어머니를 지고 그 목숨이 다하도록 잠시도 잊지 않고 의식과 의복 등 가지가지 구하시는 것을 공급해 드릴지라도 오히려 부모의 깊은 은혜는 갚지 못한다"고 쓰여 있습니다.

『인욕경』에는 "선의 지극한 것은 효도보다도 큰 것이 없고, 악의 지극한 것은 불효보다 더 한 것이 없다."고 쓰여 있고, 『사십이장경』에는 "대개 사람이 천지 귀신을 섬기는 것은 그 양친께 효도함만 같지 못하다"고 쓰여 있습니다.

경전에 나오는 효에 대한 가르침은 구구절절 가슴에 와 닿습니다. 이 말씀들은 가슴이 아릿할 정도로 느껴지는 가르침이 아닐 수 없습니다. 많은 사람들이 불교는 가족애에 대해서는 무심한 종교라고 생각하는데 이는 사실과 다릅니다.

부모와 자식의 사이는 천륜天倫이라고 합니다. 사람이 만든 것이 아니라 하늘이 내리신 도리라는 의미입니다. 참으로 한스러운 것은 부모님의 은공을 어렴풋하게나마 알고서 갚으려고 하면, 부모님은 우리 곁을 떠나신다는 것입니다. 그러니 모든 아들딸들은 이 말을 가슴에 새겨들으십시오.

"부모님 살아 계실 때 효도하세요."

효는 인륜의 근본입니다. 효는 진솔한 마음입니다. 부모와 자녀가 각기 위치에서 제 역할을 다하면 가정은 자연히 화목해지고 행복해질 것입니다. 그리고 화목한 가정이 모인 사회는 당연히 평화로울 것입니다.

예전에 경북 금릉군의 마을에 김갑용金甲龍이란 사람이 살았습니다. 편모 슬하에서 5남매가 살다가 여자들은 다 출가하고 아들인 김갑용이 어머니를 모시게 되었습니다. 그런데 갑자기 어머니가 돌아가셔서 김갑용은 비통해하지 않을 수 없었습니다. 며칠 뒤 집에 있는 암캐가 새끼를 배더니 석달 만에 강아지를 네 마리를 낳았다. 강아지 중 한 마리가 유독 김갑용을 잘 따랐습니다. 하루는 김갑용의 친구가 와서 강아지를 보고서 "귀를 잘라서 사냥개로 팔면 돈을 많이 받겠다"고 했습니다. 김갑용은 귀가 솔깃하여 강아지 귀를 자르려고 하니 강아지가 낑낑거리며 도망을 쳤습니다.

그날 밤 김갑용은 꿈에 어머니를 만났습니다. 어머니는 "네가 귀를 자르려고 하는 강아지가 바로 네 어미다. 내가 네 집 강아지로 태어난 것은 네 출가한 여동생들이 남편들을 잘못 만나서 배를 주리고 살아서 몰래 양식과 옷가지들을 갖다 준 과보 때문이다. 네게 진 빚을 갚으라고 도둑을 지키는 네 집 개로 태어난 것이다. 그런데도 너는 그런 사실을 모르고 내 귀를 자르려고 하느냐"고 말씀하였습니다.

소스라치게 놀라 꿈에서 깨어난 김갑용은 아내에게 꿈 이야기를 했습니다. 그러자 아내도 비슷한 꿈을 꾸었다고 털어놨습니다.

이튿날부터 김갑용 내외는 쌀밥에 고깃국을 끓여서 "워리야"라며 강아지를 불렀습니다. 그런데 어찌된 일인지 강아지는 밥을 먹지 않았습니다. 그날 밤 꿈에 다시 어머니가 나타나 "내가 너를 떠먹이면서 키웠는데, 너는 나를 어떻게 '워리'라고 부르느냐. 그따위 짓을 하면 네 집이 큰 풍파를 만날 것이다"고 말했습니다.

이튿날, 김갑용이 "어머님, 노여움을 푸시고 진지 잡수십시오"라고 말하자 강아지가 꼬리를 흔들며 밥을 잘 먹었습니다. 그리고 삼일 째 되는 날, 어머니가 다시 꿈에 나타나 "기특하고 고맙구나. 이제 내가 너에게 몇 가지 부탁이 있으니 꼭 들어다오. 첫째는 경부선 철도가 생겼는데 일하느라 한 번도 기차를 타보지 못했으니 기차를 태워줄 것이고, 둘째는 동네 노인들은 다 합천 해인사에 가서 팔만대장경을 친견하고 왔는데 너의 아버지 반대로 가보지 못한 것이 천추의 한이 되니 구경시켜줄 것이고, 셋째는 사람이 죽으면 49재를 지내주어야 생전에 지은 모든 죄를 내려놓고 극락세계로 간다는데 49재를 지내주지 않아서 나는 네 개로 태어난 듯 싶다. 49재는 이미 지났으니 절에 가서 천도재를 지내 주면 좋겠다"고 말씀하였습니다.

이튿날, 김갑용은 강아지를 데리고 김천역으로 가서 영동까지 가는 기차표를 샀습니다. 그런데 역무원이 개를 데리고 기차를 탈 수 없으니 화물차로 가라고 힐책했습니다. 이런 대화를 나누는 사이 강아지가 기차 안으로 달려가더니 오래지 않아서 기차 밖으로 뛰어내렸습니다.

며칠 뒤 김갑용은 상주 복을 입고 강아지를 데리고 해인사를 갔습니다. 장경각을 친견하려 하니 한 스님이 "개는 들어갈 수가 없다"고 했습니다. 이런 실랑이를 하는 사이 장경각 문이 열리자 강아지가 장경각에 뛰어들어 여기저기 살펴보고 나왔습니다. 이때 장경각 옆에 서있던 정홍원 스님이 "당신은 상주인 것 같은데, 강아지를 데리고 다니는 것도 체통이 서지 않거늘 신성한 장경각에 강아지가 다니게 하니 되겠소"라며 꾸짖었습니다.

김갑용은 그간의 자초지종을 털어놨습니다. 그리고 "어머니를 위한 천도재를 지내달라"며 재비를 냈습니다. 이에 해인사 스님들이 정성을 다해 천도재를 봉행하고 김갑용의 효심에 대해 크게 칭찬했습니다.

천도재를 마치고 나서 개가 마루 밑에서 죽었고, 천도재를 지낸 스님 꿈에 한 노인이 나타나서 "저는 아들과 스님 덕분에 천상락을 받아갑니다. 버리고 가는 제 몸을 수고스럽지만 화장해주십시오"라고 말했습니다. 해인사 스님들이 죽은 개의 주검임에도 불구하고 그간의 사정을 알기에 다비장으로 모셨습니다. 이후 해인사 총림에 김갑용 모자의 이야기가 오랫동안 전해지고 있습니다.

김갑용처럼 효자가 되는 것, 김갑용의 어머니처럼 생전에는 업을 짓지 말고 죽어서는 삼악도에 떨어지지 않은 것이 바로 어버이날에 우리가 가슴에 새겨야 할 교훈입니다. 부모님은 우리가 이 세상에서 섬겨야 할 첫째 부처님이십니다.

『능엄경』에는 "여래가 중생을 생각하는 것이 어미가 자식 생각하듯 하지만 자식이 멀리 달아나버리면 아무리 생각한들 무슨 소용이 있으랴. 자식이 부모 생각하기를 부모가 자식 생각하듯 한다면, 부모와 자식은 이생뿐 아니라 여러 생을 지나도록 마치 몸에 그림자 따르듯이 어긋나지 않을 것이다."라는 구절이 있습니다.

자식이 된 도리로서 부모의 은혜를 모른다면 벌레와 다르지 않습니다. 벌레는 어떤 인연으로 살아가는지 알지 못합니다. 옛 말에 "처자를 사랑하는 마음으로 부모를 공경하면 불효는 없을 것이다. 부모를 존중히 여기는 것은 자신을 사랑하는 것이고 부모를 공경하는 것이 자신을 공경하는 것이다"고 했습니다.

　가족은 인간이 가장 먼저 만나는 인연입니다. 불교에서 말하는 자비란 타자를 사랑하고 가엾어 하는 마음입니다. 부모님이 자식에게 가졌던 자비심을 자식들도 때가 되면 갚아야 하는 것입니다.

가정에서 배웁시다

어린이날, 어버이날, 스승의 날, 부부의 날 등이 있는 까닭에 5월은 가정의 달이라고 합니다. 흥미로운 사실은 이 가정의 달에 부처님오신날도 있다는 것입니다. 부처님께서는 그 누구보다도 가족의 중요성을 강조하셨습니다. 부처님께서는 『본생경本生經』을 통해 "가정은 한 가족이 몸과 마음을 가장 가깝게 지내는 곳이므로, 식구 서로가 화목하면 꽃동산과 같이 아름다운 곳이 되지만, 식구의 마음이 조화를 이루지 못하면 무서운 풍파가 일어나서 파멸을 가져오는 지옥이 된다"고 설하셨습니다.

가정은 인류사회의 가장 기초가 되는 공동체입니다. 부처님 말씀대로 가정이 화목하면 그들이 속한 사회가 편안해지지만, 가정이 갈등하면 사회도 불안해집니다. 그리고 보면 가정은 자비와 희생을 배우고 익히는 도장이라고 할 수 있습니다. 가족은 단순한 혈연의 동거 공동체가 아니라, 자비로써 서로 배려하고 은혜를 보답해가는 인격적 공동체입니다.

어느 마을에 싸움이 잦은 집과 화목한 집이 이웃해 살았습니다. 하루는 싸움이 잦은 집의 가장이 화목한 집의 가장을 찾아와서 물었습니다.

"어떻게 당신네는 항상 화목합니까? 그 비결을 알려주시오."

화목한 집의 가장이 웃으면서 대답했습니다.

"특별한 비결은 없습니다. 댁의 식구들은 모두가 잘난 사람들인 반면 저희 식구들은 모두 못난 사람들이라는 차이가 있을 뿐입니다."

싸움이 잦은 집의 가장이 다시 물었습니다.

"그게 무슨 말씀입니까?"

"가령, 제가 방에 들어가다 방에 놓여있는 물그릇을 발로 차서 엎질렀을 때 저는 제가 경망스러워 물그릇을 발로 찾기 때문에 제가 잘못을 했다고 합니다. 그런데 제 아내는 '제 잘못입니다. 물그릇을 그곳에 놓지 않았으면 될 텐데'라며 민망해 합니다. 그러면 제 어머니께서는 '이 늙은이의 불찰이다. 물그릇이 내 앞에 있었는데도 치우지 않았다'고 하십니다. 무슨 일이 생기면 이렇게 제 가족은 모두 자신의 잘못이라고 합니다. 그러니 서로 다투거나 따질 일이 없습니다. 제 가족은 모두 모자라서 잘못하는 사람만 있습니다."

일이 잘못됐을 때 책임을 따져서 원망을 하려고 하면 끝이 없습니다. 오직 양보하고 이해하는 것만이 화목한 지름길입니다. 그래서 부처님께서는 『본생경』을 통해 "어떤 경우에도 각자가 다른 사람의 일은 말하지 않고 스스로 자기의 마음을 고쳐 바른 길을 정당하게 밟아가야 한다."고 설하셨고, 『우바새경』을 통해 "남의 장점을 칭찬하고 단점을 감추어 주어라. 남의 부끄러운 곳을 건드리지 말고 비밀을 지켜주어라"고 설하셨던 것입니다.

부처님은 가족 간에도 인격적으로 대하라고 하셨습니다. 잘된 일은 자신의 공을 돌리고, 잘못된 일은 남의 탓으로 돌리는 사람이 많습니다. 이런 이유로 가족이 화목하지 못하는 것입니다.

『무량수경』에 이르길, "인간은 세상에 홀로 태어나 홀로 죽는다. 즐겁고 괴로움을 당하여도 몸은 혼자 갈 뿐 누구도 대신 할 수 없다"고 했습니다. 인간은 무상하게 와서 무상하게 가는 존재입니다. 하지만 최고의 목표는 무상함을 알고 고락에서 벗어나 해탈의 언덕에 이르는 데 있습니다. 그러니 부모님이 생존했을 때는 항상 잘 봉양하고 절에 가서 인과법문을 듣게 하고, 돌아가셨을 때는 49재를 정성껏 봉행하여 부처님의 위신력으로 극락세계에 왕생하시도록 해드려야 합니다. 그래야 자녀들도 부모 봉양하는 법을 배우고 자손대대로 화평한 가정을 이룰 수 있는 것입니다.

부처님 일대기 중 감동적이지 않은 장면이 없지만 그중에서도 이모이자 어릴 적 유모인 대애도 비구니의 장례를 손수 치

르시는 장면은 눈시울이 붉어질 만큼 감동적입니다.

『증일아함경』「대애도열반품大愛道涅槃品」에는 아래와 같은 내용이 실려 있습니다.

대애도 비구니는 처소로 돌아온 지 얼마 되지 않아 열반에 들었습니다. 이 소식을 들은 부처님은 아난다에게 장례를 준비하도록 시켰습니다. 아난다는 야수제耶輸提라는 대장을 찾아가 장례에 필요한 평상과 기름과 꽃과 향과 수레를 부탁했습니다. 대애도 비구니의 시신은 부처님이 직접 수습했습니다. 대애도 비구니의 시신은 아난다와 난다와 라훌라에 의해 평상에 모셔졌습니다. 이어서 부처님도 몸소 평상의 한쪽 다리를 들고 교외의 화장터로 향하였습니다. 제자들이 민망히 여겨 대신하려고 했으나 부처님은 허락하지 않았습니다.

"그만 두라. 이 일은 내가 알아서 할 것이다. 부모가 자식을 낳아 젖을 먹이고 안아주고 길러준 은혜는 매우 크다. 그 은혜를 갚지 않으면 안 된다."

화장장에 도착한 부처님은 대애도 비구니 몸 위에도 꽃과 향을 뿌리고 이렇게 게송을 읊었습니다.

일체행무상一切行無常
생자필유진生者必有盡

불생즉불사不生則不死
차멸위최락此滅爲最樂

일체의 현상은 덧없는 것
한번 나면 반드시 다함이 있네.
태어나지 않으면 죽지 않나니
이 열반이 가장 큰 즐거움이네.

게송이 끝난 뒤에는 나무에 불을 붙여 화장을 했습니다. 화장이 끝나자 사람들은 대애도 비구니 사리를 거두어서 탑을 세우고 공양했습니다. 보다시피 부처님께서는 이모이자 양모인 대애도 비구니의 장례를 손수 치렀습니다. 아버지인 정반왕이 승하했을 때도 마찬가지였습니다.

기실 가족은 우리가 접하는 최초이자 마지막 공동체라고 할 수 있습니다. 부처님께서는 보리수나무 아래서 성도成道 후 수행공동체를 꾸리셨는데, 그 수행공동체에는 아내인 야쇼다라도, 아들인 라훌라도, 이모이자 유모인 대애도도, 사촌동생인 아난도 포함됐습니다.

최인호 작가는 『산중일기』라는 산문집에서 가족의 중요성을 아래와 같이 강조했습니다.

"손과 발이 닳을 때까지 노동으로 밥을 빌어먹으면서 서로를 사랑하고 아끼면서 살다가, 마치 하나의 낡은 의복이 불에 타 사라지듯이 감사하는 생활 속에서 생을 마감할 수 있는 가족이라면, 그들은 이미 가족이 아니라 하나의 성인聖人인 것이다. 그렇게 보면 우리가 살고 있는 가정이야말로 하나의 엄격한 수도원인 셈이다. 그 가정에서 살고 있는 가족들은 이미 종신서약을 약속한 수도자들인 것이다. 가족이라는 수도원에서 우리는 일상을 공유하며 사랑을 수양하고 있다."

부처님 일대기 중 대애도 비구니의 장례를 손수 치르는 장면에 감동받은 이유는 부처님의 가장 인간적인 면모를 엿볼 수 있거니와 하나의 엄격한 수행공동체인 가정의 소중함을 일깨워주기 때문입니다. 부처님의 가르침을 실천하는 가장 쉬운 길 중 하나가 바로 가족을 사랑하는 것입니다.

부디 손과 발이 닳을 때까지 노동으로 밥을 빌어먹으면서 서로를 사랑하고 아끼면서 살다가 생을 마감할 수 있는 가족이 되길 바랍니다.

도반道伴에게 배웁시다

『사리불아비담론舍利弗阿毘曇論』에 이르길, "살생하는 이를 가까이 하면 살생을 배우고, 도둑질하는 이를 가까이 하면 도둑질을 배우고, 사음하는 이를 가까이 하면 사음을 배우고, 술 먹는 이를 가까이 하면, 음주 방일을 배우니라. 이를 악행이라 하나니 악한 사람과 함께 있으면 죄를 짓게 되느니라"라고 했습니다.

『선생자경善生子經』에 이르길, "나쁜 친구에도 네 가지가 있으니 상대의 물질을 빼앗는 친구, 거짓말을 하는 친구, 체면만을 좋아하는 친구, 삿된 가르침을 주는 친구"라고 했습니다.

이상은 나쁜 벗을 사귀지 말고 멀리하라는 교훈의 말씀입니다. 그런가 하면『인과경因果經』에는 "좋은 벗이란 상대방의 잘못을 보면 일깨워 주고 좋은 일을 보면 마음 속 깊이 기뻐하며 괴로움에 처했을 때 서로 버리지 않는 사람"이라고 쓰여 있습니다.

『사분율四分律』에는 "승우勝友에 일곱 가지가 있으니, 고난을 만나서 버리지 않고, 가난하다고 버리지 않고, 자신의 어려운 일을 상의하고, 서로 도와주고, 하기 어려운 일을 하여 주고, 주기 어려운 것을 주고, 참기 어려운 것을 참는 친구가 승우"

라고 쓰여 있습니다.

『육방예경六方禮經』에는 "큰 도움이 될 수 있는 친구, 즐거우나 괴로우나 늘 변하지 않는 친구, 좋은 말을 해 주는 친구, 동정어린 친구 등이 좋은 친구가 되는 것"이라고 쓰여 있습니다.

이상은 어떤 벗이 좋은 벗인지 알려주고 좋은 벗과의 교제를 권하는 교훈의 말씀입니다.

부처님께서는 『법구경法句經』을 통해 "나쁜 친구와 어울리지 말라. 야비한 사람을 벗으로 삼지 말라. 마음이 깨끗한 친구와 어울려라. 뛰어난 사람을 벗으로 하라"고 설하셨습니다.

몇 가지 좋은 벗의 일화에 대해 소개하겠습니다. 수어지교水魚之交라는 사자성어가 있습니다. 유비, 관우, 장비는 도원에서 결의한 의형제로서 한실부흥漢室復興을 위하여 대소 전투에 참가했으나 지략이 부족하여 항상 패했습니다. 유비가 마침내 삼고초려하여 대전략가인 제갈공명을 얻었으나 관우, 장비가 이를 못마땅하게 여기자 "내가 제갈공명을 얻은 것은 마치 물고기가 물을 얻은 것과 같다"고 한 데서 비롯된 말입니다.

신라 진흥왕 때 화랑 사다함은 가야 정벌에 참전하여 큰 공을 세웠으므로 대왕은 포로 300명과 논밭을 하사하였습니다. 하지만 사다함은 모든 포로를 놓아 주고, 약간의 불모지만 받아 일구고 살았습니다. 일찍이 사다함은 무관랑과 더불어 진실한 벗이 되기를 맹서하였는데 무관랑이 병들어 죽자 너무 슬퍼하여 사다함도 7일 만에 따라 죽으니 당시 그의 나이 17세였습니다.

　프랑스의 화성畵聖 밀레가 「접목接木하고 있는 농부」란 명화를 그렸을 때는 난로를 지필 땔감 살 돈도 없어서 식구 모두가 굶주림과 추위에 떨고 있었습니다. 그때 이름이 드높던 친구 루소가 방문하였습니다.

　"밀레군, 기뻐해 주게. 자네의 그림을 사려는 사람이 있다네."

　"뭐라고! 그것이 정말인가?"

　루소는 주머니에서 300프랑의 지폐를 꺼내며 말했습니다.

　"구매인은 급한 용무로 로마에 갔지만, 그림의 선택은 나에게 맡겼다네. 저 「접목하고 있는 농부」를 양도해 주지 않겠는가?"

　밀레 가족은 오랜만에 기쁨에 넘쳤습니다. 그런데 그로부터 몇 년이 지나 밀레가 만나지 못했던 루소를 찾아갔을 때, 방안 벽에 걸려 있는 자신의 그림을 보았습니다. 비로소 밀레는 친구 루소의 참뜻을 알게 됐습니다. 루소는 벗의 생활고가 보기 딱했지만, 벗의 자존심을 상하게 해서도 안 된다고 생각했던 것입니다. 밀레는 루소의 우정에 감격하고 흐느껴 울었다고 합니다.

　사람뿐만 아니라 동물이 좋은 벗이 될 수도 있습니다. 바라나시에 브라흐마닷타왕이 나라를 다스리고 있을 때 보살(부처님의 전신)이 신두산 명마名馬로 태어났습니다. 명마는 여러 가지 빼어난 능력과 힘을 갖추고 있어서 고귀한 예우를 받았습니다.

　주변나라 일곱 명의 왕이 바라나시 왕국의 풍요를 시기하여 동맹을 맺고 바라나시 왕국을 포위하고는 협박을 해왔습니다. 왕은 대신들을 모아놓고 의논하였습니다. 항복할 수 없으니 장수를 보내 싸워보고 안 되면 항복하기로 결정했습니다. 왕이 뛰어난 장수를 불러 명을 내렸습니다. 장수가 신두산 명마를 주면 모든 적을 무찌르겠다고 했습니다. 장수는 신두산 명마의 용맹과 뛰어난 능력 덕분에 첫 번째 진영을 격파하고 그 왕을 생포하여 가두었습니다. 그리고 차례로 여섯 진영을 격파하고 모든 왕을 생포했습니다.

　그러나 전쟁 과정 중에 신두산 명마도 크게 부상을 당했습니다. 장수는 말을 쉬게 하였습니다. 신두산 명마는 장수가 다른 말을 타고 가는 것을 보았습니다. 장수가 다른 말을 타고 전쟁을 계속 할 경우 장수도 잃고 병사도 잃을 것이며 왕국도 유린당할 것이 자명해 보였습니다. 하여 명마는 장군에게 말했습니다.

"장군이시여, 당신이 나 아닌 다른 말로는 도저히 적을 무찌르지 못할 뿐 아니라 나라도 잃게 되니, 그렇게 되면 지금까지 여섯 진영의 승리도 소용없게 됩니다. 그러니 나를 일으켜 세우고 다시 무장하여 나머지 한 나라 군대와 싸워야 합니다."

그래서 장수는 다시 명마를 무장시키고 일으켜 세워 함께 힘을 합하여 마지막 적군을 물리치고 왕을 생포하여 돌아왔습니다. 이렇게 승리를 하고 개선한 뒤 신두산 명마가 왕에게 말했습니다.

"이 모든 공로는 장수와 병사에게 있습니다. 공을 그들에게 돌리시고 사로잡은 왕들은 한 사람도 헤치지 마시고 다시는 전쟁을 일으키지 못하게 당부하고 놓아주십시오. 왕께서는 보시布施를 행하십시오. 도덕道德을 지키십시오. 공정하고 평등하게 왕들을 다스리십시오."

이렇게 말하고 명마는 죽고 말았습니다. 왕은 신두산 명마의 말에 따라, 장군과 병사들에게 후한 상을 주고 포로로 잡은 왕들을 모두 풀어주고 보시와 도덕을 바탕으로 공정하고 평등하게 나라를 다스려 더욱 부강한 나라로 만들었습니다. 이것이 바른 사람이 되게 하는 가르침입니다.

진실한 벗이란 어려운 일이 있을 때 그 고통을 나누어 가지

고, 기쁜 일이 있을 때 같이 기뻐하는 벗입니다. 약인욕식불경
계若人欲識佛境界 원리망상급제취遠離妄想及諸趣 만일 불자가 부
처님의 경지를 알고자 한다면 망상을 멀리하고 나쁜 생각을 버
려야 합니다.

재물에서 배웁시다

부처님께서 왕사성 죽림정사에 계실 때 빔비사라왕 아들 아사세 태자는 제바달다에게 매일 엄청나게 많은 음식을 공양하였습니다. 이것을 알게 된 비구들이 부처님께 여쭈었습니다.

"제바달다는 큰 위신력이 있어 지금 아사세 태자의 많은 공양을 받고 있나이다."

부처님께서 말씀하셨습니다.

"너희들은 제바달다가 큰 이익을 얻고 있다고 생각하지 말라. 제바달다는 그것 때문에 스스로 망하게 될 것이다. 그는 출가한 본래의 뜻을 이루지 못하고 있기 때문이다. 이것은 마치 큰 나무를 얻으려고 산에 갔다가 가지와 잎사귀만 가지고 오는 것과 같다. 이익에 매달리고 집착하는 것은 나쁜 소견에 빠지게 되나니 그러므로 이익에 탐하는 마음이 일어나지 않게 하라."

탐욕은 상대적 소유욕이므로 절대로 만족할 수가 없습니다. 부처님께서는 재산을 탕진하는 여섯 가지 이유를 설하셨습니다.

첫째, 술에 빠지는 것

둘째, 도박에 빠지는 것

셋째, 절제하지 못하고 방탕 하는 것

넷째, 자만하여 남을 업신여기는 것

다섯째, 나쁜 친구와 함께 하는 것

여섯째, 게으름 피는 것

그런가 하면, 부처님께서는 『잡아함경』을 통해 일곱 가지 성스러운 재산에 대해서도 설하셨습니다.

"비구들이여 그대들에게 설법하리니 수행하는 사람은 일곱 가지 성스러운 재산이 있다.

첫째, 믿음이 재산이다.

둘째, 계율이 재산이다.

셋째, 양심이 재산이다.

넷째, 용서할 줄 아는 것이 재산이다.

다섯째, 많이 듣는 것이 재산이다.

여섯째, 널리 베푸는 것이 재산이다.

일곱째, 어리석지 않고 지혜로운 것이 재산이다.

부처님께서 말씀하시는 성스러운 재산은 유사 이래로 강조되어온 진리입니다. 누구나 다 아는 사실을 우리가 제대로 실현하지 못하고 있을 뿐입니다. 인간의 행복은 물질적 풍요에만 있는 것이 아닙니다. 생각을 어떻게 갖느냐가 행복의 지수가 되는 것입니다.

"설령 설산만한 금덩이가 있다고 해도 욕심 있는 사람은 오히려 욕심을 더 낼 것이다. 진실로 지혜로운 사람은 황금 보기를 돌같이 하느니라."

부처님께서 마왕 파순에게 했던 말씀입니다. 인간의 욕심은 용광로와 같아서 절대로 채워지지 않습니다. 부처님께서 사위성 기원정사에 계실 때였습니다. 어느 날 부처님께서 아난존자에게 말씀하셨습니다.

"이 세상에 자기의 욕심에 만족하는 사람은 아주 적고 욕심을 벗어나려고 애쓰는 사람 또한 적으니라. 세상에는 그저 욕심을 채우려다가 목숨을 마치는 사람이 너무나도 많구나."

이윽고 부처님께서는 게송으로 설하셨습니다.

"하늘에서 보물의 비가 쏟아져도
욕심 많은 사람은 만족할 줄 모르는구나.
욕심은 괴로움만 줄 뿐 즐거울 줄 모르나니
슬기로운 이는 욕심의 해를 알아야 하리.
황금이 태산같이 쌓였다한들
욕심 많은 사람 무엇 하나 만족할까?
즐거운 이는 마땅히 알아야 할지니
하늘의 욕락을 얻을지라도 그것에 즐거워하지 않고
애욕을 끊어 집착을 버리면 비로소 등정각의 제자이니라."

지나친 욕망을 끊는 유일한 길은 다른 사람과 비교하는 생각을 버리고 분별심을 여의는 것입니다. 그럴 때 우리는 참불자가 되고 행복한 삶도 영위할 수 있습니다.

부처님께서 사위성 기원정사에 계실 때 코살라국 파사익왕이 찾아왔습니다. 부처님께서 파사익왕에게 설하셨습니다.

> "이 세상에는 지위가 높고 재물이 많으면서 탐착하지
> 않고 게으르지 않으며 삿된 짓을 하지 않는 사람은 적고,
> 삿되고 나쁜짓을 하는 사람은 많소. 그런 사람은 현명한
> 사람이 아니라 어리석은 사람인지라 장차 이익 없는 괴
> 로움을 당하게 될 것이요. 그것은 마치 사냥꾼이 그물을
> 치고 덫을 놓으면 잡는 것은 많지만 악업 또한 많아져서
> 뒷날 괴로움을 당하는 것과 같으니라.
>
> 많은 재물에 탐욕심을 내고 탐욕심 때문에 더욱 미혹해져
> 정신없이 날뛰면서 자신을 알지 못하나니
> 그것은 마치 사냥꾼이 살생을 하면서도
> 살생의 업이 쌓이는 줄을 모르는 것과 같구나."

불교는 진정한 행복의 길로 안내하는 가르침입니다. 행복과

불행이라는 두 갈래의 길을 결정하는 것은 다름 아닌 자신의 마음입니다. 불행한 사람일수록 남의 탓을 합니다. 하지만 행복도, 불행도 마음의 작용이 만든 결과입니다.

소극적이고 내성적인 성격을 지닌 청년이 있었습니다. 이 청년은 입사시험에는 우수한 성적으로 합격했음에도 불구하고 매사에 자신감이 부족했던 터라 직장에서 쫓겨나야 했습니다. 이런 일이 반복되자 청년의 어머니는 청년을 데리고 사찰의 스님에게 찾아왔습니다. 스님이 청년에게 이렇게 조언했습니다.

"지금부터 다시 취업할 때까지 '참회진언'과 '소원성취진언'을 틈나는 대로 열심히 외워라. 그리고 취업해서 직장에 가면 보는 사람마다 '감사합니다'라는 말과 함께 공손하게 인사해라. 만나는 사람마다 부처님을 본 것처럼 대하라."

스님의 지시대로 따랐더니 청년은 머지않아 취직이 되었습니다. 새 직장에 가서도 스님의 지시대로 지위고하와 남녀를 구분하지 않고 만나는 사람마다 공손하게 인사를 했습니다. 오래지 않아 청년은 소극적이고 내성적인 성격에서 적극적이고 외향적인 성격으로 바뀌게 되었습니다. 점차 직장 상사와 동료들이 이 청년의 업무능력을 높이 평가하게 되었습니다. 나중에는 직장의 요직을 맡게 되었습니다.

이 청년의 일화에서 알 수 있듯 굳은 의지가 있다면 천성적으로 타고난 성격도 바꿀 수 있습니다. 신심信心으로 업業도 달라지는 것입니다.

불심이 깊은 왕이 도인이 계신다는 깊은 산골의 절을 찾았습니다. 절을 돌아보던 왕은 대웅전 법당 안에서 새가 재잘거리며 놀고 있는 것을 보며 말했습니다.

"절의 관리가 잘 안되고 있군요. 부처님 계신 법당에 참새 떼가 드나들고 불상에 참새 똥까지 얼룩져 있습니다."

"참새들이 자유롭기 때문이지요."

"왜 내쫓지 않습니까?"

"부처님께서는 지금껏 아무런 말씀도 없어서요. 그런데 중생인 제가 함부로 할 수 없지 않습니까?"

기가 막힌 왕이 스님에게 물었습니다.

"참새도 불성이 있습니까?"

"물론 있지요."

"그렇다면 어찌하여 존엄한 불상의 머리 위에다 똥을 싸는 것입니까?"

"참새에게는 그곳이 가장 자유스럽고 편안한 공간이기 때문이지요."

스님의 지혜로운 말씀으로 인해 더러운 부처님에서 자유로운 부처님으로 바뀌었고, 미물의 참새에서 불성佛性을 지닌 참

새로 바뀌었습니다. 이처럼 자신의 마음에 따라서 세상은 달라지는 것입니다. 재물에 대한 시각도 다르지 않습니다.

부처님께서는 재산을 불리는 법에 대해서도 설하셨습니다.
"재물을 쓰되 사치하지 말고 마땅히 줄 사람을 가리어 주라. 재물을 쌓기를 적은 데서 시작하라. 마치 여러 꽃에서 꿀을 모으는 벌처럼 하라. 재물은 날마다 점점 불어나 결코 줄거나 소모되지 않으리라."
다시 말해 일확천금을 노리지 말고, 성실히 일해서 번 뒤 아껴서 모으고, 재물을 쓸 때는 아껴 쓰라는 말씀입니다.

부처님은 재가자의 올바른 경제활동에 대해서도 설하셨습니다.
"첫째, 음식에 만족할 줄 알고, 둘째, 일을 하되 게으르지 말고, 셋째, 미리 모으고 쌓아 궁핍할 때를 준비하고, 넷째, 밭을 갈고 농사를 짓고 장사를 하고 목장을 만들어 짐승을 먹이고, 다섯째, 탑을 세우고 적당하게 나누어주며, 여섯째, 절의 방사를 지어라.
재가자는 이 여섯 가지 일[業]을 부지런히 힘써 잘 닦아 그 때를 놓치지 말라. 이와 같이 행을 닦아나가면 집안 살림이 줄어들 일이 없고 재물은 날로 점점 불어나, 바다로 온갖 강물 흘러들 듯 하리라."

재산을 모은 방법도 중요하지만 재산을 쓰는 방법도 중요합니다. 부처님께서는 "많은 재물을 얻으면 자신도 쓰면서 즐기고, 부모를 봉양하고 처자와 친척과 권속들 돌보며 종들을 가엾게 여겨 도와주고, 여러 벗들에게 보시하며 때때로 사문 바라문에게 공양하며 훌륭한 복전福田의 종자를 심으면, 훌륭한 곳으로 향하게 되며 미래에는 틀림없이 천상에 태어날 것이다. 많은 재물을 얻어 널리 베풂으로써 몇 배나 큰 이익을 거두는 것"이라고 설하셨습니다.

　실제로 재물은 모으기도 어렵지만 올바르게 쓰는 것은 더 어렵습니다. 보시하고 베푸는 것도 경계에 맞게 해야 합니다.

　한 납자가 청원靑原 행사行思 선사에게 찾아와 물었습니다.
　"어떤 것이 불법佛法의 대의大義입니까?"
　"여릉의 쌀값은 어떠한가?"
　여릉은 청원 선사가 주석했던 곳과 가까운 데 위치한 곡창지대입니다. 선사들은 깨달음을 먼 데서 찾지 않았습니다. 밥 먹고[盧陵米價], 차 마시고[喫茶去] 뒤보는[幹屎厥] 일상사에서 깨달음을 찾았습니다. 쌀값에서 불법의 대의를 찾은 것은 청원 선사만이 아닙니다. 영운靈雲 화상도 절강성의 쌀값을 물었고, 앙산仰山 화상도 유주의 쌀값을 물었습니다. 장사長沙 화상은 "쌀값이 싸고 나무가 많으니 풍족하다"고 설했고, 조주趙州 선사는 "소금은 비싸고 쌀은 싸다"고 설했습니다.

설봉 의존雪峰義存 선사가 "밥 광주리 곁에 앉아서도 굶어죽은 사람들이 많고, 물가에 앉아서도 목말라 죽은 사람들이 많다"고 말하자, 현사 사비玄沙師備 선사는 "밥 광주리 속에 앉아서도 굶어죽고, 물속에 빠져서도 목말라 죽는다"고 대꾸했습니다. 이 대화를 듣고서 운문雲門 선사는 "온 몸이 밥이고, 온 몸이 물"이라고 설했습니다.

불자라면 마땅히 "온 몸이 밥이고, 온 몸이 물"임을 알아야 합니다.

6부
간절한 발원으로 이룹시다

어두운 운명을 밝게 하는 기도의 힘

　기도는 어두운 운명을 밝게 바꾸는 길입니다. 이 세상에서 가장 어려운 것은 인생사입니다. 누구나 자신의 의지와 노력만으로 되지 않는 일이 있습니다. 때로는 감당하기 어려운 고난과 역경도 헤쳐 나가야 합니다. 따지고 보면, 인생사 모든 게 제 뜻대로 되는 것은 많지 않습니다. 오래 살고 싶다고 해서 누구나 오래 사는 것은 아닙니다. 부자가 되고 싶다고 해서 누구나 부자가 되는 것은 아닙니다. 자손들을 얻고 키우는 것도 의지대로 되지 않습니다.

　그렇다고 해서 훌훌 털어버리고 초연하게 살 수도 없는 노릇입니다. 인간은 사회적 존재인 까닭에 항상 자신의 삶과 비교할 만한 대상이 있기 마련입니다. 삶을 고품라고 하는 것도 이 때문일 것입니다.

　그러나 곰곰이 생각해보면, 자신에게 닥친 삶의 문제들은 결국 과거 자신이 지은 과보로 말미암아 생긴 것임을 알 수 있습니다. 더러는 현세에 지은 과보도 있고, 더러는 과거의 생에 지은 업보도 있습니다. 따라서 업장이 두터운 사람은 그만큼 더 많은 노력을 해야 합니다. 우선, 8정도와 6바라밀 실천을 통해 선행 공덕을 쌓아야 할 것입니다. 그리고 지극한 정성으로 발원하여 불보살님께 기도하는 것도 매우 중요합니다.

마음이 변하면, 행동이 변하고, 행동이 변하면 운명은 저절로 바뀌게 됩니다. 수행을 통해서 말, 행동, 생각 등 3업三業을 맑게 닦고, 간절한 발원의 기도를 올리면 저절로 업보는 소멸하게 됩니다. 그러면 어둔 운명도 밝은 운명으로 바뀔 수 있습니다.

기도할 때는 간절한 마음을 가져야 합니다. 지극하고도 극진한 마음으로 부처님의 가피를 믿고 하나만을 바라는 마음一念으로 기도를 올려야 합니다. 그래야 소원하는 일들을 성취할 수 있습니다.

『초발심자경문初發心自警文』에는 "심신감응深信感應이 불허不虛하여 영향상종影響相從이니라"라는 구절이 있습니다. "깊은 신심에는 감응이 헛되지 아니하여 마치 그림자와 메아리가 서로 쫓아 일어나는 것과 같은 줄 알아야 하느니라"라는 의미입니다.

기도는 불보살님께서 기도에 감응하여 신묘한 일이 나타나게 하는 것을 뜻합니다. 다른 말로는 가피加被라고도 합니다. 가피는 보살님께서 기도의 응답으로 자비를 베풀어 영험을 내리시는 것을 뜻합니다. 그리고 가호加護는 신장님께서 기도의 응답으로 신통력을 내리어 보호해주는 것을 의미합니다.

지극한 마음으로 기도를 올리면 반드시 3종가피三種加被를 입을 수 있습니다. 현중가피顯證加被는 불보살님이 다른 모습으로 화현하여 가피를 내리는 것을 일컫습니다. 몽중가피夢中加被는 꿈을 통하여 예시를 하고 난 다음 가피를 내리는 것을 일컫습니다. 명훈가피冥薰加被는 평화로운 일상 속에서 절로 바라는 일들이 성취 되는 것을 일컫습니다.

　올바른 기도란 흔들림 없는 마음, 즉, 일념一念으로 불보살님께 지극하고도 극진하게 정성을 다해 올리는 기도입니다. 흔히 '간절히 원하는 것은 이뤄진다'고 합니다. 이는 아마도 간절히 원하면 그것만을 생각하고 그것을 얻기 위해서 혼신의 노력을 다하기 때문일 것입니다. 실제로 간절한 마음으로 기도를 올리다 보면 부처님의 가피와 자신의 소원이 하나로 계합하는 순간을 느낄 수 있습니다. 이러한 감응의 순간에는 자연스럽게 자력신앙과 타력신앙이 합일되기도 합니다.

　가장 올바른 기도는 '제가 이런 일을 하겠습니다'라는 식의 능동형의 기도를 올리는 것이지만, 자기 자신에게 의지해 살아갈 수 없는 상황이라면 '보살님, 제가 이런 일을 할 수 있도록 도와주십시오'라는 식의 수동형의 기도를 올려도 좋습니다. 불교는 자력신앙인 동시에 타력신앙입니다. 기도는 마음으로 소원하는 바가 이루어지기를 불보살佛菩薩님이나 신장神將님께 기원하는 의식입니다.

기도에는 중요한 차례가 있습니다.

첫째, 기도를 올릴 때 먼저 선행해야 할 것은 참회懺悔입니다. 참회란 몸[身], 입[口], 마음[意] 등 3업三業을 통하여 지은 죄업을 참회하는 의식을 일컫습니다. 모든 기도에『천수경』을 먼저 독송 하는 것도 참회의 내용이 담겨있기 때문입니다.

『대집경大集經』에 말씀하시기를 "백년이나 지난 때가 묻은 옷이라도 하루의 빨래로 깨끗해지는 것과 같이 백 천 겁 동안에 모인 온갖 악행이라 할지라도 지성으로 참회하면 불법의 힘으로 일일일시에 남김없이 소멸되나니 비유하자면, 모든 죄악은 서리와 이슬과 같아서 태양이 떠오르면 녹아 없어지는 것과 같으니라"라는 구절이 있습니다.

이처럼 바른 참회란 지난날을 되돌아보고 잘못된 짓[惡行]이 있다는 것을 알아차리면, 그 순간 바로 마음부터 바로잡고 언행과 행동을 고쳐 가는 것입니다. 따라서 참회는 과거의 잘못을 뉘우치는 것만이 아니고 동시에 새로운 출발을 의미하는 것입니다. 이는 정신의 혁신이라고 할 수 있습니다. 그러므로 참회는 새로워지겠다는 선언입니다. 참회는 마음을 깨끗이 해주는 신행방법입니다. 참회야말로 깨달음으로 가는 지름길인 것입니다. 참회는 괴로움을 즐거움으로, 실패를 성공으로, 불행을 행운으로 이끌어줍니다.

둘째, 정근精勤입니다. 정근은 불보살님의 명호를 부르는 것을 말합니다. 보편적으로 소원을 빌 때는 석가모니불과 관세음보살을, 지혜를 구할 때는 문수보살을, 병의 쾌유를 빌 때는 약사여래불을, 망인의 극락왕생을 발원할 때는 지장보살과 아미타불을 염송합니다.

셋째, 발원發願입니다. 발원이란 원구願求하는 마음을 내는 것을 일컫습니다. 발원은 소원하는 바를 부처님께 고하는 것이므로 기도의식에서 가장 중요한 대목이라고 할 수 있습니다.

넷째, 회향回向입니다. 불교에서 회향은 더불어 살고자 하는 실천의 원력입니다. '사해일가四海一家 인류동근人類同根'이라는 말에서 알 수 있듯 불법佛法 아래서는 너와 나는 둘이 아닙니다. 그렇기 때문에 모든 공덕을 나만이 갖는 것이 아니라, 모두에게 골고루 나누어야 합니다. 참다운 회향은 불보살님의 자비가 일체 중생에게 회향하여 너와 내가 함께 성불하기를 바라는 것입니다. 기도를 마치고자 할 때 많이 사용하는 회향게回向偈에는 대체적으로 다음과 같이 원을 발하게 됩니다.

원멸願滅 사생육도四生六道 법계유정法界有情 다겁생래多劫生來 죄업장罪業障 아금참회我今懺悔 계수례稽首禮 원제죄장願諸罪障 실소제悉消除 세세상행世世常行 보살도菩薩道 원이차願以此 공덕功德 보급어일체普及於一切 아등여중생我等與衆生 당생극낙국當生極樂國 동견무량수同見無量壽

개공성불도皆共成佛道

원하오니 사생육도 법계의 모든 중생들이 여러 생을 통하여 지어온 모든 업장을 제가 이제 머리 조아려 참회하오니, 모든 죄업이 다 소멸하여 세세생생에 보살도를 행하여지이다.

엎드려 바라옵나니, 이와 같은 인연공덕이 널리 일체중생에게 보급되어, 나와 모든 중생들이 마땅히 극락국토에 태어나 무량수 부처님을 친견하옵고 다 함께 불도를 이루어지이다.

『법화경』「화성유품化城喩品」에서 부처님께서는 이렇게 설하셨습니다.

원이차공덕願以此功德 보급어일체普及於一切
아등여중생我等與衆生 개공성불도皆共成佛道

원컨대 이 공덕이 일체중생에게 널리 미쳐서
나와 모든 중생들이 모두 함께 불도를 이루어지이다.

부처님의 이 말씀이 바른 기도가 무엇인지를 제대로 보여주고 있습니다. 그러니 불자라면 마땅히 모든 사람의 행복을 위해 기도해야 합니다. 부처님의 가르침에 알맞은 생활을 해야 소원을 성취할 수 있고 행복해질 수 있습니다.

부처님의 가피는 성실한 마음을 천지를 감동시키는 발원에서 나온다는 사실을 명심해야 합니다. 부처님이 중생에게 바라는 것은 오직 부처님의 가르침을 믿고 받들어 실천하는 것 말고는 없습니다.

모든 사람의 행복을 바라는 기도

40권으로 번역된 『화엄경』에는 아래와 같이 쓰여 있습니다.

> 그때에 바라문이 다시 선재동자에게 말하기를 "우리 왕은 원만하여 위와 같이 가지가지의 법식으로 위의를 청정하게 하고 먼저 도량에 들어가서 부처님께 예배하고 공경하며 복을 비는 축원을 올리되, 모든 사람(중생 일체)들이 행복하게 하여 주소서" 하였느니라.

열심히 기도하고 정진하지만 자신이 바라는 것을 성취하지 못하는 불자도 있을 것입니다. 이런 박복薄福한 불자일수록 위 『화엄경』구절을 마음에 새겨야 합니다. 이 『화엄경』 말씀은 선재동자가 53명의 선지식을 찾아다니며 법문을 듣는 과정에 등장합니다. 구체적으로는 선재동자가 다지多智 바라문이라는 선지식을 찾아갔을 때 들은 법문 내용 중 일부인 것입니다.

다지 바라문이 말한 나라의 왕이야말로 훌륭한 불자라고 할 수 있습니다. 자신이 부처님의 가르침에 의지하여 생활한 것은 물론이고, 부처님의 가르침대로 나라를 다스려 태평성대를 이루었습니다. 그러니 이 왕은 백성들에게 칭송을 들을 수밖에 없었습니다. 이 왕은 평소에도 원만한 마음을 가지고 몸가짐도 청정하게 하였습니다. 무엇보다도 중요한 것은 이 왕은 모든 일을 시작하기 전에 부처님께 기도를 올렸는데, 그 기도 내용이 모든 사람의 행복을 비는 것이었다는 사실입니다.

대부분의 불자들은 자신을 위해 기도하거나 자신의 집안을 위해 기도합니다. 그런데 아무리 부처님께 기도를 잘 올리는 불자라고 해도 부처님의 가르침에 따르지 않는다면 부처님은 그 기도를 들어줄 수 없을 것입니다.

불자라면 마땅히 기도하기 전에 자신의 마음을 잘 살펴봐야 합니다. 자신의 발원이 원만하고 성실하고 겸허하고 정성이 깃들어 있는지 자문해봐야 합니다. 발원에 아무런 문제가 없고 지극한 마음으로 기도를 올리면 소원하는 바는 반드시 성취될 것입니다.

부처님의 도움을 받고 싶다면 먼저 부처님이 감동하고 기뻐할 마음을 갖고 행동하십시오. 그 방법은 어려운 게 아닙니다. 앞서 소개한 모든 사람의 행복을 바라는 기도를 올리는 왕처럼 자비심을 지니고 행동하면 됩니다.

불자들의 소원 성취는 자기 개인의 욕망만 채우는 데 목적을 둬서는 안 됩니다. 부처님의 가르침에 합당한 생활을 실천해 나가는 것이 원력을 성취하는 지름길입니다. 그래서 불자라면 부처님께 기도할 때 부처님의 가르침에 합당한 생활을 하겠다고 발원해야 합니다. 그래야 부처님이 감동하시고 감응하여 소원을 들어주시는 것입니다. 부처님의 원력 내지는 가피는 하늘에도 없고 땅에도 없으며 심지어 전각에 모셔져 있는 불상에도 없습니다. 부처님의 원력 내지는 가피는 간절하게 일념으로 기도드리는 불자들의 마음속에 있는 것입니다. 기도하는 사람의 마음이 실로 신실信實하면 천지도 감동하여서 불가사의한 부처님의 감응이 이뤄지는 것입니다.

『반니원경般尼洹經』에는 "여래는 그대를 도와 기뻐하노라. 인간과 하늘땅의 모두를 위하여 공양하며, 백성들을 이끌어서 부처님과 수행하는 스님들에게 공양하고 정법을 찬양하며, 지혜롭게 생활하는 가르침을 받아가지며, 경전과 계율을 받들고 행할지어다. 모든 사람들에게 이것을 축원하노라. 공경해야 할 때에 공경하고, 섬겨야 할 때에 섬길 줄 알 것이며, 널리 베풀고 사랑하며 자비심이 있으면 언제나 복덕과 이익을 얻을 것이며, 올바른 도를 보게 되리라"라고 쓰여 있습니다.

이 말씀은 부처님이 열반을 앞두시고 대중에게 가르침을 전하시던 중 우사 라는 대신이 올린 공양을 받으시고 그 자리에 모인 사람들에게 하신 말씀입니다.

불자들은 대부분 절에 가면 부처님 앞에 초와 향과 공양물을 올리고 자신의 소원 성취를 발원합니다. 그런데 기도를 올리면서 자신과 가족의 행복만을 축원하지 다른 사람의 행복을 축원하지는 않습니다. 이는 많은 불자가 불자를 자처하면서도 부처님의 가르침을 따르지 부처님처럼 되겠다고 서원하지 않고 있음을 반증하는 것입니다.

불교의 궁극적인 목적은 성불成佛, 즉, 부처님이 되자는 것입니다. 여기서 중요한 것은 자신만의 성불을 바라는 게 아니라, 모든 사람의 성불을 바라야 한다는 것입니다. 하지만 많은 불자가 성불에는 관심이 없습니다. 불자들이 왜 성불의 원력을 세우지 않는 것일까요? 저는 두 가지 이유가 있다고 생각합니다.

첫째, 내가 어떻게 부처님이 될 수 있나 하는 의구심을 갖기 때문입니다. 둘째, 지금의 안위에 만족한 나머지, 부처님이 되면 생활에 여러 제약을 받게 될 것이라는 우려 때문입니다. 하지만 이는 그릇된 생각입니다. 『대반열반경大般涅槃經』에 이르길, "일체중생一切衆生 실유불성悉有佛性"이라고 했습니다. 모든 중생이 다 불성을 지니고 있다는 의미입니다. 우리는 불성의 씨앗을 지니고 태어났습니다. 우리의 본향이 바로 부처님인 것입니다. 자신이 부처라는 사실을 깨닫게 되면 스스로 부처가 되는 것입니다.

부처가 된다고 해서 현실 생활을 등지는 것도 아닙니다. 소승불교에서는 부처님, 아라한, 스님, 중생의 구분이 있다고 여기지만, 대승불교에서는 부처가 중생이고 중생이 부처입니다.

바른 생각을 갖고 바른 행동을 한다면 사회생활을 하면서도 얼마든지 부처님이 될 수 있는 것입니다. 생활 속에서 깨달음을 구현하는 것이 보살불교, 대승불교, 생활불교의 최고 덕목입니다. 그러니 재가자들도 생활 속에서 부처님의 가르침을 실천해야 합니다.

부처님의 축원 소리

　우리가 부처님께 원하는 것이 있듯이 부처님도 우리들에게 원하는 것이 있습니다. 많은 불자가 부처님께 소원을 빌기만 하지 부처님의 가르침을 실천하려고 하지 않습니다.

　불자들이 부처님께 축원하면 부처님도 불자들을 위해 축원 해주십니다. 부처님께서 축원하시는 말씀을 들어보셨습니까? 부처님의 축원을 듣지 못했다면 부처님과의 벽이 있는 것입니다. 여기서 벽은 실제로 설치된 벽이 아니라 마음의 벽을 일컫습니다.

　부처님의 가르침대로, 중생이 부처이고 부처가 중생이라면 자신의 모든 행동과 마음됨됨이를 부처님께서 다 아실 것입니다. 그럴 때 자신도 부처님의 참모습과 참 가르침을 바로 알게 될 것입니다.

　부처님 가르침대로 겸손하게 자신을 드러내지 않고, 언어와 행동을 반듯하게 하고, 상대에게 인색하지 않고 자비로운 불자의 기도는 부처님이 외면할 수 없습니다. 기도에 앞서 신행이 우선되어야 하며, 그럴 때 기도가 성취되는 것입니다. 그러니 자신이나 가족만이 아니라 국가, 나아가서는 온 인류의 안락을 위해 기도하고 축원합시다.

부처님께 기도를 올리려면, 첫째, 몸의 자세를 올바르게 하고 전후좌우로 기울거나 흔들지 말고 단정하게 앉아야 합니다. 이는 신업身業을 맑게 하는 것입니다.

둘째, 머리를 상하좌우로 흔들거나 기울이지 않습니다. 이는 두업頭業을 맑게 하는 것입니다.

셋째, 손으로 장난하지 않습니다. 이는 수업手業을 맑게 하는 것입니다.

넷째, 다리와 발을 함부로 뻗거나 세우지 않고 바르게 가부좌합니다. 이는 족업足業을 맑게 하는 것입니다.

다섯째, 눈으로 삿된 것을 보지 않습니다. 이는 안업眼業을 맑게 하는 것입니다.

여섯째, 귀로 잡된 소리를 듣지 않습니다. 이는 이업耳業을 맑게 하는 것입니다.

일곱째, 입으로 많은 말을 하지 않습니다. 특히, 욕설, 거짓말, 이간질, 농담, 쓸데없는 말을 삼가야 합니다. 이는 구업口業을 맑게 하는 것입니다.

여덟째, 마음을 산란하게 하는 망상을 일으키지 않습니다. 이는 의업意業을 맑게 하는 것입니다.

이 여덟 가지를 지켜서 간절한 마음으로 기도하거나 염송하면 불보살님들은 그 기도와 염송에 화답해주십니다.

아음자반관我音自返觀　무형역무상無形亦無相
관아역무형觀我亦無形　관음우관성觀音又觀聲

정근하는 음성을 관조해보니, 아무 형체도 모양도 없다.
나 또한 형상이 없으되, 소리를 관조하고 살펴본다.

서원의 공덕

　세밑이면 한 해 동안 어떻게 살았는지 되돌아보게 됩니다. 저는 한 해를 마감할 때마다 부처님의 가피와 신도들의 원력에 머리 조아려 감사드립니다. 그리고 신도들의 가정에 어려운 일이 없었는지 걱정도 하게 됩니다.

　새해가 되면 누구나 보다 향상된 생활을 바라게 됩니다. 희망을 갖고 산다는 것은 바람직한 일입니다. 이상을 실현하기 위해 우리는 원을 세웁니다. 원願은 빨리어로 praṇidhāya입니다. 그 의미는 원하는 것이 이루어지기를 바라는 마음입니다. 불자라면 원에 그칠 게 아니라, 한걸음 더 나아가 발원發願(praṇidhām)을 해야 합니다.

　부처님 재세 당시의 불자들의 소망은 무엇이었을까요? 여러 초기경전을 보면, 부처님 재세 당시 불자들의 소망은 세간의 일상적인 내용으로부터 불자들의 궁극적인 목적인 열반의 성취에 이르기까지 다양했습니다.

　혹자或者는 육념六念의 성취를 빌고 혹자는 병의 완치를 빌고, 혹자는 부자가 되는 것을 빌고, 혹자는 국왕이 되는 것을 빌고, 혹자는 천상에 태어나는 것을 빌었습니다. 당시에도 반듯한 불자들은 올바른 수행의 성취를 빌었습니다.

부처님께서는 팔관재법八關齋法을 실천하라고 설하셨습니다. 팔관재법이란 무엇일까요?
  첫째, 생명을 죽이지 않는 것이고,
  둘째, 남이 주지 않는 것을 가지지 않는 것이고,
  셋째, 음탕한 짓을 하지 않는 것이고,
  넷째, 거짓말을 하지 않는 것이고,
  다섯째, 술을 과하게 마시지 않는 것[過飮]이고,
  여섯째, 때를 지나 아무 때나 먹지 않는 것[過食]이고,
  일곱째, 건방지게 높은 자리에 앉지 않는 것이고,
  여덟째, 지나친 풍류와 사치하지 않는 것입니다.

『증일아함경增一阿含經』에는 부처님께서 팔관재법에 대해 설하신 대목이 잘 명시돼 있습니다.
  부처님께서 사위국 기수급고독원에 계실 때의 일이다. 부처님께서 모든 비구들에게 말씀하셨다.
  "내가 이제 성현의 팔관재법八關齋法에 대해 설명하리니, 너희들은 잘 사유하고 기억해 기쁘게 받들어 행하라."
  우파리優波離 존자가 부처님께 아뢰었다.
  "팔관재법은 어떻게 수행합니까?"

부처님께서 말씀하셨다.

"우파리야, 선남자나 선여인이라면 8일, 14일, 15일에 사문 혹은 장로 비구에게 찾아가 제 이름을 일컫고, 아침부터 저녁까지 나한처럼 마음을 가져 흔들리지 않으며, 중생들에게 칼이나 몽둥이를 쓰지 않고 일체를 두루 사랑해야 한다. '저는 이제 재법齋法을 받들어 조금도 범하지 않겠습니다.' 만일 지혜로운 자라면 이렇게 말하겠지만 지혜가 없는 자라면 그들에게 이렇게 가르쳐주어야 한다. 비구는 그 하나하나를 지목해주어 차례에서 빠뜨리거나 건너뛰는 일이 없도록 해야 한다. 그리고는 그들로 하여금 서원을 세우게 해야 하느니라."

우파리 존자가 부처님께 아뢰었다.

"어떻게 서원을 세워야 합니까?"

부처님께서 말씀하셨다.

"발원할 때 이렇게 해야 한다. 제가 이제 이 팔관재법으로 말미암아 지옥·아귀·축생에 떨어지지 않고, 또 여덟 가지 어려운 곳에 떨어지지도 않으며, 변두리에 태어나지도 않고, 흉한 곳에 떨어지지도 않으며, 나쁜 벗과 사귀지 않고, 올곧은 부모를 만나며, 삿된 소견을 익히지 않고, 중심국에 태어나며, 좋은 법을 듣고 그것을 분별하고 사유하여 법과 법을 성취하게 하여지이다. 이 재법의 공덕으로 모든 중생의 선법을 거두어 가지고, 이 공덕을 그들에게 베풀어 위없는 바르고 참된 도를 성취하게 하여지이다. 이 서원의 복으로 3승을 성취하고 중간에 물러서지 않게 하여지이다. 다시 이 팔관재법으로 부처님의 도, 벽지불의 도, 아라한의 도를 배우고, 모든 세계에서 바른 법을 배우는 이들도 이 업을 익히게 하여, 장래 미륵부처님께서 세상에 출현하실 때, 그 여래 · 지진 · 등정각의 법회를 만나 곧바로 제도되게 하여지이다."

우파리가 부처님께 아뢰었다.

"선남자나 선여인이 팔관재를 지키더라도 서원을 세우지 않으면 왜 큰 공덕을 얻지 못합니까?"

부처님께서 말씀하셨다.

"모든 수행자들이 서원을 세우지 않았다면 끝내 불도를 이루지 못했을 것이다. 서원의 복은 헤아릴 수 없으니 감로와 같은 열반의 경지에 이르게 하느니라. 우바리야 이와 같이 공부해야 하느니라."

부처님의 말씀에서 알 수 있듯 팔관재를 수행하는 것보다 더 확실한 것은 서원을 하는 것입니다.

총원總願과 별원別願

발심發心의 목적이 성불, 즉, 깨달음을 완성하는 것이라면, 서원誓願의 목적은 성불의 실현을 구체적으로 표현하는 것입니다. 대승불교 불자의 올바른 신행을 간략하게 말씀드리자면, 먼저 거룩한 삼보께 귀의하고, 사홍서원을 하는 것입니다. 그리고 사섭법, 육바라밀 등을 실천해 모든 공덕을 일체 중생들에게 회향하는 것입니다. '나와 너'라는 차별이 없이 모두의 원력이 원만하게 성취되기를 간절한 마음으로 불보살님께 발원하는 게 중요합니다.

총원은 모든 불보살님이 다함께 원력을 세워 발원하는 것이고, 별원은 불보살님께서 각 경전에 나오는 대로 과거 인행忍行시의 원력을 시현하신 것입니다.

총원總願인 여래십대발원은 아래와 같습니다.

> 원아영리삼악도願我永離三惡道
> 저는 영원히 삼악도를 여의겠습니다.
> 원아속단탐진치願我速斷貪瞋癡
> 저는 속히 탐, 진, 치를 끊겠습니다.

원아상문불법승願我常聞佛法僧

저는 항상 불, 법, 승의 말씀을 듣겠습니다.

원아근수계정혜願我勤修戒定慧

저는 계, 정, 혜를 부지런히 닦겠습니다.

원아항수제불학願我恒隨諸佛學

저는 항상 모든 부처님의 가르침을 배우겠습니다.

원아불퇴보리심願我不退菩提心

저는 보리심에서 물러나지 않겠습니다.

원아결정생안양願我決定生安養

저는 결단코 극락세계에 태어나겠습니다.

원아속견아미타願我速見阿彌陀

저는 속히 아미타불을 친견하겠습니다.

원아분신변진찰願我分身遍塵刹

저의 분신이 티끌처럼 많은 세계에 나투겠습니다.

원아광도제중생願我廣度諸衆生

저는 넓어 모든 중생들을 다 제도하겠습니다.

－『석문의범』－

  이와 같이 여래, 즉, 부처님께서는 열 가지의 큰 원을 세우셨습니다. 이러한 소원을 총원이라 합니다. 모든 부처님, 모든 보살님, 모든 스님들이 한결같이 발원하는 원력이기도 합니다.

모든 사람의 한결같은 원력이어서 홍원弘願이라고도 할 수 있습니다. 총원의 요체만을 줄이면 사홍서원四弘誓願이 됩니다.

중생무변서원도衆生無邊誓願度
모든 중생을 다 제도하겠습니다.
번뇌무진서원단煩惱無盡誓願斷
한없는 번뇌를 반드시 다 끊겠습니다.
법문무량서원학法門無量誓願學
한량없는 법문을 반드시 다 배우겠습니다.
불도무상서원성佛道無上誓願成
위없는 불도를 반드시 이루겠습니다.

— 『석문의범』 —

　불자라면 마땅히 사홍서원을 생활의 지표로 삼아야 합니다. 여기서 주목할 것은 하화중생下化衆生이 먼저이고 상구보리上求菩提가 나중이란 사실입니다. 이는 자신를 위하고, 자신의 번뇌를 끊는 것보다 중생을 위하고, 중생을 제도하는 것이 중요한 서원임을 반증하는 것입니다. 보살의 원력은 동체대비심同體大悲心을 지니고 자신의 깨달음보다 중생을 교화하고 제도하는 것을 중요시해야 합니다. 중생이 있기에 보살이 있는 것입니다.

다음으로 별원別願에 대해 설명하고자 합니다. 각기 경전에 나타나는 가르침이 다를 뿐만 아니라, 불보살님, 선지식들이 추구하는 원력이 다릅니다. 『법화경』과 『관음경』에는 관세음보살의 원력이 주를 이루고, 『화엄경』은 보현보살의 십종대원十種大願을 중요시하고 있고, 『지장경』은 일체 중생을 천도하는 원력을 중요시하고 있고, 『약사경』은 약사여래의 12대원으로 중생들의 병을 낫게 하겠다는 원력을 중요시하고 있고, 『원각경』은 열 분의 보살님들이 깨달음에 이르는 과정의 원력이 시현되고 있습니다.

총원과 별원을 가정에 비유하면, 총원은 가족 구성원 모두가 편안하게 살기 위해서 가장이 하는 일이 잘 되길 바라는 것이고, 별원은 가족 구성원의 각기 다른 소원이 이뤄지길 바라는 것입니다.

불자라면 총원을 지님으로써 모든 중생을 구제하고자 하는 원력을 세우고 실천해야 합니다. 이와 별도로 별원을 지님으로써 관세음보살의 원력, 지장보살의 원력, 아미타 부처님의 극락세계에 태어나는 원력 등을 지녀야 합니다. 총원의 원력과 함께 각기 근기에 맞는 별원을 세우고 실천할 때 기도의 힘은 강력해지는 것입니다.

철두철미한 믿음

우생염려愚生念慮　지종무리至終無利
자초도장自招刀杖　보유인장報有印章

어리석은 사람은 온갖 생각 다해도,
끝내 아무런 이익 얻지 못하고
스스로 칼과 몽둥이의 재앙만 부르니,
과보에는 반드시 흔적이 있네.

- 『법구경』 -

　부처님께 기도를 올리는 데 가장 중요한 것은 철두철미한 믿음입니다. 절대로 철저하게 믿고 원력을 세우면 부처님도 그 기도에 감응하십니다. 철두철미한 믿음의 기도는 업식을 소멸하고 새로운 운명을 만들어줍니다.

　『잡아함경雜阿含經』에는 부처님이 큰 강의 건너편에서 지나가는 제자에게 손을 흔들어 오라고 했더니, 제자가 부처님을 보고는 너무 기쁜 나머지 강물을 건너왔다는 내용이 있습니다. 다시 말해 제자는 부처님을 친견한 환희심 때문에 강물 위를 걷듯이 저벅저벅 걸어온 것입니다. 그 곁에서 구경하던 제자들이 놀라서 "저 사람은 신통을 배운 적이 없는 초심의 제자인데 어떻게 강물 위로 건너올 수가 있느냐?"고 부처님께 여쭈었습니다. 부처님은 "저 사람은 티끌만한 의심도 없었기 때문에 강을 건널 수 있는 힘이 생겼다."고 말씀하셨습니다.

부처님은 마음 밖에 계시지 않고 마음 안에 계십니다. 마음 안에 계시는 까닭에 자성부처라고 할 수 있습니다. 우리가 믿어야 하는 부처님이 바로 이 자성부처님입니다. 자성부처님을 믿고 따를 때 주관과 객관, 현실과 이상이 둘이 아니고 하나임을 확연히 깨닫게 되는 것입니다.

기도를 올리는 데 다음으로 중요한 것이 계획을 세워야 한다는 것입니다. 기도를 올리는 기간, 시간, 장소 등을 정하고 실천해야 지속적으로 할 수 있고, 기도를 올리는 순간에도 마음이 고요해지는 것입니다. 그런데 자신의 의지로 예정된 시간과 장소에서 기도를 올릴 수 없다면 사찰의 기도에 동참하는 게 좋습니다. 같은 마음임에도 불구하고 집에 있을 때는 번다하고 어수선하게 느껴지는 반면 사찰에 있을 때는 경건하고 엄숙하게 느껴지기 때문입니다.

앞서 이야기에서 제자가 부처님을 존경하는 마음 하나로 강을 건넜듯이, 지극한 마음으로 원력을 세우고 실천한다면 기도는 반드시 성취될 것입니다.

『대지도론大智度論』에 이르길 "불법佛法의 큰 바다에는 믿음을 능입能入으로 삼고 지혜를 능도能度로 삼는다"고 했습니다.

『종경록宗鏡錄』에는 "불법佛法을 구하는 이가 큰 신심信心이 있다면 훌륭한 보배를 얻을 것이나, 만약 신심이 없다면 아무것도 얻을 바가 없으리라"라고 쓰여 있습니다.

부처님께서 사위성 제타숲에 계셨습니다. '외로운 이를 돕는 장자'가 부처님께 경배하고 여쭈었습니다.

"세존이시여, 누구라도 우리 집에 있으면 깨끗한 믿음을 얻고, 죽을 때는 천상에 가게 되나이다."

부처님께서 말씀하셨습니다.

"좋은 일이다. 그것은 네가 확실한 믿음을 가지고 하는 말 같구나. 누가 네게 그런 말을 일러 주었느냐?"

장자가 사뢰었습니다.

"누구도 그런 말을 일러준 일은 없나이다. 저는 아기를 밴 중생에게 '아기를 위해 부처님께 귀의하라'고 말하고, 아기가 태어났을 때 다시 세 가지 귀의를 가르치고, 지견이 생길 때 쯤 다시 가르치나이다. 하인을 살 때도 부처님께 귀의케 하여 듣지 않으면 사지 않고, 손님을 재우거나 일꾼을 쓸 때에도 이와 같이 하여 세 가지 귀의와 다섯 가지 계율을 준 뒤에야 받아들이나이다. 또한 공양할 때에는 부모와 형제, 안팎 권속과 종들에 이르기까지 모두 그 이름을 일컬어 축원하고 보시하는 까닭에 그 여러 인연으로 그들은 다 천상에 날 것이옵니다."

부처님께서 말씀하셨습니다.

"진실로 착하다 장자여, 너의 굳은 믿음이 그런 말을 하게 하였구나. 너의 이와 같은 믿음은 반드시 그들을 천상에 나게 할 것이다."

그 때 '외로운 이를 돕는 장자'는 부처님께 예배하고 환희하였습니다.

불교의 교의적인 입장에서 보면, 신信과 불신不信은 모두 마음 작용의 일환으로 간주됩니다. 부처님께서 귀의하는 마음은 능동적인 마음가짐인 것입니다. 경건하고 돈독한 마음을 신심信心이라고 일컫는데, 이는 부처님께 돌아가 의지하는 마음인 귀의심과도 동일한 의미입니다.

바르게 믿는다는 것은 무엇일까요? 불자의 정신正信이란 불, 법, 승, 삼보와 인과因果의 이치를 믿는 데 있습니다. 이것이야말로 불도에 입문하는 첫걸음이다. 그렇다면 잘못된 믿음은 무엇일까요?

옛날 어느 시골에 나귀를 구경도 못한 사람들이 살고 있었습니다. 그들은 나귀의 젖을 짜먹으면 매우 맛이 좋고 여러 가지로 사람에게 유익하다고 하는 말을 들었습니다. 어느 날 그들은 수컷나귀를 둘러싸고 서로 젖을 짜 보겠다고 다투어 달려들었습니다. 어떤 사람은 나귀의 귀를 잡아서 비틀어 보았고 더러는 꼬리나 다리도 훑어보았습니다. 그러다가 어느 사람이 나귀의 생식기를 움켜쥐고 "이것이 젖이다"고 소리쳤습니다. 그러자 모두 그 생식기에 달라붙어 젖을 짜려고 했지만 헛수고였습니다. 이처럼 잘못된 견해와 방법으로 잘못된 행위를 계속한다면 나쁜 결과를 얻을 뿐입니다.

옛날에 지식을 뽐내는 사람이 있었습니다. 이 사람은 이웃나라에 가서 아이를 안고 울었습니다. 사람들은 그에게 왜 우는지를 물었습니다.

"이 아이는 앞으로 1주일 안에 죽을 것이오, 그래서 일찍 죽는 것이 너무나 가여워서 울고 있는 것이오."

주위의 사람들이 말했습니다.

"사람의 명이란 알기 어렵소. 1주일 안에 죽지 않을 수도 있는데 왜 미리 우시오?"

"해와 달이 어두워지고 별들이 떨어지는 일이 있을지언정 내 예언이 틀리는 경우는 없을 것이오."

1주일이 되는 날 그는 아이를 죽였습니다. 사람들은 1주일 뒤 아이가 죽었다는 소문을 듣고서 "지혜로운 사람이야. 예언이 들어맞았다"고 말하면서 그에게 모여들었다. 그리고는 가지고 온 재물들을 바치고 옷과 음식도 올렸습니다. 『백유경百喻經』에 나오는 우화입니다.

불교에서는 길을 잃고 헤매는 미迷 자를 잠에서 눈 떠 각성한 오悟자와 대비해서 사용합니다. 사물의 진실을 알지 못해서 잘못된 것에 집착함을 혼미라고 합니다. 미정迷情, 미심迷心, 미계迷界, 미경迷境 등의 용어도 잘못된 사유를 일컫는 말입니다. 마음에서 일어나는 갖가지 욕망인 번뇌를 미혹迷惑이라고 표현하기도 합니다.

흥미로운 것은 미신이란 말과 불교의 5견五見이 의미가 서로 상통한다는 것입니다. 다섯 가지 잘못된 견해는 다음과 같습니다.

첫째, 살가야견薩伽耶見입니다. 유신견有身見 또는 신견身見이라고도 합니다. 나라는 아견我見과 나의 것이라는 아소견我所見이 여기에 해당합니다.

둘째, 변견邊見입니다. 한 쪽으로 치우친 극단적인 것을 고집하는 견해입니다. '나는 사후死後에 상주한다'라는 상견相見과 '나는 사후에 단절한다'는 단견無見 모두 여기에 해당합니다.

셋째, 사견邪見입니다. 인과因果의 도리를 부정하는 견해입니다.

넷째, 견취견見取見입니다. 잘못된 견해에 집착해서 그것이 진실이라고 여기는 것입니다.

다섯째, 계금취견戒禁取見입니다. 바르지 않은 계율이나 금제禁制 등이 열반으로 이끄는 바른 계행이라고 여기고 집착하는 것입니다.

이상 5견 중 사견邪見은 불자라면 반드시 가장 먼저 버려야할 잘못된 견해입니다. 불자라면 마땅히 삼보에 귀의하고 인과의 법칙을 믿어야 하기 때문입니다.

도불원인道不遠人 인원도人遠道
산비이속山非離俗 속리산俗離山

도는 사람을 멀리하지 않는데
사람이 도를 멀리하려 하고
산은 세속을 떠나지 않았는데
세속이 산을 떠나려 하네.

-고운孤雲 최치원崔致遠이 헌강왕 12년(886년)에 속리산 묘덕암에 와서 산의 경치를 구경하고 남긴 시입니다.

진리는 구하고 얻는 것입니다. 그래서 아침에 도를 알고 저녁에 죽으면 여한이 없다고 했습니다. 그러니 방법方法으로 자신을 살피는 것이 우선입니다. 나는 법성法性의 일부분一部分이므로, 내 자신 가운데는 불성佛性이 상존불멸常存不滅하고 있습니다. 이 불성을 밝혀보고 아는 것이 깨달음이며, 참 진리를 아는 것입니다.

　인간은 자신은 살펴보지 않고 남만 보려고 합니다. 자신의 발등은 보지 않고 외경外境, 환경環境, 상대만 보는 것입니다. 상대방의 장단점만 논하고 그러다 보니 신구의身口意로 선업善業보다는 악업惡業을, 보시布施보다는 수혜受惠를, 칭찬보다는 비판을 일삼는 것입니다. 그러나 나를 바로 보게 되면 자연지리自然之理와 재세지법在世之法을 알게 됩니다.

　이 세상에는 진리를 아는 사람이 극히 적을 뿐 아니라, 진리를 알려고 하는 사람도 적고, 나아가서 진리가 아닌 것을 진리로 알고 살아가는 사람들이 적지 않습니다.

　진리를 알고 살아가는 것은 눈뜨고 귀로 듣고 바른 생각으로 살아가는 것과 같습니다. 그러나 진리를 모르고 살아가는 것은 앞을 못 보고 듣지 못하고 바른 판단을 못하는 것과 같습니다.

　알면 길과 낭떠러지를 구별할 수 있습니다. 알면 가도 되는 곳과 가지 말아야 할 곳을 판단할 수 있는 것입니다. 알면 해야 할 일과 하지 말아야 할 일, 가져야 할 것과 가져서는 안 되는 것을 판단할 수 있습니다. 알고 모르는 것에 따라서 삶과 죽음의 경계가 생기는 것입니다.

참 진리는 스스로 깨달음을 통해서 알아가는 것입니다. 참 진리를 깨닫는 가장 기초단위는 인과因果를 알고 사는 것입니다. 이 세상의 모든 현상은 원인이 있게 마련이고, 인의 과정을 통하여 과의 결과가 생기는 것입니다. 그런 까닭에 좋은 원인을 지어야 합니다. 좋은 씨앗을 심고 열심히 가꾸면 좋은 열매를 거둘 수 있습니다. 때가 되면 선과善果든 악과惡果든 심은 대로 가꾼 대로 거두게 됩니다. 자기가 지은 것은 꼭 받게 된다는 진리를 잊어서는 안 됩니다.

관음기도의 공덕

기도는 불자의 기본 신행 활동이라고 할 수 있습니다. 기도하지 않는 불자는 진정한 불자라고 할 수 없습니다. 홀로 조용히 기도를 올리는 것도 좋지만, 만약 어떻게 기도를 올려야할지 모르겠다면 사찰에 가서 관음기도에 동참할 것을 권합니다. 관세음보살觀世音菩薩은 글자 그대로 세상의 모든 소리를 들어서 그 모습을 관찰하시는 보살님입니다. 중생을 제도하기 위해 시방세계에 두루 화현하시는 보살님인 것입니다.

『법화경法華經』「관세음보살보문품」에는 아래와 같은 구절이 있습니다.

"선남자여 만일 백천만억의 한량없는 중생이 수많은 괴로움을 받을 때 이 관세음보살의 이름을 듣고서 일심으로 일컬으면, 관세음보살은 곧 그 음성을 관찰하시고 그들이 괴로움으로부터 벗어나게 하느니라.
관세음보살의 명호를 일심으로 부르면 설사 불 속에 빠져도 능히 그를 태우지 못하며, 사나운 태풍을 만나도 그곳으로부터 벗어나고, 송사를 당하여 죽게 되더라도 죽음을 면하게 되며, 흉악한 나찰과 악귀를 만나더라도 환난으로부터 벗어나고, 삼재와 팔난을 만나 한량없는 괴로움이 몸을 핍박하여도 관세음보살님의 오묘한 신통력은 능히 모든 괴로움에서 구해 주며, 또한 천수천안千手千眼으로 중생을 보살펴어 어려움으로부터 구해주시고 고통을 뽑아주시는 자비스러운 어머님과 같은 관세음보살님께 의지하고 기도하면 모든 것을 성취 할 것이니라."

또한 "어떤 사람의 몸이 수갑과 족쇄에 채워져 있을지라도 관세음보살의 이름만 부르면 이 모든 질곡桎梏이 끊어지고 풀어져 곧 벗어나리라. 도둑이 들끓는 거리를 한 상인이 여러 상인을 이끌고 귀중한 보물을 들고서 지나갈 때에도 진심으로 관세음보살의 이름을 부르면 도둑들로부터 무사히 벗어날 수 있다"고 하였습니다.

관세음보살님은 성진聲塵을 여의고 어떠한 음성도 원만히 들을 줄 알기에 자비의 힘을 지니고 있습니다. 여기서 어떠한 음성도 원만히 듣는다는 것은 음성을 멸하고 듣는다는 의미이기도 합니다. 음성을 멸하고 들을 때만이 상대적인 경계를 넘어설 수 있습니다. 그러면 나와 남을 나눠서 반목하고 대립하지 않게 됩니다. 안팎의 경계가 없으니 두루 자비慈悲를 내어서 원적怨賊을 물리치게 되는 것입니다.

　중국 동진東晉 융안隆安 2년(398), 개달開達 스님이 감초를 채취하기 위하여 산에 갔다가 서쪽 오랑캐들에게 잡혔습니다. 그해에는 큰 흉년이 들어서 서쪽의 오랑캐들은 굶어죽는 사람이 많아, 양식이 없어서 사람까지도 잡아먹었습니다. 개달 스님을 잡아간 것도 그들이 양식으로 삼기 위해서였습니다. 오랑캐들은 개달 스님을 우리 속에 가두었는데, 그 우리 속에는 이미 여러 사람이 갇혀 있었습니다. 우리 속에 가두어 두고 끼니때 마다 차례로 잡아먹는 것이었습니다.

　개달 스님은 그들에게 잡히면서부터 곧 「관세음보살보문품」을 마음속으로 외웠습니다. 다음날 저녁에 한 우리 속에 미리 잡혀 있던 사람들이 끌려가서 저녁 식사거리가 되어 버렸습니다. 이튿날 아침, 식사거리로 개달 스님이 잡혀 죽을 차례였습니다. 그는 밤새껏 마음속으로 관세음보살을 염송하였고, 날이 밝았습니다. 개달 스님은 '이제 얼마 있지 않으면 나를 죽이기 위해 끌고 가겠지' 하고 생각했습니다. 그런데 갑자기 어디선가 큰 호랑이가 무섭게 포효하면서 오랑캐들이 모여 사는 한가운데로 뛰어들었습니다. 갑작스러운 호랑이의 출현에 오랑캐들은 혼비백산하여 달아나기에 정신이 없었습니다. 호랑이는 개달 스님이 갇혀 있는 우리 앞으로 와서 나무 말뚝을 앞발로 물어뜯어 구멍을 만들어 놓고는 천천히 지나갔습니다. 호랑이가 우리 쪽으로 다가와서 나무 말뚝을 물어뜯을 때까지만 해도 개달 스님은 호랑이가 자신을 잡아먹을 것이라고 생각했습니다. 하지만 호랑이는 사람 하나만 겨우 빠져 나갈 만한 구멍을 만들어 놓고는 우리 안으로 들어오지 않고 지나쳐갔습니다.

개달 스님은 자신이 겪은 기이한 경험이 바로 관세음보살의 가피임을 깨닫게 되었습니다. 호랑이에게 쫓겨서 도망간 오랑캐들이 돌아오지 않은 틈을 타서 개달 스님은 얼른 호랑이가 뚫어 놓은 구멍으로 빠져 나왔습니다. 그러고 밤낮 없이 도망쳐 무사히 사찰로 돌아올 수가 있었습니다.

이처럼 관세음보살님은 생명이 위급한 처지에 놓인 사람에게도 두려움에서 벗어날 길을 알려주십니다.

"시관세음보살마하살是觀世音菩薩摩訶薩 어포외급난지중於怖畏急難之中 능시무외能施無畏"라는 말이 있습니다. 즉, 관세음보살마하살은 생명이 위급한 두렵고 위험스런 지경에도 능히 두려움 없이 벗어날 길을 베풀어 주신다. 또 "관세음정성觀世音淨聖 어고뇌사액於苦惱死厄 능위작의호能爲作依怙"라는 말이 있습니다. 즉, 고통과 죽음의 액운을 당하였을 때에 마땅히 관세음보살님을 믿어 의지해야 한다.

『법화경』「관세음보살보문품」에는 "어떤 여인이 아들 낳기를 원하여 관세음보살을 예배하고 공경하면 곧 복덕과 지혜가 있는 아들을 낳게 되고, 딸 낳기를 원한다면 곧 단정하고 아름다운 모양을 갖춘 딸을 낳게 되리니, 덕의 근본을 잘 심었으므로 여러 사람의 사랑과 존경을 받으리라"라고 하였습니다.

이처럼 '중생이 관세음보살을 공경하고 예배하면 복이 헛되이 버려지지 않으니 중생이 모두 관세음보살의 이름을 받들어야 하는 것'입니다.

관세음보살의 가피를 입은 역사적 인물을 몇 분 소개하고자 합니다.

신라新羅의 고승高僧 자장 율사慈藏律師는 진골 출신인 무림茂林의 아들입니다. 늦게까지 아들이 없었던 무림은 불교에 귀의하여 아들을 낳으면 시주하여 법해法海의 진량津梁이 되게 할 것을 축원하면서, 천부관음千部觀音을 조성하였습니다. 어머니가 별이 떨어져 품안으로 들어오는 태몽을 꾸고서 석가모니 부처님께서 탄생한 4월 초파일에 자장을 낳았습니다.

천성이 맑고 슬기로워 학문을 깊이 닦아 익혔으며, 어버이를 여읜 뒤부터 세속의 번거로움을 싫어하여 처자를 버리고 홀로 깊은 산으로 들어가 고골관枯骨觀을 닦았습니다. 당시 조정의 재상 자리가 비어 그를 기용하려 하였으나 부름에 응하지 않았으므로, 왕은 취임하지 않으면 곧 목을 베라는 엄한 명을 내렸습니다. 그는 칙명을 듣고, "내 차라리 계戒를 지키고 하루를 살지언정, 계를 깨뜨리고 백년을 살기를 원하지 않는다吾寧一日持戒死 不願百年破戒而生"고 하였습니다. 이 말을 전해들은 왕은 자장율사의 출가를 허락하지 않을 수 없었습니다. 이후 더욱 깊은 산속으로 들어가 수행하였는데, 그때 이상한 새가 과일을 물고 와서 공양하였고, 천인天人이 와서 5계를 주는 꿈을 꾸었습니다.

636년(선덕여왕 5) 승실僧實 등 제자 10여 명과 함께 당나라로 가서, 먼저 문수보살文殊菩薩이 머물러 있다는 청량산淸凉山의 문수보살상에 은밀한 감응을 기도하였습니다. 7일 동안의 기도 후 꿈에 대성大聖이 나타나 사구게四句偈를 주었습니다. 자장율사는 이곳에 머무는 동안 화엄사상의 묘지妙旨를 터득하였던 것입니다.

이후 중국 장안長安으로 갔는데, 당나라 태종은 사신을 보내어 그를 위로하고 승광별원勝光別院에 머무르게 하였으며, 후한 대접을 하였습니다. 어느날 한 장님이 그의 설법을 듣고 참회하자 곧 눈을 뜨게 된 일이 있었습니다. 이러한 소문이 퍼지자 그를 찾아와 계를 구하는 사람이 매일 1천여 명에 이르렀습니다.

선덕여왕은 자장 율사의 귀국을 정식으로 요청했습니다. 귀국길에 본국 신라에 불상과 불경 등이 미비함을 생각하고, 대장경 한질과 번당幡幢, 화개華蓋 등을 골고루 준비해 7년만에 귀국하였습니다. 이처럼 자장율사는 아버지가 천부관음을 조성한 공덕으로 태어났습니다.

신라 말기 최승로도 관세음보살의 가피를 입은 사람입니다. 정보 최은함이 오랫동안 자식이 없어 사찰의 부처님 앞에서 기도했습니다. 아들이 태어난 지 3개월이 채 지나지 않았는데, 백제의 견훤이 서울을 쳐들어와 성안이 온통 혼란에 빠졌습니다.

은함이 아들을 안고 와서 "이웃 나라 군사가 쳐들어와 일이 급하게 되었습니다. 진실로 대성께서 주신 아이라면 부처님의 힘을 빌려 이 아이를 키워주시고, 우리 부자가 다시 만날 수 있게 해 주십시오"라고 빌며 아이를 부처님 앞에 두고 전쟁터로 나갔습니다.

보름쯤 지나 적들이 물러가자 와서 찾아보니, 아이의 피부가 마치 새로 목욕한 듯 몸이 반들반들하며 입 언저리에서는 아직 젖 냄새가 나고 있었습니다. 안고서 돌아와 길렀는데 자라자 남보다 총명하기 그지없었습니다. 이 사람이 바로 최승로이며, 지위가 정광에 이르렀습니다.

옛날 전라남도 유마사維摩寺에 한 젊은 거사가 살았습니다. 그는 5계五戒를 받은 착실한 불제자이지만 남달리 음욕이 강해

서, 여자만 보면 유혹하고 싶은 마음이 생겨나서 수작을 걸다
가 망신을 당하고 매를 맞기 일쑤였습니다. 그래서 관음 기도
를 열심히 해서 음욕을 끊게 해달라고 기원하였습니다.

하루는 늙은이가 예쁜 딸을 데리고 와서 사찰에 묵었는데,
그 딸의 미모가 너무나 빼어나서 청년은 욕정을 참을 수가 없
었습니다. 청년은 사람들의 눈을 피해 처녀에게 자신의 속내
를 털어놨더니 처녀도 청년의 구애를 받아주었습니다.

청년은 처녀와 사랑을 나눌 장소를 찾아보았습니다. 법당 불
단 뒤가 가장 좋을 것 같았습니다. 그런데 법당 불단 뒤는 오
랫동안 청소를 하지 않아서 먼지가 쌓여 있습니다. 처녀가 바
닥이 지저분하다고 하자 청년은 벽에 걸려 있는 관음탱화를 벗
긴 후에 뒤집어 깔았습니다.

처녀가 탱화를 바로 깔라고 하자 청년이 말했습니다.

"관음보살이 빤히 보는 곳에서 어떻게 통정을 할 수 있겠소."

이 말을 들은 처녀는 그때서야 정색을 하고 청년을 꾸짖었습
니다.

"이 놈! 너는 어찌하여 죽은 관음상만 두려워할 줄 알고 산
관음상은 존경할 줄 모르느냐!"

청년은 혼비백산하였고 음욕도 단번에 사라졌습니다.

"대성관세음보살님, 제 죄를 참회하오니 대도를 이루게 하여
주소서."

청년은 진심으로 빌었습니다. 기도를 마치고 보니 처녀는 사라지고 없고, 처녀가 섰던 자리에 연꽃 한 잎이 떨어져 있었습니다. 이 설화는 이 세상의 모든 사람이 관음보살의 화현임을 일깨워줍니다.

이런 일화도 전해지고 있습니다.

신경질을 잘 내는 사내가 있어서 주위로부터 지탄을 받았습니다. 자신의 흠을 아는 이 사내는 고승을 찾아가 "저는 유전적으로 신경질이 많습니다. 이를 고쳐주십시오"라고 말했습니다.

그러자 스님이 "그것 참 못된 병이구려. 내가 지금 고쳐줄 테니, 지금 내 앞에서 신경질을 내보십시오. 그리고 나를 두들겨 패시오"라고 말했습니다.

사내는 난처한 표정을 지은 뒤 말했습니다.

"상대가 약을 올려야 신경질이 나지 약을 올리는 상대가 없으면 신경질이 나지 않습니다."

이 말을 듣고서 스님은 "상대가 없으면 신경질이 나지 않으면 당신에게는 본래 신경질이 없었던 것 아닙니까? 그런데 신경질을 부모부터 물려받은 유전이라고 하니 이 얼마나 큰 불효不孝입니까? 부모는 자손이 잘 되기만을 기원祈願했을 뿐입니다. 그러니 앞으로는 관세음보살을 많이 외우고 생각하십시오. 그러면 절로 신경질이 없어질 것입니다."

이 일화에서 알 수 있듯 관세음보살을 외우고 생각하면 마음은 절로 극락세계로 바뀔 것입니다.

『법화경』에 보장불寶莊佛이 관세음보살에게 "네가 일체중생의 모든 고초를 끊어주고자 하니, 너의 이름을 관세음보살이라고 하라"고 설한 내용이 있습니다.

『관음삼매경觀音三昧經』에는 "관음이 나(석가모니불)보다 먼저 성불하여 정법명왕여래正法明王如來가 되고 나는 고행 제자가 된 일이 있었는데, 이 보살의 대비원력으로 일체 보살을 발기發起하고 모든 중생을 제도하기 위하여 현재의 보살이 되었다"고 하셨습니다.

관세음보살은 과거세에 성불하였으나, 이 사바세계娑婆世界의 모든 중생을 구제하고자 화현보살化現菩薩로서 나투신 것입니다. 그런 까닭에 관세음보살의 이름을 부르고 생각하기만 해도 모든 고통과 고난과 환난에서 벗어날 수 있습니다. 관세음보살은 어려움을 당한 중생이 자신을 간절히 찾는 목소리를 듣고서 즉시 32화신化身으로 화현하십니다. 일체 모든 중생의 고액苦厄을 살피시고 구해주시는 분이 바로 관세음보살입니다.

화엄성중華嚴聖衆 기도의 공덕

불교는 스스로 부처가 되는 데 목적이 있는 까닭에 굳이 분류하자면 무신론적 종교라고 할 수 있습니다. 하지만 불교경전에서도 신의 존재를 부인하지는 않습니다. 많은 경전에서 제석천왕, 사천왕, 용왕 등 신의 존재를 언급하고 있습니다. 굳이 분류하면 불교의 신들은 인간과 마찬가지로 중생의 부류에 속합니다. 같은 중생이지만 신들은 인간과 달리 영묘불측靈妙不測의 힘을 지니고 있습니다. 영묘불측이란 하늘을 날아다니거나 남의 마음을 꿰뚫어보거나 자신의 모습을 드러내지 않는 등 신령스럽고 오묘한 능력을 일컫습니다. 영묘불측의 능력을 지닌 신들의 집합체를 신중神衆 혹은 신장神將이라고 합니다. 무리 중衆자를 쓰는 까닭은 신들이 여럿이기 때문입니다. 신장神將은 '신들의 우두머리' 혹은 '신들의 장수'라는 뜻입니다. 부처님께서 법회를 여는 장소를 화엄회상이라고 하는데, 신중들도 그 곳에 모여서 설법을 듣고, 불법을 옹호하였기 때문에 화엄성중華嚴聖衆이라고 합니다.

그렇다면 신중님은 어떤 분일까요? 신중청의 유치由致에 보면 "호법옹호 성중은 하늘과 이 우주 공간 내지 산하대지에 가득 차 있으면서, 그 위엄과 신령스러움은 측량할 수 없고 신통 변화도 불가사의한데, 중생의 제도를 위해서는 자비스러운(부처님이나 보살님들)의 모습을 나타내고, 부처님의 법을 옹호하기 위해서는 엄숙한 장군의 모습을 나타낸다. 방편을 나투어 교화함에는 자취를 나투지 않음이 없고, 진실을 드러나게 하여 근원으로 돌아가 그윽하게 계합한다. 지혜의 거울에 비춤이 분명하고 교화의 묘용이 자재하여 선을 표상하고 악을 징벌함에 사사롭지 않고, 재앙을 소멸케 하고 복덕을 내려줌이 정직하여 모든 소원을 마치 메아리가 소리를 따르듯 한다"고 기술돼 있습니다.

화엄신중 기도는 대체로 집안에 재앙이 소멸되고 가족이 화목하길 바라는 목적에서 하는 것입니다. 현세의 이익을 위해서 기도하는 것입니다. 그런데 같은 일이라도 일하는 사람의 마음가짐에 따라서 좋은 결과를 가져오기도 하고 나쁜 결과를 가져오기도 하듯이, 기도하는 우리의 마음가짐에 따라서 그 결과가 다를 수 있습니다.

신중기도는 상단예불이 끝난 후 퇴공하여 중단권공 순으로 봉행됩니다. 신중기도에 나오는 삼정례는 화엄사상에 근거한 의식이라고 볼 수 있습니다. 화엄사상의 요체는 이 세상의 모든 존재가 전부 부처님이라는 것입니다. 사람은 말할 것도 없고, 유정물과 무정물까지도 부처님이라고 보는 것입니다. 「화엄경약찬게」에는 "이 우주의 두두물물頭頭物物이 모두 신"이라고 쓰여 있습니다. 해와 달, 바람과 구름, 산과 바다, 마을과 집, 물과 불, 바람과 구름 등 이 세상에 존재하는 모든 것이 신이 아닌 게 없습니다.

따라서 화엄사상에 입각해 보면 만인이 평등함은 물론이고 만물이 평등하다고 할 수 있습니다. 사람만 소중한 것이 아니고, 동물과 식물, 하다못해 이름 없는 풀 한 포기조차도 자연의 구성원이라면 귀하지 않은 존재가 없습니다. 화엄사상에 따르면 그 누구도, 그 어떤 존재도 무시할 수도 없고 무시해서도 안 됩니다. 이 세상의 모든 존재가 다 받들어 섬겨야하는 존재인 것입니다.

부처님께서 깨달음을 이루시고 곧바로 21일 동안 설하신 내용이 『화엄경』입니다. 부처님이 법희선열에 도취한 상황에서 우주의 본래면목을 설하신 것입니다. 그래서 『화엄경』 서두에 "비로소 정각正覺을 이루니 그 땅은 견고하여 모두 다이아몬드로 되었더라"라고 쓰여 있는 것입니다. 하지만 부처님이 교화하신 곳에는 다이아몬드는커녕 모래와 자갈만이 깔려 있습니다. 그러니까 『화엄경』 서두의 말씀은 일종의 비유 언어인 것입니다. 깨달음의 안목에서 세상을 보면 다이아몬드처럼 보인다는 의미인 것입니다. 이 세상의 모든 존재가 다이아몬드 이상으로 값지고 소중한 존재라는 의미인 것입니다.

도량석을 할 때「화엄경약찬게」를 외우면 도량신이 흥겨워서 춤을 춘다고 합니다.

신중님께 올리는 게송에는 이런 구절이 있습니다.

원제천룡팔부중願諸天龍八部衆
위아옹호불리신爲我擁護不離身
어제난처무제난於諸難處無諸難
여시대원능성취如是大願能成就

원컨대 모든 천신과 용과 팔부신중들이
나를 위해서 옹호하시어, 나의 몸을 떠나지 않게 해주
시고.
모든 어려운 곳에서 어려움이 없게 해주십시오.
이와 같은 모든 큰 원이 성취하게 하여지이다.

『화엄경』에는 "네가 곧 부처다"라는 말씀이 있습니다. 세상 모든 존재, 삼라만상이 모두 위대한 부처님이라는 뜻입니다. 만약 화엄사상대로 사회 구성원은 물론이고 자연의 구성원 모두가 서로 부처님을 대하듯 한다면 서방정토가 따로 없을 것입니다.

올바른 재앙 소멸의 방법

불자는 어떠한 경우라도 부처님의 가르침에 따라서 생활해야 합니다. 따라서 아래와 같은 원력을 항상 마음에 새겨야 합니다.

> 일심으로 부처님께 귀의하고
> 다른 것은 무엇이든 귀의하지 않겠습니다.

> 정법에만 일심으로 귀의하고
> 다른 것은 무엇이든 귀의하지 않겠습니다.

> 일심으로 수행자에 귀의하고
> 다른 것은 무엇이든 귀의하지 않겠습니다.

이번에는 불자들이 재앙을 소멸하는 방법에 대해 설명하겠습니다. 3재三災는 화火, 풍風, 수水, 즉, 불과 바람과 물의 재앙을 일컫습니다. 3재는 인간의 능력으로는 어쩔 수 없는 불가항력不可抗力적인 자연재해입니다. 3삼재는 불교가 아닌 도교의 교리에서 비롯된 개념입니다. 도교에 따르면, 인간은 길흉화복과 천재지변을 피할 수 없는데, 5행의 논리로 보면 물결의 파장과 같은 운명에 삶이 좌우된다는 것입니다. 그리고 12년마다 3재의 재앙이 돌아온다는 것입니다. 재앙 등 액운만 주기적으로 돌아오는 것이 아니라, 대운도 주기적으로 돌아옵니다.

3재가 해당되는 때 불운할 수 있으므로 전국의 사찰에서도 새해 입춘에 삼재소멸 발원기도를 올리는 것입니다. 삼재소멸 기도는 한국불교만의 신앙 형태입니다. 선종사찰에서는 삼재소멸 기도를 올리지 않는 게 관행이었는데, 최근에는 선종사찰에서도 삼재소멸 기도를 올리고 있습니다.

조선시대에 전통적으로 내려오는 민속신앙을 사찰에서 받아들였습니다. 이는 민초들의 걱정을 덜어주고 불교에 귀의하게 하려는 방편이라고 할 수 있습니다. 삼재소멸 기도도 민속신앙이 불교문화에 습합되면서 정착된 문화일 것입니다.

사람은 누구나 자신의 욕망대로, 자신의 감정대로 삽니다. 바른 욕망과 감정에 따르는 사람은 사회적으로 성공해 안락한 삶을 사는 반면, 바르지 않은 욕망과 감정에 따르는 사람은 사회적으로 실패해 고통의 삶을 사는 것입니다. 간단히 말해서 콩 심은 데 콩 나고, 팥 심은 데 팥 나는 것과 같은 이치입니다. 다시 말해, 한 사람이 지은 업에 따라서 그 결과도 달라지는 것입니다. 이러한 인과사상에 입각해서 보면 모든 재앙은 자신이 지은 업의 결과입니다. 만약에 현세에 지은 업의 결과가 아니라면 전생에 지은 업의 결과인 것입니다.

사람들이 삼보를 받들고자 올바른 데로 나아가다가도 삿된 생각을 하게 되면 괴이한 일을 하게 되어 재앙이 다가오느니라. 연일 재앙이 생겨나면 죄도 항하恒河의 모래처럼 많아지느니라. 재물을 보전하지 못하게 되어 허망하게 흩어지느니라. 재앙을 만드는 것은 탐내는 마음, 성내는 마음, 어리석은 마음이니, 많은 재물을 지니고 있어도 마음이 인색하여 남에게 베풀지 않으면 손아귀에서 빠져나가는 모래처럼 재물들은 사라질 것이니라. 재앙을 피하고자 하여도 피할 길이 없느니라.

이상은 『관정경灌頂經』의 한 구절입니다. 대범천왕이 부처님 앞에서 설한 일백 게송 중에 있는 하나입니다. 우리 불자들이 불교를 믿고 부처님의 가르침을 받들어서 올바른 생활을 하다가도 문득 눈앞에 보이는 욕망의 유혹에 현혹되어 삿된 생각을 하게 됩니다. 그 순간 마군魔軍이 틈을 타고 찾아오기 때문에 여러 가지 재앙이 끊임없이 생기는 것입니다.

인간의 생활에 재앙이 생기는 원인은 인간이 삿된 생각을 했기 때문입니다.

사람이 삿된 생각을 하면 반드시 악행을 하게 됩니다. 그 악행은 재앙을 불러옵니다. 따라서 삼재에 들어 좋지 않은 일이 많이 생긴다면, 남을 원망하지 말고 자신의 업장業障이 두터움을 탓해야 합니다. 삼재의 재앙을 부른 것은 자신의 삿된 마음과 그릇된 행위입니다. 자신의 마음을 금강석처럼 굳건하게 하여 삿된 생각을 만들지 않고, 일념으로 불보살님께 기도를 올리고 타인에게 자비를 베푸는 생활을 하는 게 불자의 도리입니다. 따라서 우리 불자들은 생활 속에 부지불식간에 생길 수 있는 재앙을 예방하고 극복을 위하여 삼재기도를 하여야 합니다.

불자 여러분은 불보살님과 신중님께 지극한 정성으로 참회하고 기도하십시오. 무엇보다도 바른 생각을 하겠다는 발원을 해야 합니다. 그런 후에야 불보살님과 호법신장님들의 가피를 입어 삼재의 재앙을 예방함과 동시에 불자로서 원력도 세울 수 있는 것입니다.

다음으로 입춘 삼재기도는 어떻게 하는 것이 옳은 지 말씀드리겠습니다. 인과의 법칙에 따르면, 재앙이 생긴다는 것은 몸과 마음으로 지은 죄업罪業의 과보果報를 받는 것이라고 할 수 있습니다. 따라서 재앙을 소멸하고 예방하려면 자신의 심신을 올바르게 하고 복을 받을 행위, 즉, 선업善業을 짓도록 노력해야 합니다. 부처님께서 일러주신 몇 가지 재앙 소멸 방법을 소개해드리겠습니다.

『법화경』「관세음보살보문품」에 이르길 "많은 중생이 몸과 마음에 여러 가지 고통과 어려움을 받게 될 때, 일심으로 관세음보살의 이름을 부르면 관세음보살이 곧 모든 고통과 어려움을 벗어나게 하느니라"라고 했습니다.

　누구든지 부처님의 가르침을 듣고 추호의 의심도 하지 않고 오로지 일념으로 관세음보살의 이름을 부르면 절로 잘못된 마음을 놓아버리고 오직 관세음보살 부르는 마음만이 남게 됩니다. 그러면 재앙도 없어지고 안락국토에 이르게 될 것입니다.

　또한, 『칠성여의륜비밀요경七星如意輪秘密要經』에 이르길 "만약 세상에 삼재가 일어나는 일이 있어서 나라와 백성들이 불안하면 그 가운데서 어떤 사람이라도 나(부처님)의 법을 행하면 여의주와 같은 성스러운 법이 큰 안락함을 주게 되리라"고 했습니다.

　여기서 '3재'는 개인의 재난은 물론 국가적 재난을 일컫습니다. 다시 말해, 천재, 수재, 풍재 등 천재지변은 물론이고 전쟁이 나는 것, 전염병이 퍼지는 것, 흉년으로 인해 굶어죽는 것 등 크나큰 국가적 재난을 부처님의 법으로 모두 해결할 수 있다는 것입니다.

　확고한 믿음, 즉, 일심으로 하는 염불은 한 개인의 재난과 고통은 물론이고, 다른 사람들의 재난과 고통까지도 해결하는 힘이 있습니다. 일념으로 정진하면 불가능한 일은 없습니다.

　제가 수행하고 있는 백련사에서는 삼재소멸 기도를 올릴 때 부처님 전은 물론이고 팔부신중님께도 발원을 합니다. 삼재소멸 기도는 신도 여러분이 다같이 한마음 한 뜻으로 정진할 때

성취될 수 있습니다. 관세음보살을 부르고 신중님께 화엄성중을 다 같이 일념으로 정진할 때 그 기도가 이루어지고 성취되는 것입니다.

선업善業과 서원誓願

이런저런 기도의 공덕에 대해 설명 드렸는데, 기도의 공덕에서 가장 중요한 것은 좋은 인연을 만들겠다는 서원이 있어야 한다는 것입니다.

『잡아함경雜阿含經』에 이르길, "중생衆生은 언제나 경계境界와 함께하고 경계와 화합和合하느니라. 어떻게 중생이 경계와 함께 화합하는가. 이른바 중생이 착하지 않은 마음을 쓸 때에는 좋지 않은 경계와 함께하고, 착한 마음을 가질 때에는 좋은 경계와 함께하며, 훌륭한 마음을 가질 때는 훌륭한 경계와 함께하고, 더러운 마음을 가질 때는 더러운 경계와 함께 하느니라"고 했습니다.

또한 『촉경觸經』에 이르길, "갖가지 경계[界]를 인연하여 갖가지 부딪침[觸]이 생기고, 갖가지 부딪침을 인연하여 갖가지 느낌[受]이 생기며, 갖가지 느낌을 인연하여 갖가지 욕망[愛]이 생기느니라"라고 했습니다.

선한 마음이 선연善緣을 만들고 악한 마음이 악연惡緣을 만드는 것입니다. 그러니 착한 마음을 지니고 좋은 경계와 함께 해야 합니다.

하루는 부처님께서 목련존자에게 묻습니다.

"한 사람이 강을 건너기 전에는 뗏목이 몹시 필요할 것이다. 하지만 그 사람이 강을 건넌 후에는 '이 뗏목 덕분에 강을 건널 수 있었다'라며 뗏목에 대해 고마워할 것이다. 그렇다고 해서 강을 건넌 뒤 뗏목을 가지고 다니면서 쓰라고 하면 가지고 다니면서 쓸 수 있겠느냐?"

"아닙니다. 세존이시여, 그 사람의 소원은 이미 이루어졌는데 그 뗏목을 어디에 쓰겠습니까? 그것은 짐이 되고 방해가 될 뿐입니다."

"그렇다. 선한 법도 버려야 하겠거늘, 하물며 나쁜 법에 집착해야 하겠는가."

"인연이 다하면 결국은 어쩔 수 없는 일입니다."

부처님의 가르침에서 알 수 있듯 아무리 좋은 소원이라고 해도 집착해서는 안 되는 것입니다. 불자는 서원을 세워야 합니다. 마음속의 마장魔障은 끝도 없이 생깁니다. 석가모니 부처님도 깨달음의 과정에서 마음속의 갈등을 겪었습니다. 마왕 파순이 부처님의 마음을 흔들려고 했던 것입니다. 마음속의 마장이 일어나면 회의가 생기고 장애가 생기고 갈등이 생길 수밖에 없습니다. 그러다 보면 공연히 자신도 모르는 사이에 타인에 대한 분노가 생깁니다. 심지어 스님들도 신뢰가 안 되고 비난하게 됩니다. 이는 신심이 깊지 않아서 생기는 일입니다. 그런 까닭에 마음속에 마장이 생길 때마다 서원을 세워야 합니다. 내가하는 기도는 기필코 성취하고야 말겠다는 원력을 세워야 합니다. 원력의 힘이 강하면 강할수록 마장도 더 일어날 수 있습니다. 하지만 큰 원력 앞에는 마장이 무너지게 되어 있습니다. 부처님께서도 두 번째 출가의 각오로 정진한 끝에 대도大道를 이루셨듯이 우리도 마음에 장애가 일어나지 않도록 하기 위해 서원을 세우고 열심히 정진해야 할 것입니다.

재일齋日은 재계齋戒하는 날

재일은 말 그대로 재계하는 날입니다. 몸과 말과 생각을 잘 살피고 계율을 잘 지킴으로써 악업을 짓지 않고 선업을 쌓는 날 내지는 기간인 것입니다. 따라서 불자는 재일에는 재일의 의미를 되새기고 절을 찾아가 참배하고 법문을 듣고 정진해야 합니다. 재일은 오랜 우리나라의 풍습이기도 합니다.

고려의 태조 왕건은 훈요십조訓要十條를 정했는데 10조 중 불교의 가르침이 여섯 가지나 됩니다. 그러다 보니 재일을 지키는 풍습이 전국적으로 널리 퍼지게 되었습니다.

재齋는 산스크리트어 우포사다(Uposadha)에서 유래된 말입니다. 본래 의미는 신身, 구口, 의意 삼업三業을 깨끗이 하여 악업을 짓지 않는다는 것입니다. 그러나 후대에 와서는 다양한 의미를 가지게 되었습니다. 첫째, 베푼다는 의미의 보시, 둘째, 음식을 많은 사람들에게 대접하는 것, 셋째, 부처님께 공양을 올리는 것, 넷째, 불공을 드리는 것, 다섯째, 망자를 천도하는 것의 의미로 쓰이게 된 것입니다. 재를 지내는 것은 불교의 윤리적 실천입니다. 다시 말해, 자리이타自利利他의 공덕을 회향하는 것입니다.

『지장보살본원경地藏菩薩本願經』「여래찬탄품如來讚歎品」에는
재일을 지키는 의미가 잘 나타나 있습니다.

"보광보살이여. 미래세의 중생들은 매달 1일, 8일, 14
일, 15일, 18일, 23일, 24일, 28일, 29일, 30일의 십재일
에 모든 죄의 가볍고 무거움이 결정되느니라. 염부제
중생들의 행동과 생각 하나하나가 업 아님이 없고 죄
아닌 것이 없거늘, 하물며 방자한 마음으로 살생 도둑
질 사음 거짓말 등의 백 천 가지의 죄를 일부러 지어서
야 되겠느냐? 만약 십재일에 부처님과 보살님과 모든
성현의 존상 앞에서 이 경을 한번 읽으면 동서남북 100
유순由旬 내에서는 모든 재앙과 고난이 없어지며 그가
사는 집안의 어른이나 아이가 현재 또는 미래의 백천세
상에서도 악도에서 벗어나게 되느니라. 또한 매달 십재
일에 이 경을 한 편씩 읽으면 현재의 집안에 모든 횡액
과 질병이 사라지고 먹는 것과 입는 것이 풍족하게 되
느니라."

이처럼 십재일에 중생의 죄업이 결정됩니다. 이 경전 말씀에
는 재일에는 특히 악업을 짓지 않아야 한다는 중요한 가르침이
있습니다. 일반적으로 중생의 생활은 열 가지 악업을 짓기 쉽

습니다. 몸과 말과 마음의 세 가지 업으로 죽이고 훔치고 음행하고 거짓말하고 이간질하고 말을 꾸며 속이고 욕설하고 탐욕을 부리고 화를 내며 어리석은 짓을 예사로 하는 경향이 많습니다. 그래서 이러한 악업을 짓지 않는 것이 재의 참뜻입니다.

예전 사람들은 물론이거니와 지금도 기도나 정진 또는 중요한 일을 하기 직전에는 목욕재계를 합니다. 목욕은 몸을 깨끗이 하는 것입니다. 삼업 중 하나인 몸을 깨끗이 하는 것입니다. 그런가 하면 불교용어인 재계는 정신을 깨끗이 하고 계율 상 삼가야 할 일을 하지 아니하고 계율을 지킨다는 의미입니다.

고려 때부터 시행되는 팔관재도 『아함경』의 팔관재계의 줄임 말로 여덟 가지의 재계를 지켜서 막는다는 의식입니다. 재일에 절에 가서 기도를 하며 신앙을 돈독히 하는 것은 계를 지켜 몸과 마음의 부정을 없앤다는 의미를 동시에 갖습니다,

특히 재일을 불보살님과 관련지어 십재일불十齋日佛이라고 부르기도 합니다. 대부분의 사찰에서 초하루 신중기도를 올리고 있습니다. 이는 새 달이 시작된다는 의미에서 기도를 올리는 것입니다. 하지만 십재일로 보면 초하루는 정광여래定光如來 재일입니다. 정광여래는 연등부처님을 말하는데, 산스크리트어로 디팜카라Dipamkara입니다. 과거 구원겁 전에 출현하시어 석가모니 부처님께 수기를 주셨습니다.

8일은 약사재일입니다. 약사여래는 동방 만월세계 계시면서

십이대원十二大願을 발원하여 중생들의 질병을 치료하고 수명을 연장하며 재앙을 소멸하고 의복과 음식을 풍요롭게 해줍니다. 또한 무상보리를 증득하게 하여 주시는 부처님입니다. 14일은 보현재일입니다. 보현보살은 산스크리트어로 사만타바드라Samantabhadra이며, 대승의 행원을 상징하는 보살입니다. 부처님 대행하는 보살로서 가장 수승한 보살입니다.

15일은 미타재일입니다. 극락교주이신 아미타불을 섬기는 재일입니다. 아미타불은 법장비구가 수행을 통해 48대원을 성취하여 정각을 이루신 부처님입니다. 아미타불은 정토왕생 즉 내세 신앙과 생어정찰의 원력을 지닌 부처님이어서 염불정진의 주불입니다.

18일은 지장재일입니다. 지장보살은 산스크리트어로 크시티가르바Kstigarbha이고 중생을 구제하기 위하여 자신의 성불을 포기한 대비의 보살입니다. 23일은 대세지재일입니다. 대세지보살은 산스크리트어로 마하스타마파라타Mahasthamaparata입니다. 아미타불의 우보처입니다. 아미타불에게는 지혜의 문과 자비의 문이 있는데, 관음보살이 자비의 문, 대세지보살이 지혜의 문의 역할을 합니다. 이 보살의 지혜광명이 모든 중생에게 비추어 지옥, 아귀, 축생의 삼악도를 여의고 위없는 힘을 얻게 하므로 대세지라고 합니다.

24일은 관음재일입니다. 관세음보살은 산스크리트어로 아바로키테스바라Avalokitesvara입니다. 관세음보살은 언제나 자비로서 중생들의 괴로움이나 고통으로부터 안락과 행복을 주시며 언제 어느 곳에서나 일념으로 칭명하면 나타나시어 원력으로 구원하시는 보살입니다. 28일은 비로자나재일입니다. 법신불이신 비로자나는 산스크리트어로 바이로차나Vairocana입니다. 끝없는 광명을 일컫는 말입니다. 29일은 약왕보살재일입니다. 약왕보살은 중생의 혹업惑業을 치료해주고 즐거움을 주는 보살인데, 과거 약사유리광 여래소에 계셨습니다. 30일은 석가여래재일입니다. 석가여래는 화신불로 인간의 몸으로 출현하시어 중생들을 교화하셨습니다. 이 재일에는 천왕들이 보내는 시자들이 내려와 각 불보살 명호를 떠올린다고 합니다. 육재일은 십재일 중 8일, 14일, 15일, 23일, 29일, 30일 등 여섯 재일을 일컫습니다. 과거 중국의 일부 지방에서는 관음재일과 지장재일을 바꾸어 지켜왔다고 합니다.

7부
불자의 신행생활에서 배웁시다

- 불자로서 지키기 어려운 스무 가지 일
- 사찰에서의 예의범절
- 불락인과 불매인과의 가르침
- 지조를 지키는 삶
- 상불경보살의 가르침
- 보시의 공덕
- 지혜와 자비는 자전거의 두 바퀴
- 회심하는 삶

불자로서 지키기 어려운 스무 가지 일

『사십이장경四十二章經』 제12장에는 불자로서 사는데 어려운 스무 가지 일이 쓰여 있습니다.

첫째, 가난하고 궁핍해서는 보시하기 어렵습니다.

보시는 남에게 베푸는 것을 일컫습니다. 그러다보니 가난하고 궁핍해서는 보시하기가 어려울 수밖에 없습니다. 자신보다 가난한 사람이 없는 경우에는 보시하기가 더욱 어렵습니다. 없는 사람이 있는 사람에게 보시한다면 존경을 받지 않고 외려 경멸을 받을 것입니다. 가난한 사람이 보시할 것이 없다고 생각하기 때문입니다. 그러나 가난하더라도 보시할 수 있습니다. 법시法施와 무외시無畏施입니다.

법시란 부처님의 말씀을 전하는 것이며, 무외시란 상대를 편안하게 해주는 환한 얼굴과 부드러운 말입니다. 그러므로 가난한 사람도 법시와 무외시를 실천함으로써 보시의 가치를 높일 수 있습니다.

『잡보장경雜寶藏經』에는 무재칠시無財七施, 즉, 재물 없이 보시하는 법이 잘 설명돼 있습니다.

한 사람이 부처님께 찾아와 묻습니다.

"저는 하는 일마다 제대로 되는 일이 없습니다. 그 이유가 무엇입니까?"

부처님이 대답하셨습니다.

"네가 남에게 베풀지 않았기 때문이다."

"저는 가진 것이 없는 빈털터리입니다. 남에게 줄 수 있는 재물이 없습니다. 그런데 무엇을 준다는 말입니까?"

"그렇지 않느니라. 재산이 아무리 없더라도 타인들에게 베풀 수 있는 일곱 가지 보시無財七施가 있느니라. 첫째, 화안시和顔施, 얼굴에 화색을 띠고 정다운 얼굴로 상대를 대하는 것이고, 둘째, 자안시慈眼施, 호의를 담은 눈으로 상대를 보는 것이고, 셋째, 애어시愛語施, 사랑이 깃든 부드러운 말로 상대를 위로하고 격려하는 것이고, 넷째, 심시心施, 상대의 마음을 헤아리는 것이고, 다섯째, 신시身施, 자신의 몸을 움직여 상대를 돕는 것이고, 여섯째, 상좌시床座施, 자리를 상대에게 양보하는 것이고, 일곱째, 방사시房舍施, 상대에게 쉴 곳을 마련해주는 하는 것이다."

이처럼 재물이 없다고 해서 보시를 할 수 없는 것은 아닙니다.

다시 불자로서 사는데 어려운 스무 가지 일에 대해 말씀드리겠습니다.

둘째, 부귀하고 지위가 높으면 도道를 배우기 어렵습니다.

부귀하고 지위가 높으면 생활하는 데 부족할 게 없거니와 아만我慢과 교만驕慢하기 마련입니다. 그러다보니 그런 사람들은 구도심이 약할 수밖에 없습니다. 부귀하고 지위가 높은 사람이 도를 구하고자 한다면 자신이 지닌 모든 것을 버리고 수행의 길을 나서야 합니다. 구도심이 강하지 않고서는 실행하기 어려운 것입니다. 부처님은 왕자의 지위를 버리고 왕궁을 벗어난 뒤에야 출가의 길을 걸을 수 있었습니다. 그런가 하면 순치황제는 왕의 자리에서도 신앙과 수행을 겸비하였습니다. 부처님과 순치황제의 예에서 알 수 있듯 도를 배우는 데 가장 중요한 것은 마음가짐입니다.

셋째, 목숨을 버려 반드시 죽기를 기약하기 어렵습니다.

누구에게나 목숨은 고귀합니다. 목숨은 다른 무엇과도 바꿀 수 없는 것입니다. 하지만 고귀한 목숨이라고 해서 지키기에만 급급해서는 안 됩니다. 이순신 장군은 '생즉사生即死 사즉생死即生', 즉, '죽을 각오로 싸우면 반드시 이긴다'는 각오로 왜군과 싸웠기에 나라와 민족을 구했고, 역사에 길이 이름을 남길 수 있었습니다. 만약에 이순신 장군이 자신의 목숨을 부지하는 데 연연했다면 지금처럼 성웅으로 존경받지 못할 것입니다. 마찬가지로 일제강점기에 목숨 바쳐 활동한 독립운동가가 있었기에 광복을 앞당길 수 있었던 것입니다. 만해 한용운 스님이 자신의 목숨에 연연했다면 서슬 퍼런 일제에 맞서 싸울 수 있었겠습니까?

위법망구爲法忘軀라는 말이 있습니다. 법을 위해서는 자신의 목숨을 던져야 한다는 의미입니다. 『열반경涅槃經』의 설산동자 이야기가 위법망구의 대표적인 예라고 할 수 있습니다.

도리천忉利天의 제석천인帝釋天人이 나찰로 변신해 수행하고 있는 설산동자를 시험합니다. 나찰이 "제행무상諸行無常 시생멸법是生滅法"이라고 말했습니다. '모든 것은 무상하여 영원한 것이 없나니 나고 죽는 법칙도 이와 같다'는 뜻입니다. 이 말을 듣고서 설산동자는 그 다음 구절을 알려달라고 했습니다. 그러자 나찰은 "다음 구절을 알려주는 대신 내가 배가 매우 고프니 네 몸을 내게 주겠느냐?"고 물었고, 설산동자는 흔쾌히 자신의 몸을 보시하겠다고 약속했습니다. 나찰은 "생멸멸이生滅滅已 적멸위락寂滅爲樂"이라고 읊었고, 이 말을 듣고서 낭하 아래로 몸을 던졌습니다. 이 순간 나찰이 다시 제석천인으로 변한 뒤 설산동자에게 "그대는 참 보살이며 앞으로 무량한 중생을 구제할 것이다. 그때 나도 구제해달라"고 말했습니다.

부처님께서도 목숨을 걸고 수행한 끝에 성불하셨습니다. 따라서 진정한 불제자라면 목숨을 버려서라도 도를 이루겠다는 각오를 해야 합니다.

넷째, 불교경전을 얻어 공부하기 어렵습니다.

불교경전을 얻기 어렵다는 데는 두 가지 의미가 있습니다. 하나는 실제로 불교경전을 얻기 어렵다는 의미이고, 다른 하나는 불교경전을 공부할 원력을 내기 어렵다는 의미입니다. 실제로 옛날에는 인쇄술이 발달하지 않았던 터라 불교경전을 구하기 어려웠던 게 사실입니다. 하지만 현대사회에서는 얻고자 한다면 얼마든지 불교경전을 구할 수 있습니다. 하지만 누구나 불교경전을 공부하는 것은 아닙니다. 불교와의 인연이 있어야만 불교경전을 공부할 수 있는 것입니다.

세상에는 수많은 경전이 있습니다. 하지만 그 경전이 중생들의 근기에 맞는 경우는 대단히 드뭅니다. 부처님의 경전만이 중생을 위한 경전인 동시에 중생에게 유익한 경전입니다. 부처님의 가르침은 자비와 지혜라는 두 바퀴로 굴러가는 자전거와 같습니다. 부처님은 자비와 지혜를 일깨워주기 위해 각기 다른 대중의 근기에 맞게 대기설법對機說法을 하셨지만, 원체 크나큰 깨달음이 담긴 가르침인 까닭에 대중이 이해하기는 쉽지 않은 것도 사실입니다. 그래서 많은 불자가 부처님의 경전을 주마간산走馬看山하듯 대하는 경우가 적지 않습니다. 부처님의 가르침을 접하기도 어렵지만 부처님을 체득하기는 더욱 어려운 일인 것입니다.

다섯째, 살면서 부처님을 만나 뵙기 어렵다고 했습니다.

『법화경法華經』「여래출현품」에는 "부처님께서 이 세상에 출현하심을 만나기는 매우 어려우니라. 여래를 만나 보기가 어렵다고 하면 중생들이 이 말을 듣고 부처님 만나기가 어렵다는 생각을 내어 마음에 연모하는 생각을 품고 부처님을 간절하게 그리워하여 곧 선근을 심으리라. 그러므로 여래는 비록 멸도하지 않지만 멸도한다고 말하느니라."라고 쓰여 있습니다. 출현하신 부처님을 찾아 헤맨다면 나무에서 물고기를 찾는 것과 다르지 않을 것입니다. 따라서 우리는 부처님을 우리의 마음에서 찾아야 합니다. 우리의 마음은 시공간을 초월해 있습니다. 부처님의 법신法身을 보고자 한다면 허공 같은 마음으로 보아야하고, 부처님의 말씀을 듣고자 한다면 물 같은 마음으로 들어야 합니다.

여섯째, 색욕色欲을 비롯한 욕심을 참기 어렵습니다.

중관학에서는 색이 물질로 풀이됩니다. 그런가 하면 색욕은 이성애 내지는 성욕으로 풀이됩니다. 그런데 색과 색욕은 다르지 않습니다. 견물생심見物生心이란 말이 있습니다. 어떤 것을 보면 그것에 대한 애착을 버리기 쉽지 않다는 의미입니다. 견물생심에서 바라보는 물질이 바로 색이고, 물질을 바라봄으로써 생기는 애착이 바로 색욕입니다. 성욕은 종족보존의 욕구인 동시에 쾌락의 본능이고, 소유욕은 생존의 욕구인 동시에 만족의 본능입니다.

그렇다면 어떻게 색욕을 비롯한 욕심을 떨쳐 버릴 수 있을까요?『반야심경般若心經』에 "색즉시공色卽是空 공즉시색空卽是色"이라는 구절이 있습니다. 색이 곧 공이고, 공이 곧 색이라는 의미입니다. 물리학자 아인슈타인은 "모든 질량은 우리가 눈에 보이지 않는 것으로 산화하여 없어진다고 해도 없어진 것이 아니라 이 우주 공간에 에너지로 변한 것뿐이다."고 말했습니다. 아인슈타인은 질량과 에너지의 등가성等價性을 발견하였습니다. 여기서 질량이 색色이고, 에너지가 공空입니다. 알기 쉽게 설명하면 물을 끓이면 수증기가 되지만 없어진 게 아니라 에너지만 변한 것입니다. 색이 곧 공이라는 진리를 깨닫는다면 색욕을 비롯한 욕심도 초월할 수 있는 것입니다. 그러려면 이 세상의 모든 것은 실체가 없는 환영임을 알아야 합니다.

일곱째, 좋은 것을 보고 구하지 않기 어렵습니다.

좋은 것을 보면 갖고 싶은 마음이 생기는 것은 당연한 이치입니다. 그런데 우리가 좋고 나쁜 것을 판단하는 기준이 무엇입니까? 바로 우리의 눈眼입니다. 그래서 우리는 마음을 다스리기 위해서는 눈으로 보는 경계인 안식眼識을 경계해야 합니다. 눈에는 다섯 가지 종류가 있습니다. 첫째 눈은 바로 육안肉眼입니다. 육안은 경계를 따라다니는 속성이 있습니다. 그래서 보는 순간 선악善惡, 미추美醜의 분별이 생기게 됩니다. 그리고 좋다고 판단될 때 집착하게 됩니다. 둘째 눈은 천안天眼입니다. 천안은 전생과 내생을 볼 줄 아는 눈입니다. 셋째 눈은 혜안慧眼입니다. 혜안은 지혜의 눈입니다. 넷째 눈은 법안法眼입니다. 법안은 세상의 이치를 볼 줄 알고 중생의 근기를 볼 줄 아는 눈입니다. 다섯째 눈은 불안佛眼입니다. 불안은 깨달은 자의 눈, 즉, 부처님의 눈입니다.

이 다섯 가지 눈 중에서 육안만 우리가 일상적으로 쓰는 눈입니다. 나머지 네 개의 눈은 심안心眼에 해당합니다. 심안을 갖추어 육안의 경계를 통제할 수 있다면 좋은 것을 보고도 구하지 않을 수 있습니다.

여덟째, 욕설을 듣고서 성내지 않기 어렵습니다.

부처님의 전생담에는 인욕선인忍辱仙人의 이야기가 있습니다. 인욕선인은 가리왕이 자신의 몸을 갈기갈기 찢기는 고통을 주었지만 가리왕을 미워하거나 원망하지 않았습니다. 그럴 수 있었던 것은 자신의 몸이 본래 흙·물·불·바람 등 인연화합으로 잠시 형상을 이루고 있었던 것임을 알았기 때문입니다. 인욕성인은 자신의 몸이 실체가 없는 허망한 것임을 알아서 몸에 대해서 집착하고 아끼는 마음이 없었기 때문입니다. 집착하는 마음이 욕심을 만들고, 분노하는 마음을 만듭니다. 따라서 집착하는 마음만 없애면 분노하는 마음도 없습니다. 우리는 나라는 육신에 집착하고 나의 생각이 옳다는 착각에 빠지기 쉽습니다. 이를 일컬어 아상我相, 아만我慢, 아집我執이라고 합니다. 이런 생각에 사로잡힌 사람이 중생이고, 이런 생각에서 벗어나 자유로운 사람이 보살이고 부처님입니다.

아홉째, 권세를 가지고 군림하지 않기 어렵습니다.

중국의 오조五祖 법연法演 선사는 제자들에게 당부한 계율이 바로 세불가사진勢不可使盡입니다. 즉, 자신의 권세를 다 쓰지 말라는 것입니다. 권세를 지녔다고 자신의 권세를 남용하면 반드시 화가 돌아오게 됩니다. 기실, 권세는 수행에 아무런 도움이 되지 않습니다. 불자라면 권세를 지녔어도 항상 겸허하게 자신의 마음을 제어할 줄 알아야 합니다. 타고난 복은 총량이 있다고 합니다. 권세도 마찬가지입니다. 다른 사람들과 나누어 가지면 지속되지만 혼자 독차지하면 오래지 않아 무너집니다. 동서고금을 막론하고 권세를 남용한 폭군들의 말로는 불행했습니다. 권세를 지닌 사람은 반드시 복을 짓고 덕을 쌓는 일에 전력해야 합니다.

열째, 일에 부딪혀 무심하기 어렵습니다.

마을의 노인정에 가면 어르신들이 모여서 장기나 바둑을 하는 것을 볼 수 있습니다. 흥미로운 사실은 많은 사람이 자신이 직접 할 때보다 훈수를 할 때 더 제 기량을 발휘한다는 것입니다. 그 이유는 훈수를 할 때는 멀찌감치 떨어져서 바라보기 때문에 마음의 동요 없이 판을 읽을 수 있는 반면 자신이 직접 둘 때는 마음의 동요가 일어서 제대로 판을 읽을 수 없기 때문입니다.

어떤 운동선수는 연습 때는 최고의 기량을 발휘하다가 정작 시합에 들어가면 자신이 지닌 실력의 절반도 발휘하지 못합니다. 이 역시 심리적인 압박감 때문입니다.

이처럼 일에 부딪치면 누구나 마음이 흔들립니다. 그렇다면 마음의 흔들림이 없으려면 어떻게 해야 할까요? 자신의 일에 무심하면 됩니다. 다시 말해 내 일이 아니고 다른 사람의 일이라고 생각하는 것입니다. 무심하면 자신이 처한 상황을 대단히 객관적으로 파악할 수 있습니다. 무심하면 마음에 걸림이 없게 됩니다. 그러려면 선악, 미추 등 이분법적 경계에서 자유로워야 합니다. 성패라는 경계가 없으니 그저 자신이 맡은 역할에 최선을 다하게 되는 것입니다.

열한 번째, 널리 배우고 배운 만큼 행하기가 어렵습니다.

공부에는 왕도가 없습니다. 취미로 운동을 하는 사람은 운동을 하는 내내 즐거울 것입니다. 하지만 운동이 직업인 사람, 즉, 운동선수는 자신이 정한 목표를 단계적으로 성취해야 하는 까닭에 운동하는 시간이 즐겁지만은 않을 것입니다. 공부도 마찬가지입니다. 불교의 공부는 지식을 얻고 기술을 체득하는 세속의 공부와 달리 마음을 닦는 데 목적이 있습니다. 그러다 보니 경전을 읽는 것뿐만 아니라 기도, 주력, 참선 등 모든 수행법이 불교공부인 것입니다. 나아가서는 악행을 버리고 선행을 행하는 것도 불교공부입니다. 불교공부의 정도는 없습니다. 그저 정진精進하는 것밖에는 다른 방도는 없습니다. 불자라면 마땅히 배운 것을 행동으로 실천해야 합니다.

열두 번째, 아상我相 내지는 아만我慢을 없애기 어렵습니다.

아상의 사전적 의미는 두 가지입니다. 하나는 5온五蘊이 화합해 생긴 이 몸이 나라고 믿고 집착하는 것이고, 다른 하나는 자신이 지닌 것을 자랑하면서 남을 업신여기는 것입니다. 그런데 아상의 두 가지 의미가 매우 밀접하게 연관되어 있습니다. 헛것인 이 몸을 나라고 믿다보니, 헛것의 부속물에 지나지 않은 내 것들에 애착이 생기는 것입니다. 그리고 나라는 헛것과 내 것이라는 헛것의 부속물에 과도한 집착으로 인해 스스로 높이고 남을 업신여기는 마음인 아만我慢이 생기는 것입니다. 아상과 아만을 없애는 방법은 이 세상은 영원한 것은 없다는 무상의 이치를 깨닫는 것입니다. 언뜻 들으면 대단히 어려운 일 같지만 우리의 삶도 사계에 따라 변화하는 자연의 일부에 지나지 않다는 것을 알면 됩니다.

열세 번째, 배우지 않은 사람을 경시하지 않기 어렵습니다. 『유마경維摩經』에는 "새로 공부하려고 마음 내는 사람에게 업신여기지 말고 가르쳐라"라는 구절이 있습니다. 역사책에 이름을 남긴 위인偉人들도 어렸을 때는 아는 것이 없었습니다. 배우지 않은 사람을 경시하는 것 역시 아상과 아만에서 비롯되는 것입니다. 여기서 우리가 명심해야 할 것은 지식과 지혜는 다르다는 것입니다. 제도권의 교육을 받지 않은 촌부村夫들도 나이가 들면 자연의 이치를 깨닫는 지혜를 체득하게 됩니다. 다시 말해 배우지 않았다는 기준 자체가 대단히 자의적이라는 것입니다. 배우지 않은 사람을 경시하는 사람은 자신만이 우월하다는 착각에 빠져 살고 있는 것입니다.

열네 번째, 평등심을 갖기 어렵습니다.

『금강경金剛經』에는 "큰 깨달음은 곧 평등심"이라고 쓰여 있습니다. 평등심이란 높고 낮은 구분이 없는 마음을 일컫습니다. 이는 마치 해가 이 세상의 만물을 골고루 비추고, 달이 천강에 떠서 흘러가는 것과 같은 이치입니다. 차별하지 않으면 평등심이 생기고 평등심이 생기면 자비심이 생깁니다. 마음이 평등하지 않은 이유는 마음이 6근六根이 판단하는 것에 따라 움직이기 때문입니다. 본래 마음은 평등합니다. 그런데 중생들은 분별하고 시비를 따지다 보니 차별하는 마음을 갖게 되는 것입니다. 다시 한 번 강조하건대 평등심은 지혜심인 동시에 자비심인 것입니다.

열다섯 번째, 남의 옳고 그름을 말하지 않기 어렵습니다.

앞서 저는 배우지 않았다는 기준 자체가 대단히 자의적이고, 배우지 않은 사람을 경시하는 사람은 자신만이 우월하다는 착각에 빠져 살고 있는 것이라고 말했습니다. 남의 옳고 그름을 판단하는 것도 대단히 자의적이며, 남의 옳고 그름을 말하는 사람은 자신만이 옳다는 착각에 빠져 살고 있는 것입니다. 이 세상에는 내게 옳은 것이 남에게는 옳지 않은 경우가 많습니다. 남의 시비를 따지는 사람일수록 조고각하照顧脚下, 즉, 자신의 발밑을 살필 줄 모릅니다.

　불자라면 남에게는 관대하고 자신에게 엄격해야 합니다.

　경허 선사는 아래와 같은 시를 지었습니다.

　　　수시숙비誰是孰非　몽중지사夢中之事

　　　북망산하北邙山下　수이수아誰爾誰我

　　　누가 옳고 누가 그르냐? 모두 꿈속의 일이다.

　　　북망산 아래에서 누가 너이고 누가 나이냐?

　깨달은 자의 입장에서는 옳고 그름이 없는 것입니다.

　열여섯 번째, 선지식善知識을 만나기 어렵습니다.

　선지식을 만나기 어려운 이유도 아상과 아만 때문입니다. 자신만이 옳다는 생각을 갖고 상대를 대하기 때문에 상대를 평가절하하는 것입니다. 스승만이 선지식은 아닙니다. 때로는 친구도 선지식이 될 수 있고, 후배도 선지식이 될 수 있습니다.

　『화엄경華嚴經』「입법계품」은 선재동자가 깨달음을 얻고자 53 선지식을 찾아다니는 내용이 주된 골자입니다. 그런데 선재동자가 찾아다니는 선지식 중에는 수행자만 있는 게 아닙니다. 선지식에는 뱃사공이 있는가 하면 유녀遊女도 있습니다. 선재동자의 일화에서 알 수 있듯 인생이라는 길에는 만나는 길동무들은 모두 선지식입니다. 이르는 곳에서 만나는 사람마다 선지식이 될 수 있는 것입니다. 그러려면 만나는 사람의 장점과 단점을 발견할 줄 알아야 합니다. 장점은 따르고 단점은 타산지석他山之石 삼으면 됩니다.

열일곱 번째, 자성自性을 보아가면서 도道를 배우기 어렵습니다.

자성을 본다는 것은 자신의 성품을 본다는 것이고, 성품을 본다는 것은 세상 만물의 존재 이유를 아는 것입니다. 세상 만물의 존재 이유를 알려면 세상 만물을 있는 그대로 볼 줄 알아야 합니다. 그러려면 세상의 만물을 볼 때 어떠한 선입견도 배제해야 합니다.

무상無相의 가르침에 입각해 만물을 볼 때 일체 만물은 본래 모습을 드러내는 것입니다. 자성을 보아가면서 도를 배운다는 것은 제행무상諸行無常과 제법무아諸法無我의 가르침에 입각해 수행한다는 의미입니다. 유위법有爲法에 입각해 도를 배우는 것은 동쪽으로 가고자 하면서 서쪽으로 걷는 것과 다르지 않습니다. 자성은 보려면 자신의 내면을 볼 줄 알아야 합니다.

열여덟 번째, 방편을 써서 중생을 제도하기 어렵습니다.

중생을 제도하기 전에 먼저 해야 할 일이 있습니다. 상구보리上求菩提 하화중생下化衆生, 안으로는 깨달음을 구하고, 밖으로는 중생을 교화하는 게 불자의 길입니다. 그런 까닭에 보살菩薩이 되기 전에는 중생을 구제하기 어려운 게 사실이나, 누구나 인생의 스승이 될 수는 있습니다. 누군가의 스승이 되고자 한다면 먼저 아상을 버려야 합니다. 이는 행실이 좋지 않은 부모는 자녀교육이 쉽지 않은 것과 같은 이치입니다. 방편을 쓴다는 것은 일종의 교육방법이라고 할 수 있습니다. 부처님은 중생의 근기에 맞게 대기설법을 하셨습니다. 아무리 좋은 가르침도 듣는 이가 이해하지 못한다면 쓸모가 없습니다.

열아홉 번째, 어떠한 경우에도 흔들리지 않기 어렵습니다.

『법구경法句經』 "산중선정무위난山中禪定無爲難 대경부동시위난對境不動是爲難"이라는 구절이 있습니다. 산중에서 선정에 들어 수행하는 것은 어렵지 않지만, 6근을 자극하는 온갖 욕망에도 굴하지 않고 부동심으로 흔들리지 않는 것이 더 어렵다는 의미입니다. 큰 바위가 바람에 흔들리지 않는 것처럼 지혜로운 사람은 어떠한 칭찬이나 비난에도 마음의 동요가 없습니다. 인간은 사회적 동물입니다.

따라서 사람은 누구나 사회적 관계에 의지해 살아갈 수밖에 없습니다. 이 사회적 관계도 연기법緣起法에 의거해 원인에 따른 결과가 있습니다. 하지만 우리가 명심해야 할 것은 연기법에 따르는 관계는 있으나 연기의 주체는 없다는 사실입니다. 이 사실을 안다면 어떠한 경우에도 부동심을 지닐 수 있습니다.

스무 번째, 부처님의 방편을 이해하기 어렵습니다.

방편은 깨닫기 위한 수단입니다. 비유컨대 강을 건너기 위한 나룻배와 같은 것입니다. 그런데 방편을 쓰고자 한다면 먼저 자신이 깨달아야 합니다. 이는 나룻배의 사공이 물길에 맞춰 노를 저을 줄 아는 것과 같은 이치입니다. 하지만 대승불교에서는 내가 깨닫기 전에 먼저 남을 제도하겠다는 서원을 세울 것을 강조하고 있습니다.

불교를 안다는 것은 무상無相을 안다는 것입니다. 우주의 모든 사물이나 현상은 인연에 의해 잠시 화합한 것일 뿐입니다. 따라서 그 실체랄 것이 없습니다. 그런데도 미욱한 중생은 나라는 헛것과 내 것이라는 헛것의 부속물들에 집착합니다.

한 사문이 부처님께 찾아와 여쭈었습니다.

"어떻게 해야 숙세의 운명을 알고 지극한 도의 진리를 알 수 있습니까?"

부처님께서 말씀하셨습니다.

"마음을 조촐히 하고 뜻을 굳게 지키면 지극한 도道를 알 수 있을 것이니, 이는 마치 거울을 갈고 닦아서 먼지 때가 다 없어지면 밝아 비춰지는 것과 같아서 욕심을 끊어서 구하는 것이 없으면 마침내 숙명을 알 수 있을 것이다."

많은 사람이 원인을 바로 짓지 않고서 좋은 결과만을 기대합니다. 이 세상에 유일하게 명확한 것은 연기법입니다. 만약 악

업을 지었다면 반드시 그 과보를 받게 됩니다. 과보는 현세現
世에 받을 수도 있고 내세來世에 받을 수도 있습니다. 그런 까
닭에 부처님께서는 아래와 같이 말씀하셨습니다.

> "선의 열매가 아직 익기 전에는 착한 사람이 화를 당하
> 기도 하느니라.
> 그러나 그 선이 익게 될 때에는 반드시 그 복을 스스로
> 받으리라."

『법구경法句經』에 "악의 열매가 익기 전에는 악한 사람도 복
을 만난다. 그러나 악의 열매가 익은 때에는 악한 사람은 반
드시 재앙을 만난다. 선의 열매가 익기 전에는 선한 사람도
화를 만날 수 있다. 그러나 선의 열매가 익은 때에는 선한 사
람은 반드시 복을 받게 된다."고 쓰여 있는 것도 같은 이유입
니다.

작은 물방울이 모여서 바다를 이루듯 작은 선업이 쌓여서 복
전福田이 이뤄진다는 것을 명심해야 합니다. 선업이든 악업이
든 자신이 지은 업보는 반드시 되돌려 받는 것입니다. 자신의
업보로 인해 현재의 삶이 고통스럽다고 해서 신세한탄을 한다
면 그 사람의 운명은 더 불행해질 것입니다. 만약 자신의 운명
을 바꾸고 싶다면 선업을 많이 지으십시오. 그리고 부처님 전

에 나아가 참회기도를 올리고, 시시때때로 염불을 하고, 선정
수행을 하십시오. 그러면 진흙 속에 피어난 연꽃처럼 불우한
환경 속에서도 자신의 운명을 변화시킬 수 있을 것입니다.

사찰에서의 예의범절

– 일주문에 들어서면 분별심을 버려야 합니다.

불요역불뇌不嬈亦不惱　여계일체지如戒一切持

소식사신탐小食捨身貪　유행유은처有行幽隱處

의체이유힐意諦以有黠　시능봉불교是能奉佛教

번거롭게 행동하지 않고 번뇌하지 않으며

마땅히 계를 따라 모든 것을 수지하고

먹는 것을 절제해 탐욕을 물리치며

고요하고 은밀한 곳에서 수행하고

한 생각을 잘 살펴서 지혜 있게 사는 사람

이런 사람이 부처님의 가르침을 봉행한다.

– 『법구경法句經』 –

차문입래此門入來　수구섭의守口攝意

이 문을 들어올 때는 입을 다물고 뜻을 다 놓아라.

누구든지 일주문을 들어올 때는 일체 모든 분별심을 버려야 합니다. '사회에서의 지위고하'라는 분별심, 즉, 많이 배웠다거나 많이 배우지 못했다는 생각, 많이 안다거나 많이 알지 못한다는 생각, '경제적인 빈부격차'라는 분별심, 즉, 많이 지녔다거나 적게 지녔다는 생각, 절에 시주를 많이 했다거나 절에 시주를 많이 하지 못했다는 생각을 버려야 합니다. 심지어 착하다거나 나쁘다는 생각조차도 버려야 합니다. 이런저런 아상들을 모두 던져버리고, 근심걱정도 내려놓아야 합니다. 그리고 입을 굳게 다물어야 합니다.

예전에는 상단 예불을 모시고 중단 예불을 모실 때에 세 차례 벽에다 죽비를 내리쳤습니다. 장군죽비를 세 번 치면 불자들도 그 의미를 알아서 침묵하고 부처님께 예경을 올렸던 것입니다. 장군죽비 소리가 불자에게 일러주는 가르침은 자신이라는 아상을 내려놓으라는 것입니다. 사람들은 누구나 자기애를 지니고 있습니다. 그리고 그 자기애가 지나치면 아만我慢에 빠지게 됩니다.

어떤 사람들은 절에 와서도 자신을 예우해주기를 바라고 '나는 특별하다'는 생각을 합니다. 하지만 아상이 생기면 지은 복을 잃어버리기 때문에 아상을 내려놓으라는 의미에서 죽비를 쳐서 경책을 하는 것입니다.

『찬집백연경撰集百緣經』에는 탑과 법당을 청소한 공덕에 대해 쓰여 있습니다.

수달須達 장자는 성품이 어질고 삼보를 공경하고 믿었으며 날마다 절에 나아가 탑을 청소했습니다. 하루는 특별한 용무가 있어 법당을 청소하지 못하였는데, 그때 세존께서 여러 제자들과 함께 절에 들어가 탑의 청소를 마치시고 청소에 대한 공덕을 말씀하셨습니다. 청소를 함으로써 얻는 다섯 가지 공덕은

첫째, 자신의 더러운 마음을 제거하고,

둘째, 다른 사람의 더러운 마음까지 제거하고,

셋째, 교만한 마음을 제거하고,

넷째, 마음이 겸손해지고,

다섯째, 공덕을 증장하여 내세에 좋은 곳에 태어난다는 것입니다.

뒤늦게 수달 장자가 그 절에 이르러 세존께서 제자들에게 청소에 대한 공덕을 말씀하신 사실을 듣고는 곧 환희심을 내어 부처님 앞에 나아가 아뢰었습니다.

"제가 이제 부처님께서 말씀하신 이 청소에 대한 다섯 가지 공덕을 들음으로써 어느 곳에서나 모든 현성賢聖들이 제 눈앞에 계시는 듯합니다."

수달 장자의 일화도 사찰에서는 아상을 내려놓고 겸손해야 함을 일깨워줍니다.

일주문은 기둥이 양쪽에 하나밖에 있습니다. 모든 건물은 기둥이 한쪽에 최소한 두 개 이상이 있습니다. 그래야만 양쪽의 균형이 잡히기 때문입니다. 그런데 일주문은 왜 기둥을 하나씩만 세웠을까요? 부처님의 가르침은 세상의 근원이고, 그 근원은 하나이기 때문입니다.

하나 이전에는 무無입니다. 무에서 하나가 생기고, 하나에서 둘이, 둘에서 넷이 되면서 음양의 이치가 생기고, 세상 만물의 조화가 이루어지는 것입니다. 불이不二의 사고, 즉, 이분법적으로 구분해서 분별하는 마음을 갖지 말라는 것입니다. 따라서 절에 들어올 때는 오직 한 마음, 한 가지 생각만 하라는 의미에서 일주문을 세워놓은 것입니다.

불자란 부처님의 가르침을 믿고 따르는 사람입니다. 그렇다면 불자의 실천 덕목 중 으뜸은 무엇일까요? 많은 사람이 인욕忍辱을 꼽습니다. 그런가 하면, 부처님께서는 남을 공경하는 것을 꼽으셨습니다. 절 문을 들어서면 집안에서 있었던 모든 일을 벗어놓고 들어서야 합니다. 경제력이 있는 사람 없는 사람, 능력이 있는 사람 없는 사람, 권력이 있는 사람 없는 사람, 유명한 사람 무명한 사람, 잘생긴 사람 못생긴 사람 등등 우리 모두 부처님 앞에서는 피차가 없습니다. 너와 나도 없고 주는 자와 받는 자도 없습니다. 오직 신앙信仰만이 있을 뿐입니다. 이는 『금강경金剛經』의 근본사상이기도 합니다. 부처님은 그 당시 그렇게 철저했던 인도의 사성계급四姓階級도 부정하셨습니다.

불자는 사찰에서 내가 무엇을 얼마나 한다는 생각도 버려야 합니다. 일은 내가 하지만 공은 남에게 돌린다는 자세를 지녀야 합니다. 부처님 당시 여섯 외도外道가 서로 자기가 제일이라고 마음속으로 자랑하며 살아가고 있었습니다. 그들은 신묘한 공덕이 뛰어난 부처님이 계시다는 말을 듣고서 모여서 상의했습니다.

"우리 여섯 사람은 세상에서 가장 뛰어난 사람인데 고타마 싯다르타라고 하는 부처가 세상에 출현하여 우리보다 뛰어나다고 소문이 자자하다. 우리가 마음과 뜻을 함께하여 서로 어긋나지 않아야 고타마를 이길 수 있을 것이다."

이렇게 합심한 뒤 여섯 사람 중 뽑힌 한 사람이 부처님의 얼굴빛이 보통 사람과 다른 지 살펴보고 오기로 결정했습니다. 뽑힌 한 사람이 부처님에게 찾아가서 부처님의 얼굴을 살펴봤습니다. 그런데 아무리 살펴보아도 부처님의 상호가 싫증나지 않는 것입니다. 그리고 돌아와서 여섯 외도에게 자신이 관찰한 결과를 설명했습니다.

"부처님의 얼굴은 세상에 보기 드문 것이고 위신과 광명은 해와 달보다 더했습니다. 제가 보기에는 그 어떤 것에도 비유할 수 없는 것이었습니다."

그래서 그들은 다시 생각했습니다.

"그는 왕족 출신이라 단정할 것이니 이상할 것이 없다."

그리고 다른 한 사람을 보내어 거동에 두려움이 없는지 초조하거나 의젓하지 못한 데가 있는지 보고 오도록 했습니다. 뽑힌 사람이 부처님의 거동을 살펴 보니 짐승들 가운데 사자와 같이 아무 거리낌이 없었습니다. 이 사람도 자신이 본대로 설명했습니다.

"고타마는 짐승들의 왕인 사자와 같이 의젓하여 두려운 기색이라고는 찾아볼 수 없었습니다."

그들은 또 생각했습니다.

"어리석은 사람은 도리어 두려움을 모르는 수가 있으니 그와 같은 현상일 것이다."

그들은 왕자 출신인 고타마가 왕궁에서 많은 궁녀들과 즐기느라 학문이 깊지 못할 것이라고 생각했습니다. 사리와 논리에 밝은 사람을 보내어 고타마가 하는 말이 범부와 같은지 살펴보기로 했습니다. 뽑힌 사람은 부처님의 설법을 듣고 와서 말했습니다.

"고타마는 연설을 함에 있어서 옛것을 통달하고 지금 것을 밝게 알고 있고 과거의 끝없는 일을 알고 있으며 미래의 끝없는 일을 보고 있었으며, 이치는 탄탄하고 사리를 분별할 때는 그 이치가 번거롭거나 중첩되는 일이 없었습니다."

그들은 세상에는 변재만 유창한 이들도 있다고 생각했습니다. 하여 다시 사람을 보내어 고타마의 법을 듣는 동안 청중이 조용한지 아닌지 보고 오기로 했습니다. 뽑힌 사람이 고타마의 설법 현장을 살펴보고 돌아왔습니다.

　"고타마의 설법은 그 맛이 단물과 같았고 사람들은 목마른 듯이 간절하게 듣고 있었습니다. 고타마가 설법하면 법은 바다와 같아서 끝이 없고 우리들의 소견은 소 발자국의 물에 지나지 않았습니다. 지금 나 혼자만이라도 그분에게 가서 그의 제자가 되렵니다."

　이처럼 염탐하기 위해 부처님을 찾아가서 보고 온 모든 사람이 부처님께 귀의하기를 원했습니다. 그러자 여섯 외도를 따르고 있던 많은 사람이 그들을 따라나서 부처님께 귀의하게 되었습니다.

　이처럼 정법正法은 아무리 비난하고 시기하고 방해하더라도 반드시 때가 되면 세상에 빛을 발하게 되어 있습니다. 마찬가지로 불자의 바른 생각과 행동도 언젠가는 세상에 알려지게 마련입니다. 그런데 그러기도 전에 스스로 공을 자랑하는 불자들이 있습니다. 이는 부처님께서 가장 멀리하라고 가르치신 상相을 나타내는 것입니다.

　기도나 수행을 할 때는 온 몸과 마음을 다해야 합니다. 오로지 하나의 대상에 정신을 집중하여 매달려야 합니다. 그렇게 온 몸과 마음을 다할 때 삼매의 상태에 이르고, 스스로 지혜를 발견하게 됩니다.

살다 보면 중생심衆生心이 있기 때문에 허물을 짓게 마련입니다. 허물은 대부분 세속적 욕망과 이기심, 분별과 망상에 의해서 생긴 것입니다. 허물을 지었다면 뉘우치고 다시는 그러한 과오를 범하지 않겠다는 맹세를 해야 합니다. 참회懺悔는 죄를 뉘우쳐 다시는 그런 잘못을 저지르지 않겠다는 마음 다짐입니다. 죄의 본성은 없습니다. 죄는 고정 불변하는 실체로 존재하는 것이 아닙니다. 그래서 참회를 통해서 지은 죄의 흔적을 씻어내면 이내 사라집니다. 참회는 잘못된 행동을 했을 때, 바로 그 순간 잘못했다는 사실을 알아차리고 참회하는 것이 가장 바람직합니다.

불자는 욕심을 버려야 합니다. 그 방법이 바로 발원發願입니다. 발원하는 사람에게는 남들과 대립하지 않으며 남들로부터 소외되지 않습니다. 온전하게 남들과 더불어 살 수 있는 것입니다.

발원은 마음의 나침반입니다. 부정을 긍정으로, 나에서 우리로, 부분에서 전체로, 고통에서 기쁨으로, 대립에서 평화로 전환하게 해줍니다. 발원 가운데 가장 보편적인 것이 사홍서원四弘誓願입니다. 사홍서원은 대승 보살들이 깨달음의 성취와 중생 구제를 위한 실천덕목으로 제시한 것입니다. 이타행利他

行을 통해 모든 중생을 깨달음으로 이끌어 제도하면서도 아무런 대가도 바라지 않는 것이 바로 보살의 서원입니다.

인간은 사회적 동물입니다. 사람 인人 자는 두 사람이 몸을 맞대고 쉬고 있는 모습을 형상화한 것입니다. 두 사람이 몸을 맞대고 쉬려면 서로 배려할 줄 알아야 합니다. 배려야말로 인간사회의 기본 윤리입니다. 상부상조하지 않는 공동체는 없습니다. 불자라면 마땅히 서로 배려하고 양보할 줄 알아야 합니다. 육바라밀의 하나인 보시에는 물질적 보시만 있는 게 아닙니다. 보시 중 으뜸은 법보시입니다. 법보시를 하려면 상대를 배려하는 게 선행되어야 합니다. 남을 배려하고 남에게 양보하는 것이야말로 불자가 지켜야 할 도리입니다.

불락인과不落因果 불매인과不昧因果의 가르침

　모든 중생은 업력業力에 의해 살아가는 존재입니다. 관념적으로 볼 때 업은 우리의 행동에 의해서 훈습된 습관입니다. 업은 에너지이고 파장波長이기도 합니다. 쉽게 말하면 이 업의 기본 힘에 의해서 우리는 숨을 쉬고 심장이 박동해 뛰고 뇌가 활동을 하고 있습니다. 사람이 숨을 쉬지 않고 맥박이 뛰지 않거나 뇌가 활동을 정지하면 죽었다고 합니다. 온몸에 피가 흐르고 세포가 새로 생성이 되고 음식을 먹으면 소화를 시키고 영양분을 섭취하게 하는 모든 신체활동이 업력에 의해 이뤄지는 것입니다. 뿐만 아니라 우리가 생각하고, 기억하며, 창의력으로 새로운 것을 개발하고 예술적인 창작활동을 하는 것도 전부 업력의 소산입니다.

　삶의 근원이자 본질인 이 업에 대해 사람들은 각기 자신의 가치기준에 따라서 좋은 업善業과 나쁜 업惡業으로 나누어 생각합니다. 여기서 자신의 가치기준이란 대부분 자신에게 이익이 되느냐 여부에 의거합니다. 자신에게 이익이 되고, 더 나아가서는 남에게도 이익이 되고 인류 전체에게 이익이 되는 일들을 좋은 업이라고 판단하는 것입니다. 또한, 스스로 만족하는 일을 하고, 나아가서 남들이 부러워하는 일을 하는 것을 좋은 업이라고 여깁니다. 반대로 육체적이든 정신적이든 자신에게 이익이 되지 못하는 일을 나쁜 업이라고 판단합니다. 더 나아가서는 남들에게 이익이 되지 못하고 인류 전체에게 이익이 되지 못하는 일들을 나쁜 업이라고 봅니다.

한번 잘못 물들여진 업은 그냥 없어지지 않습니다. 지은 업만큼 좋든 나쁘든 반드시 과보를 받게 되어 있습니다. 이러한 업보는 금생에 지어서 금생에 받기도 하지만, 이를테면, 젊어서 지은 업에 대한 과보를 나이가 들어서 받기도 하지만, 전생에 지은 업보를 금생에, 금생에 지은 업보를 내세에 받기도 합니다. 업은 그림자와 같이 항상 자신을 따라다니는데 이 업에 대해 모르는 사람이 너무나 많습니다.

제가 지방의 한 사찰에 법문을 하러가 갔다가 저와 각별한 인연이 있는 사람을 만나 환담歡談을 나눴습니다. 그런데 이 지인은 친가권속이 모두 기독교 신자입니다. 이 지인이 말하길 "가족모임이 있으면 나를 가운데 앉혀놓고 예수를 믿게 해달라고 기도를 한다"고 했습니다. 심지어 자신을 불쌍하게 여기며 눈물까지 흘린다는 것입니다. 그런데 제가 보기에는 업력의 위대함을 모르는 그 가족들이 더 불쌍하게 여겨졌습니다. 기실, 업에는 좋고 나쁨이 없으나 사람들이 살면서 탐하는 생각, 성내는 생각, 어리석은 생각 때문에 선업이 아닌 악업을 짓는 것입니다. 행동을 많이 하고 마음속으로 생각을 일으키어 좋지 못한 업을 짓고 있습니다.

사람은 누구나 인과를 벗어나서 살 수가 없습니다. 이 세상에 일어나는 모든 일들은 원인 없이 일어나지 않습니다.

중국의 백장 선사가 설법할 때마다 이를 경청하는 노인이 있었습니다. 하루는 설법이 끝났는데도 노인이 가지 않고 있어서 선사께서 물었습니다.

"그대는 누구인가?"

"저는 과거 가섭불迦葉佛 때에 이 산에 살았었는데, 한 학인學人이 묻기를 '많이 수행한 사람도 인과因果에 떨어집니까? 떨어지지 않습니까?' 하여

제가 '인과에 떨어지지 않는다'고 대답하여 여우의 몸이 되었습니다. 오늘 화상께 청하오니 한마디로 깨닫게 해주십시오."

백장 선사가 말했습니다.

"그대가 물어보시오."

노인이 물었습니다.

"크게 수행한 사람도 인과에 떨어집니까? 떨어지지 않습니까?"

백장 선사가 대답했습니다.

"인과에 어둡지 않습니다."

노인은 말끝에 크게 깨닫고 선사께 감사의 말을 전했습니다.

"저는 이제 여우의 몸을 면하였습니다. 제가 죽거든 화장하여 주십시오."

백장 선사는 대중을 이끌고 산 뒤의 바위아래에 도착하여 지팡이를 휘저어 한 마리 죽은 여우를 꺼내고는 화장을 하였습니다.

불락인과不落因果는 인과에 떨어지지 않는다는 뜻이고, 불매인과不昧因果는 인과에 어둡지 않다는 말입니다. 백장선사의 불매인과라는 말 한마디로 노인은 여우 몸을 벗었습니다. 이처럼 불매인과의 뜻을 분명히 알면 누구나 여우의 몸을 벗을 수 있습니다. 반대로 불매인과의 뜻을 제대로 알지 못하면 누구나 여우가 될 수밖에 없습니다.

불락인과不落因果 불매인과不昧因果의 이치를 알려면 시비하고 분별하지 않아야 합니다. 노인이 여우의 몸을 받은 이유도 분별하는 마음을 지녔기 때문입니다. 사람은 누구나 깨달은 사람이든 깨닫지 않은 사람이든 인과에 떨어질 수 있습니다. 하지만 깨달은 사람은 인과에 어둡지 않은 까닭에 분별하는 마음을 내지 않습니다.

이 세상의 모든 존재는 인과因果의 법칙에서 벗어날 수 없습니다. 다만 차이가 있다면 인과가 끊임없이 다른 인과를 만들어낸다는 사실을 아느냐 모르냐의 차이가 있을 뿐입니다. 인과에 어둡지 않다는 것은 어떤 생각에도 걸리지 않아서 마음이 공적空寂하고 여여如如한 무념의 상태에 이른 것입니다.

중국의 황벽黃檗 선사는 『전심법요傳心法要』에서 "시방의 모든 부처님께 공양을 드린다 하더라도 한 사람의 무심도인에게 공양함만 같지 못하다. 무슨 까닭인가? 무심도인은 일체의 마음이 없는 까닭이다"라고 설했습니다.

그렇다면, 지은 업을 어떻게 멸할 수 있을까요? 결론부터 말하면, 지은 업은 없어지지 않습니다. 지은 대로 받을 수밖에 없습니다. 그렇기 때문에 악업을 짓지 말고 선업을 지어야 하는 것입니다. 애초 불매인과, 즉, 인과에 어둡지 않으면 불락인과 할 일도 없을 것입니다.

지조를 지키는 삶

누구나 자신을 칭찬하는 말을 듣기 좋아합니다. 아름답다, 잘생겼다, 착하다, 훌륭하다, 당신이 옳다, 당신이 제일이다, 당신만이 이 일을 할 수 있다 등등. 이런 말은 듣는 순간에는 좋으나 자신의 눈과 귀와 코를 가리고 의식을 흐리게 하여 나쁜 사람, 몹쓸 사람을 만들고 결국에는 스스로를 삼악도三惡道에 떨어지게 합니다. 감언甘言, 듣기 좋은 달콤한 말도 듣는 사람의 마음가짐에 따라서 큰 독사가 될 수도 있는 것입니다.

조선의 제26대 고종의 아버지 이하응李昰應 흥선興宣 대원군大院君에 관한 유명한 일화가 하나 있습니다. 흥선 대원군이 정권을 잡기 전에는 안동 김씨安東 金氏의 세도정치 밑에서 힘든 생활을 해야 했습니다. 왕족에 대한 안동 김씨의 감시가 심해지자 일부러 불량배와 어울리며 타락한 생활을 하는 것처럼 행동했습니다. 그래야 안동 김씨의 감시를 피할 수 있었던 것입니다. 그러던 중 1863년 철종이 죽고 조대비에 의해 아들 명복이 12세에 제26대 고종으로 즉위하자 이하응은 대원군大院君에 봉해지고, 어린 고종을 섭정攝政하였습니다. 대원군은 권력을 잡자 안동 김씨의 주류主流를 숙청하고 당파를 초월하여

인재를 등용하였으며, 부패한 관리들을 파직시켰습니다.

이하응은 젊었던 시절 곧잘 기생 춘홍春紅의 집을 드나들었습니다. 술집에서 추태를 부리다 옆자리에 있는 금군별장禁軍別將 이장렴李長濂과 시비가 붙었습니다. 화가 난 이하응이 말하기를, "그래도 내가 왕족이거늘 일개 군관이 무례하다"라고 소리쳤습니다. 그러자 이장렴은 이하응의 뺨을 후려치면서 "한 나라의 종친이면 체통을 지켜야지 이렇게 외상술이나 마시며 왕실을 더럽혀서야 되겠소" 하며 호통을 쳤습니다. 이하응은 뺨을 얻어맞고도 할 말이 없어 도망치듯 술집에서 빠져나와야 했습니다.

세월이 흘러 이하응은 대원군이 된 뒤 이장렴을 운현궁雲峴宮으로 불렀습니다. 이장렴은 대원군의 부름을 받고 운현궁으로 가기 전 가족에게 유언까지 남겼다고 합니다. 살아서 돌아오지 못할 것이라고 생각했던 것입니다.

이장렴이 방에 들어서자 흥선 대원군은 눈을 부릅뜨면서 "자네는 이 자리에서도 내 뺨을 때릴 수 있겠는가?"라고 물었습니다. 이에 이장렴은 "대감께서 지금도 기생 춘홍이 집에서 했던 것과 같은 행동을 하신다면 이장렴의 마음이 이장렴의 손을 억제하지 못할 것입니다"라고 대답했습니다.

흥선 대원군은 이렇게 말했습니다.

"조만간 그 술집에 다시 가려고 했는데 자네 때문에 안 되겠군. 좋은 인재를 한 명 얻었구나. 술상을 들이도록 하여라."

홍선 대원군은 호탕하게 웃은 뒤 이장렴을 극진히 대접했습니다. 그리고 이장렴이 돌아갈 때 홍선 대원군은 하인들에게 "금위대장 나가시니 앞을 물리고, 중문中門으로 모시도록 하여라!"라고 명령했습니다. 금위대장은 한양을 지키던 영문營門의 수장首長으로 종2품에 해당하는데, 그 높은 직위를 구두로 임명한 것입니다.

"자네는 이 자리에서도 내 뺨을 때릴 수 있겠는가?"라고 물었을 때 "대감, 그때는 소인이 경솔한 짓을 했습니다. 용서해 주십시오"라고 했더라면 이장렴은 아마 살아남지 못했을 것입니다. 이장렴은 권세에 눌리지 않고. 지조志操를 지켜 목숨을 구하고, 금위대장까지 된 것입니다.

불자들은 이 일화를 깊이 새겨서 지조를 지키며 살아갈 줄 알아야 합니다. 그렇다면 어떻게 사는 게 지조를 지키는 삶일까요? 그 해답을 스님들의 행장에서 찾아보도록 하겠습니다.

사대원무주四大元無主   오온본래공五蘊本來空
장두임백도將頭臨白刀   유사참춘풍猶似斬春風

육체四大는 내 것이 아니고 오온은 본래 공한 것이니
저 칼날에 목이 잘린다 해도 부는 봄바람 베는 것과 같다.

중국의 승조 스님이 남긴 임종게인데, 『경덕전등록』(권제27)에 실렸습니다. 승조 스님은 구마라즙 문하에서 수학하며 역경에 많은 공로를 남겼습니다. "관리가 되라"는 왕의 명령을 거역해 처형당했는데, 처형당하기 직전 읊은 게 바로 이 임종게입니다. 승조 스님은 고작 세납 31세에 입적했습니다. 자신의 목을 벨 칼날을 두려워하지 않을 뿐만 아니라 그 칼날에 베이는 것은 목이 아니라 봄바람일 것이라고 말하는 승조 스님의 태도에 절로 경외심이 듭니다.

만약 공명심이 있는 사람이라면 왕이 "관리가 되라"고 명하였을 때, 얼른 관리가 되었을 것입니다. 세속의 욕망에서 초월한 부처님 가르침을 따르는 불제자였기에 공명심을 헌신짝처럼 여겼던 것입니다. 승조 스님은 삶과 죽음을 나눠서 생각하지 않았습니다. 승조 스님이 보기에 죽음은 육신이라는 무거운 짐을 벗고 불멸법신不滅法身을 얻어 참 자유인의 길에 드는 것이었습니다.

한국의 고승들 중에도 세속적인 욕망을 좇는 것을 비판한 스님이 제법 많습니다.

환인래입환인향幻人來入幻人鄕
오십여년작희광五十餘年作戱狂
농진인간영욕사弄盡人間榮辱事

탈승괴뢰상창창脫僧傀儡上蒼蒼

환인이 환인의 마을로 들어와서
오십여 년 미친 광대짓 했네.
인간의 영욕사를 마쳤으니
꼭두각시 모습 벗고 맑고 푸른 곳으로 올라가네.

허응당虛應 보우 스님의 임종게입니다. 허응당 보우 스님은
숭유억불崇儒抑佛의 조선시대에 불교를 중흥시킨 장본인입니
다. 만약 허응당 보우 스님이 없었다면 조선 후기의 불교사는
꽃을 피울 수 없었을 것입니다. 하지만 문정왕후가 몰락하자
보우 스님은 제주목사에게 장형杖刑을 당해야 했습니다. 비극
적인 죽음 앞에서도 보우 스님은 일체 두려움이 없었습니다.
'영욕사를 마쳤으니 꼭두각시의 모습 벗었다'는 구절에서는 보
우스님의 초탈한 경지를 읽을 수 있습니다.

허응당 보우 스님의 제자인 서산 스님도 세속적인 욕망에 초
탈했던 스님입니다. 서산 스님은 명종 7년에 실시된 승과에서
상상품으로 급제했습니다. 선과대선으로 1년, 중덕으로 2년,
대덕으로 3개월을 보낸 뒤 교종판사가 되었습니다. 이어 선종
판사까지 겸직하게 됨으로써 승직으로는 최고의 자리에 올랐
습니다. 하지만 서산 스님은 40세가 되자 모든 승직을 버리고

홀연히 금강산으로 들어갔습니다. 30여 년간 은둔하면서 수행하다가 임진왜란이 일어나자 산문 밖으로 나갔습니다. 왜군들과 맞서 싸움으로써 나라를 지킨 서산 스님의 공로를 인정해 선조는 서산 스님에게 '국일도대선사 선교도총섭 부종수교보제등계존자國一都大禪師禪敎都摠攝扶宗樹敎普濟登階尊者'라는 시호를 내렸습니다. 하지만 서산 스님은 이런 사회적 지위 따위를 먼지처럼 여겼습니다.

서산 스님은 공명심을 쫓는 승려들을 박쥐 중, 염소 중, 대머리거사, 가사 입은 도둑이라고 비판하였습니다. 서산 스님이야말로 지조志操를 지킨 선지식이 아닐 수 없습니다.

부처님은 천한 사람과 귀한 사람에 대해 이렇게 설했습니다.

"태어날 때부터 천한 사람과 귀한 사람이 정해지는 게 아닙니다. 그 행위에 의해서 천한 사람도 되고 귀한 사람도 되는 것이오. 찬다라족의 아들인 마탕가는 개백정으로 불릴 만큼 천한 사람이었지만 최상의 명예를 얻었소. 많은 왕족과 바라문들이 그를 섬기려고 모여들었소. 그는 신들의 길, 더러운 먼지를 털어버린 성스러운 길에 들어섰으며, 탐욕을 버리고 범천의 세계에 가게 되었소. 천한 태생인 그가 범천의 세계에 태어나는 것을 아무도 막을 수 없었소."

부처님은 타고난 신분에 의해 귀천이 정해지는 게 아니라 그 사람의 행동에 따라 귀천이 정해진다고 말씀하신 것입니다.

또한, 『법구경法句經』에는 부처님이 사회적으로 덕망이 높은 사람長老에 대해 "머리카락이 희다고 해서 장로가 되는 것은 아니다. 단지 나이만 먹었다면 그는 부질없이 늙어버린 속 빈 늙은이에 지나지 않다. 진리의 불살생과 절제와 자제로써 더러운 때를 벗어버린 사람을 진정한 장로라고 한다"고 설한 내용이 있습니다. 이 역시 한 사람의 지위를 결정하는 데 가장 중요한 것은 행동거지라는 사실을 일깨워주는 말씀입니다.

상불경보살常不輕菩薩의 가르침

왜 절[寺刹]을 절이라고 부르는 것일까요? 절이라는 말은 순우리말입니다. 그 유래는 확실하지 않습니다. 절의 유래에 대해 혹자는 신라 최초의 불교 신도였던 모례毛禮의 이름에서 유래했다는 학설이 있다. 모毛를 고대 신라어의 관례대로 뜻인 털로 읽었고, 털례에서 털로, 다시 절로 바뀌었다는 것입니다. 모례 장자의 집이 절의 역할을 한 것도 사실입니다.

혹자는 절에 가면 절을 많이 올리기 때문에 절이라고 주장합니다. 혹자는 소금에 배추를 절이면 배추의 숨이 죽듯이, 절에서는 자신을 낮춰서 여러 상相의 숨이 죽이기 때문에 절이라고 주장합니다. 어원상으로는 첫 번째 주장이 가장 설득력이 있으나, 절이라는 공간의 역할을 감안하면 두 번째 견해와 세 번째 견해도 틀리지 않습니다. 두 번째 견해와 세 번째 견해는 절이 하심下心하는 곳이라는 점에서 동일합니다.

불교가 다른 공부와 다른 점이 있습니다. 첫째, 다른 공부는 학문이나 기술을 익히는 데 목적이 있는 반면, 불교는 지혜를 얻어서 자비를 실천하는 데 목적이 있습니다. 둘째, 다른 공부는 자신을 높이는 데 목적이 있는 반면, 불교는 자신을 낮추는

데 목적이 있습니다.

그런데 잘못하면 하심도 상相이 될 수 있습니다. 만약 내가 겸손한 사람이라는 것을 남들에게 알리기 위해서 자신을 낮춘 다면, 이는 남들에게 자신을 뽐내는 것과 다르지 않습니다. 이러한 행동을 일컬어서 비만卑慢 또는 아열만我劣慢이라고 합니다. 비만이나 아열만이나 상대적으로 자신의 우월감을 드러낸다는 점에서 동일합니다. 상대와 나를 비교하는 데서 잘난 척하고 뽐내며 건방진 태도가 비롯되는 것입니다. 무위법無爲法과 유위법有爲法은 천지차이입니다. 하심은 말 그대로 마음을 낮추는 것입니다. 상대에게 뽐내고 싶어서 행동거지만 겸손한 척한다면 이는 하심이 아니라 상심上心인 것입니다.

사찰 입구에 들어서면 일주문과 사천왕문이 있고, 사찰 곳곳에는 경사가 가파른 돌계단이 있으며, 전각에는 불상이 높게 모셔져 있습니다. 그런 까닭에 사찰을 찾은 사람들은 절로 자신을 낮출 수밖에 없습니다.

절에 오면 부처님 전에 절을 올려야 하므로 하심할 수밖에 없습니다. 부처님께 복을 빌고 발원할 때에도 하심을 해야만 그 기도가 이뤄집니다. 스님들께 절을 올리는 것도 하심을 배우기 위함입니다. 절을 올리는 것은 불교수행의 한 방편입니다. 능례能禮와 소례所禮, 절하는 사람과 절 받는 대상 즉, 부처님과 스님이 다 같이 하심 하는 마음으로 절을 하고 절을 받아야 합니다.

'향상일로向上一路'라는 화두가 있습니다. 사전적 의미는 '위로 향하는 유일한 길'입니다. 『벽암록』 제12칙, '동산마삼근洞山麻蔘斤'에 나오는 말입니다. 천성불전千聖不傳과 한 구를 이룹니다. '천성불전 향상일로'는 1,000명의 성인도 전할 수 없으며, 언어와 생각이 미치지 못하는 최상의 경지를 뜻합니다. 종문宗門의 최종 목적지를 가리키는 것입니다. 그런데 한 스님이 "향상일로란 어떤 겁니까?"라고 물었을 때 중국의 계성繼成 선사는 이렇게 대답했습니다.

"아래로 내려오면 그것을 체험할 수 있을 걸세."

실제로 불교를 공부하다 보면 절로 하심을 하게 됩니다. 수행에서 가장 큰 장애물은 다름 아닌 아상我相입니다. 아상이 큰 사람일수록 분별심도 큽니다. 불교 공부는 아상을 없애는 것입니다. 자신을 낮추고 남을 존중하는 것이 바로 부처님의 가르침입니다. 자신을 낮추는 하심의 자세가 바로 향상일로인 것입니다.

하지만 많은 불자가 상을 내기를 좋아합니다. "나는 경전을 읽었네", "나는 수행을 했네", "나는 큰 스님의 법문을 들었네", "나는 불사에 동참했네", "나는 어려운 이웃에게 보시를 했네." 등 이런 말들을 하는 것이 바로 상을 내는 것입니다. 이렇게 자신을 내세우는 사람일수록 타인에 대한 배려심이 없습니다.

"벼는 익을수록 고개를 숙인다"는 속담이 있습니다. 불자라면 마땅히 겸손할 줄 알아야 합니다.

석가모니 부처님께서 전생에 인행忍行을 닦을 때의 이름은 상불경보살常不輕菩薩입니다. '무시하거나 천시하지 않는 이'라는 의미입니다. 『법화경』 「상불경보살품」에 따르면, 상불경보살은 멀리 지나가는 사람을 보아도 곧 쫓아가서 절하고 칭송하였다고 합니다. 이에 젠 체하는 사부대중은 그를 일러 늘 공경하고 무시하지 않는다는 뜻으로 '상불경常不輕'이라 하였습니다. 그가 임종할 때 그를 박해한 사부대중은 모두 지옥에 떨어졌는데, 죄보가 끝난 뒤 불법에 귀의하여 상불경보살의 자비로 다시 인간 세계에 태어나 아뇩다라삼먁삼보리의 교화를 만났다 합니다.

『법화경』 「상불경보살품」의 내용을 인용하겠습니다.

"그때 한 보살의 비구가 있었는데 이름이 상불경이었느니라. 득대세 보살아, 왜 상불경이라 했는지 아느냐, 이 비구는 비구, 비구니, 우바새, 우바이를 보면 그들을 예배하고 찬탄하면서 이리 말했느니라. 나는 그대들을 깊이 존경하고 가볍게 보거나 업신여기지 않노라. 왜냐하면 그대들은 모두 부처님이 되실 것이기 때문이다. 이 비구는 전혀 경전을 읽거나 외우지도 않고 다만 예배만을 하며 멀리서 사부대중을 보면 다가가 예배하고 찬탄하면서 말했느니라. 나는 그대들을 업신여기거나 가벼이 보지 않노라. 왜냐하면 그대들은 모두 부처님이 되실 분들이기 때문이다.

사부대중 가운데 마음이 깨끗하지 못한 사람이 욕하면서 말하길 이 무식하고 어리석은 비구야, 너는 어디서 왔길래 우리에게 부처가 된다고 수기를 주느냐. 우리는 그 같은 허망하고 그릇된 수기는 받지 않는다고 했느니라. 그러나 이같이 여러 해를 두루 돌아다니면서 항상 비웃음과 욕설을 들어도 화내지 않고 말하길 그대들은 반드시 부처님이 되리라고 했느니라.

사람들이 때리거나 기와나 돌을 던지면 달아나면서 더 큰 소리로 외쳤느니라. 나는 그대들을 업신여기거나 가볍게 보지 않노라. 그대들은 반드시 부처님이 되실 분들이기 때문이라고 했느니라. 그는 항상 그런 말을 했으므로 도인인 체하는 비구, 비구니, 잘난 체하는 남녀신도들이 이 비구를 상불경이라 불렀느니라.

이 비구가 임종하려 할 때 위음왕 부처님께서 앞서 설하셨던 『법화경』의 20천만억 게송이 허공에서 들려와 다 받아가지므로 전에 말한 바와 같이 맑고 깨끗한 눈과 귀, 코, 혀, 몸, 뜻을 얻었으며, 이 맑고 깨끗한 6가지 감각기관을 얻고서 다시 수명이 늘어나 200만억 나유타 세월 동안 여러 사람을 위해 이 『법화경』을 널리 설했느니라.

이때 도인인 체하던 비구, 비구니, 잘난 체하던 남녀신도로서 이 상불경을 천대하던 자들이 그 비구가 큰 신통의 힘과 말 잘하는 변재의 힘과 잘 참는 큰 힘을 얻은 것을 보고 또 그 비 구가 설하는 법을 듣고는 모두 믿고 복종했으며, 이 상불경 보 살은 다시 천만억 중생을 교화해 바른 깨달음인 부처님의 지혜 에 머물게 했느니라.

이 보살이 열반 후에는 2000억 부처님을 만났으니 다 일월등 명 부처님 이었느니라. 그 법 가운데 이『법화경』을 설했으며, 이런 인연으로 다시 이천억 부처님을 만났으니 다 같은 운자재 등왕 부처님 이었느니라. 상불경은 이 여러 부처님 법 가운데 서『법화경』을 가지고 읽고 외우고 모든 사부대중을 위해 법화 경을 설했으므로 눈이 맑고 깨끗하며, 귀, 코, 혀, 몸, 뜻이 또 한 맑고 깨끗하게 되어 사부대중을 위해 설해도 마음에 두려 움이 없었느니라.

득대세보살이여, 이 상불경보살은 이같이 여러 부처님을 공 양하고 찬탄하여 모든 선근의 종자를 심고, 그 뒤 다시 1000만 억 부처님을 만나 또 그 부처님 법 가운데서 이 경을 설하여 공 덕을 성취하고 부처님이 되셨느니라. 득대세보살아, 어찌 생 각 하느냐. 그때의 상불경이 어찌 다른 사람이랴. 바로 나이니 라."

상불경보살의 일화에서 가장 주목해야 할 것은 사부대중이 아무리 '상불경보살', 즉, '다른 사람을 가벼이 여기지 않는 보살'이라고 놀려도 상불경보살은 만나는 사람마다 "나는 그대들을 업신여기거나 가벼이 보지 않노라. 왜냐하면 그대들은 모두 부처님이 되실 분들이기 때문"이라 찬탄했다는 대목입니다.

과연 '상불경보살'을 놀린 사부대중과 상불경보살 중에서 누가 더 어리석습니까? 아무리 경전을 많이 읽어도 그 경전 내용을 실천하지 않는다면 아무 의미가 없을 것입니다. 부처님의 가르침은 지혜를 증득해 자비를 실천하는 데 목적이 있는 것입니다.

상불경보살의 일화에서 알 수 있듯 탐, 진, 치 삼독심을 없애고 본래의 자아를 발견하려면 남을 공경하고 자신을 낮추는 하심을 할 줄 알아야 합니다. 자신을 낮출 때만이 남을 받들 수 있습니다. 그래야만 자신의 마음속에 부처님의 가르침을 가득 채울 수 있습니다.

"무릇 하심下心을 지닌 자에게는 온갖 복福이 스스로 귀의하느니라"라는 『초발심자경문』의 구절을 마음에 새기기 바랍니다.

부루나 존자가 서방의 수나파란타국에 전도하러 가겠다고 하자 부처님께서 물으셨습니다.

"내가 전해 듣건대, 그 나라 사람들은 심성이 사납고 성질이 흉악하여 사람을 업신여기고 수치를 주는 일이 많다고 하는데 만일 그들이 너에게 욕설을 퍼붓고 너를 망신시킨다면 어떻게 하겠느냐?"

"설령 그 나라 사람들이 나를 업신여기고 수치스럽게 한다 할지라도 그들의 성질이 그래도 착하고 지혜가 있다면 주먹을 쥐고 나를 때리는 일은 없을 것입니다."

"부루나야, 만일 그들이 주먹을 쥐고 때린다면 어찌 하겠느냐?"

"부처님, 설령 그 나라 사람들이 주먹으로 우리를 때린다 할지라도 그들은 그래도 칼이나 막대기를 들고 덤벼들지 않는 것을 다행으로 알겠습니다."

"만약 그들이 칼이나 막대기로 너를 해친다면?"

"부처님, 만약 그들이 제 생명을 빼앗는다면 그에 저는 이런 생각을 하겠습니다. 도를 닦는 세존의 제자로서 한 많은 육신을 싫어하여 스스로 생명을 끊는 자도 있는데, 그 나라 사람들은 그 본바닥이 착하고 지혜가 있어서 능히 이 세상의 고뇌에서 벗어나게 해 주었다고 생각하겠습니다."

"착하다. 내 제자여. 너는 도를 잘 닦아 참고 견디는 마음을 배웠구나. 너야말로 서방 수나파란타국의 사람들에게서 능히 견디어낼 수가 있을 것이다. 너는 이제부터 가서 아직 안온을 얻지 못한 자를 위하여 깨달음에 들도록 가르쳐라."

그리하여 스님들의 격려를 받은 뒤 부루나 존자는 서방으로 길을 떠났습니다. 부루나 존자는 수나파란타에 가서 여름을 보내고 진리의 씨를 뿌려 5백의 신도를 얻고 많은 절을 지었으나 그 해에 드디어 그 곳에서 죽고 말았습니다. 인욕忍辱이 가장 바른 법正道입니다. 하심하는 사람만이 인욕할 수 있습니다.

보시普施의 공덕

부처님께서는 3시三施의 공덕에 대해 설하셨습니다. 첫째는 재시財施입니다. 남에게 재물을 베푸는 것을 일컫습니다. 둘째는 법시法施입니다. 남에게 바른 법을 가르쳐줌으로써 바로 살아가게 하는 것입니다. 셋째는 무외시無畏施입니다. 남을 긍휼이 여기는 마음을 일컫습니다. 솔직히 말하면 무외시를 하지 않는 스님이 많습니다. 재시와 달리 법시와 무외시는 자신의 생각에 따라 얼마든지 실천할 수 있습니다.

그렇다면 바른 보시 방법은 무엇일까요? 베풀면서도 베푸는 생각이 없어야 합니다. 시주를 하면서도 시주하는 생각이 없어야 합니다. 특히, 보시를 할 때 가장 중요한 것은 보시로 인한 결과를 바라지 않는 것입니다. 내가 누군가에게 보시했으니 그 선업으로 인해 복을 받겠지, 하는 마음을 가져서는 안 됩니다. 부모가 자녀를 사랑으로 대하는 것은 나중에 자녀에게 보상을 받기 위해서가 아닙니다. 그저 사랑하기 때문입니다. 부모가 자녀를 대하듯이 보시를 할 때는 어떠한 것도 바라지 않아야 합니다. 이를 일컬어 무주상보시無住相布施라고 합니다. 사전적 의미는 '어떠한 상에도 머무르지 않는 보시'입니다. 다시 말해, 내가 내 것을 누구에게 주었다는 생각조차도 갖지 말라는 것입니다. 그 이유는 내가 착한 일을 했다고 생각하는 순간 이미 자만심이 생기기 때문입니다. 무주상보시의 반대말은 유주상보시有住相布施입니다. 안으로는 깨달음을 구하고 밖으로는 중생을 구제하는 보살처럼 대승적인 차원의 보시를 해야 합니다.

원효 스님은 『대승기신론소大乘起信論疏』를 통해 "심성心性은 불생불멸不生不滅인데, 일체의 모든 법이 오로지 망령된 생각妄念에 의지하여 차별이 있게 된다. 만일, 망령된 생각을 없애면 곧 모든 경계의 모습들이 없어진다"고 설했습니다. 보시한다는 생각도 차별을 부르는 망령된 하나의 경계입니다. 유주상보시는 안 됩니다. 대가성이나 자랑하는 마음이나 남에게 보이기 위한 보시는 안 됩니다. 무주상보시를 할 때만이 참다운 공덕의 인연을 짓는 것입니다.

흔히 보시라고 하면 물질적인 것부터 생각합니다. 하지만 돈 없이도 할 수 있는 일곱 가지 보시, 즉, 무재칠시無財七施가 있습니다.

첫째, 화안시和顔施입니다. 항상 밝은 얼굴로 남을 대하는 것입니다.

둘째, 언시言施는 부드러운 말씨로 남을 칭찬하고 위로하며 격려하는 것입니다.

셋째, 심시心施는 마음의 문을 열고서 남에게 다가가는 것입니다.

넷째, 안시眼施는 호의를 담은 온화한 눈빛으로 남을 바라보는 것입니다.

다섯째, 신시身施는 노동이나 재능기부 등 몸을 움직여 남을 돕는 것입니다.

여섯째, 좌시座施는 여건에 따라 남에게 자리를 양보하는 것입니다.

일곱째, 찰시察施는 상대의 마음을 헤아려 남을 돕는 것입니다. 혹은 잘 곳이 없는 사람을 방에서 재워주는 것입니다.

『열반경涅槃經』「범행품梵行品」에는 이런 구절이 있습니다.

"보살이 보시를 하는 것은 명예나 이익을 위해서가 아니다. 보시를 할 때는 받을 사람을 가려서는 안 된다. 보시하지 않으면 보시 바라밀을 갖출 수 없고, 보시 바라밀을 갖추지 못하면 바른 깨달음을 이룰 수 없다. 보살이 보시를 할 때에는 평등한 자비심으로 이웃을 마치 친자식처럼 생각해야 한다. 병든 이웃을 보면 부모가 병든 자식을 대하듯 가엾이 여겨 보살펴주고, 즐거워하는 이웃을 보면 병든 자식이 다 나은 것을 보듯 기뻐하고, 보시한 뒤에는 다 큰 자식이 스스로 살아가는 것을 보고 마음을 놓듯이 해야 한다."

　흔히 보시를 베푸는 것이라고 생각하지만, 엄밀히 말하면 나누는 것입니다. 베푸는 일은 수직적인 상하관계에서 비롯되는 것이지만, 나누는 일은 수평적인 유대관계에서 비롯되는 것입니다. 무엇을 나눠 가지는 일은 자신의 마음을 여는 일이기도 합니다. 베푸는 마음을 지니면 부자가 되고, 구걸하는 마음을 지니면 가난을 벗어날 수 없습니다. 주는 마음과 받는 마음, 그리고 주고받는 물건이 모두 거리낌 없으면 청정한 보시인 것입니다.

지혜와 자비는 자전거의 두 바퀴

　니르그란타 제자였던 도사씨 촌장은 나알라촌 호의암라 동산에 계신 부처님께 나아가 공손히 문안하고 한 쪽에 물러앉아 여쭈었습니다.

　"부처님은 어찌하여 항상 일체 중생을 편안하게 하고, 그렇게 하는 것을 칭찬하십니까?"

　부처님께서 말씀하셨습니다.

　"나는 언제나 일체 중생을 사랑하고 가엾이 여기어, 편안하게 하고 또한 그렇게 하는 것을 칭찬하느니라."

　"만일 그렇다면 여래는 무슨 이유로 어떤 사람에게는 설법하고 어떤 사람에게는 설법하지 않습니까?"

　"나는 너에게 물으리니 마음대로 대답하라. 촌장이여. 비유하면 세 가지 밭이 있는데, 첫째 밭은 기름지며, 둘째 밭은 중간이요, 셋째 밭은 기름지지 못한 것과 같다. 어떠한가? 촌장이여. 그 밭주인은 먼저 어느 밭을 갈고 씨를 뿌리겠는가?"

　"가장 기름진 밭을 먼저 갈고 씨를 뿌릴 것입니다."

　부처님께서 말씀하셨습니다.

　"나도 또한 그와 같다. 저 기름진 밭처럼 나와 같이 길을 가는 수행자들도 그와 같아서 나는 항상 그들을 위해 바른 법을 연설한다. 그것은 처음도 좋고 중간도 좋고 마지막도 좋으며, 뜻도 좋고 맛도 좋아서, 순일純一하고 원만하며 깨끗한 범행을 열어 보이고 나타내는 것이다. 그러므로 그들은 그 법을 듣고는, 내 집, 내 섬, 내 덮개, 내 그늘, 내 방향을 의지하고 항상 깨끗한 눈으로 나를 관찰하면서 살아가느니라. 그리하여 그들은 '부처님의 말씀하신 법을 내가 다 받아 가지자. 그것은 언제나 나를 진리로써 이익하게 하여 안온하고 즐겁게 머무르게 한다'고 생각하느니라."

불자의 첫째 사명은 바른 법을 알고 둘째 사명은 바른 법을 실천하는 것입니다. 부처님께서 설했다시피 바른 법은 '처음도 좋고 중간도 좋고 마지막도 좋으며, 뜻도 좋고 맛도 좋아서, 순일純一하고 원만하며 깨끗한 범행을 열어 보이고 나타내는 것'임에 틀림이 없습니다.

그런데 '바른 법'이란 무엇일까요? 간단히 말하면 지혜와 자비입니다. 불교를 배우는 목적은 부처님의 가르침에 따라 지혜를 얻기 위해서입니다. 하지만 지혜를 얻었다고 해서 불교 공부가 끝나는 것은 아닙니다. 비유하면, 불교는 지혜와 자비라는 두 바퀴로 굴러가는 자전거입니다.

부자가 되기 위해서는 부자가 되는 법을 배워야 합니다. 마음이 넉넉한 사람이야말로 진정한 부자라고 할 수 있습니다.

베푸는 마음을 지니면 부자가 되고, 구걸하는 마음을 지니면 가난함을 면할 수 없는 것입니다. 불자는 배운 부처님의 가르침을 다른 사람들에게 전해야 합니다. 자신이 가진 만큼 남에게 베푸는 것이 바로 불교의 궁극적인 가르침이자 실천입니다.

경전공부도 다르지 않습니다. 불교의 지혜는 연기법緣起法을 아는 것입니다. 세상의 모든 현상이 생기소멸生起消滅합니다. 세상의 모든 현상은 생길 때도 사라질 때도 무수한 원인과 조건이 서로 관계함으로써 비롯되는 것입니다. 이러한 연기의 법칙을 세 가지 근본 교의로 설명한 것이 바로 3법인三法印입니다.

첫째, 제행무상인諸行無常印, 즉, 온갖 물物과 심心의 현상은 생멸변화生滅變化하는 것인데도 불구하고, 사람들은 불변·상존하는 것처럼 여기므로 세상의 모든 것이 무상함을 강조하는 것입니다.

둘째, 제법무아인諸法無我印, 즉, 만유의 모든 법은 인연으로 생긴 것이어서 실체가 없는 것인데도 불구하고 사람들은 아我에 집착하는 그릇된 견해를 가지므로 나라는 것이 없음을 강조하는 것입니다.

셋째, 열반적정인涅槃寂靜印, 즉, 생사가 윤회輪廻하는 고통에서 벗어난 이상의 경지인 열반적정의 진상을 강조하는 것입니다.

그런데 영국의 한 불교학자가 '제행무상諸行無常', 즉, '모든 것은 변화한다'는 사실을 알고서는 깊은 슬픔에 빠지고 말았습니다. 그는 '세상 모든 것은 변화한다. 고로 나도 변화한다. 나도 늙고 병들어 죽을 수밖에 없다. 그렇다면 평생 동안 연구한 업적이 무슨 소용이며, 그간 쌓아온 명예와 저축한 돈도 다 소용없는 것이 아닌가?' 하는 회의에 빠졌던 것입니다. 결국 우울증에 걸린 그를 딸이 위로했습니다.

"아버지, 너무 상심하지 마세요. 만약에 세월 따라서 변하지 않으면 어떻게 갓난아기였던 제가 어른이 되어서 아버지를 위로할 수 있겠어요."

이 일화에서 불교학자인 아버지는 불교의 가르침을 제대로 알지 못하고 있습니다. 오히려 딸이 무상의 이치를 제대로 파악하고 있습니다.

고승대덕 스님들은 한결같이 "경전의 내용을 두루 통달하되 글자의 감옥에 갇히지 말라"고 말씀하셨습니다. 그 이유는 "여의고 버리는 것이 곧 부처님의 가르침이고, 버릴 줄 아는 사람이 바로 부처님"이기 때문입니다.

앞서 설명했다시피 지혜는 연기법 내지는 인과법因果法을 체득함으로써 8정도八正道를 바로 이해하는 것은 물론이거니와 자신이 바로 부처라는 것을 깨닫는 것입니다.

보름날이 되면 두루 원만한 보름달이 밤하늘을 밝힙니다. 밤하늘에 뜬 달은 하나이지만, 그 달은 만 개의 강에 비쳐집니다. 이는 석가모니 부처님은 한 분이시지만, 부처님의 가르침은 이

세상에 두루 편재해 있는 것과 같은 이치입니다. 이러한 법
신法身의 이치를 깨닫고 나면, 우주만물이 모두 자신의 것이 되
는 것입니다.

진각眞覺 혜심慧諶 선사의 「인월대隣月臺」라는 선시가 있습니다.

암총흘흘지기심巖叢屹屹知幾尋
상유고대접천제上有高臺接天際
두작성하자야다斗酌星河煮夜茶
차연냉쇄월중계茶煙冷鎖月中桂

높게 솟은 바위 몇 길이나 되는지
위에 선 높은 누대 하늘 끝과 닿았네.
북두로 은하수 길어 차를 달이는 밤
차 끓는 김이 찬 달 속 계수나무 감싸네.

— 『무의자시집』 —

밤하늘에 뜬 은하수로 차를 달여서 마실 수 있는 사람은 오
직 지혜를 얻은 자유인밖에 없습니다. 지혜를 얻은 자유인에게
는 하늘이 이불이고, 땅이 잠자리이고, 산이 베개이고, 달빛이
촛불이며, 구름이 병풍인 것입니다. 부처님의 근본적인 가르침

은 지혜를 체득하고 자비를 실천하라는 것입니다. 대승적인 차원의 자비야말로 지혜의 실천 덕목이라고 할 수 있습니다.

자비慈悲에서 자慈는 남을 사랑하는 마음이므로 남을 즐겁게 하고, 비悲는 남을 가엾이 여기는 마음으로 남의 슬픔을 위무해줍니다. 쉬운 말 같지만 자비를 실행하는 것은 참으로 어렵습니다.

코로나19 바이러스로 인해 우리는 지난 몇 년 동안 더불어 살아가야 하는 공업중생共業衆生의 운명에 대해 실감할 수 있었습니다. 그렇다면 부처님께서는 어떻게 재난구제 활동을 펼치셨을까요?

부처님은 전염병이 창궐하는 베살리를 직접 방문해 구호활동을 전개하셨습니다. 당시 베살리에는 흉년이 들고 전염병이 돌아 지역주민들이 쓰러져서 눕는 일이 발생했습니다. 부처님은 죽림정사에 머물고 계셨는데, 베살리에 전염병이 돌고 있다는 소식을 듣고서 빔비사라 왕의 만류에도 불구하고 5백 명의 제자를 이끌고 길을 떠났습니다.

부처님은 제자들과 함께 갠지스 강을 건너서 뜨거운 모래바람을 맞으며 발길을 재촉해 재난의 땅인 베살리에 도착하셨습니다. 부처님께서 도착하셨을 때 베살리에는 시체 썩는 냄새가 코를 찔렀다고 합니다. 부처님은 우선 제자들과 함께 발우에 물을 담아와 뿌리면서 거리를 깨끗하게 청소하셨습니다.

그리고 죽음의 공포에서 벗어나고자 하는 사람들은 삼보에 귀의하라고 설하셨습니다. 이렇게 부처님께서 재난 구제에 나선 지 7일이 지나자 베살리에는 전염병이 사라지고 하늘에서 비가 내려 가뭄도 해결되었다고 합니다.

재난을 당한 이웃을 구호하기 위해 제자들과 함께 헌신적인 방역활동을 펼치신 부처님의 일화는 코로나 시대에 불자들이 귀감을 삼아야 할 교훈입니다.

타인의 고통을 외면하지 않고 슬픔과 절망을 함께 나누는 것이야말로 불자들이 실천해야 할 자비행인 것입니다. 『열반경涅槃經』 「범행품梵行品」에는 이런 구절이 있습니다.

"어떤 사람이 무엇이 온갖 선행의 근본이냐고 묻거든 자비심이라고 대답해라. 자비심은 진실해서 헛되지 않고, 선한 일은 진실한 생각에서 일어난다. 신실한 생각이 곧 자비심이며, 자비심이 곧 여래이다."

여래란 진리의 세계에서 왔다는 의미입니다. 자비심을 가질 때 진리를 실현할 수 있습니다. 그리고 자비를 실천하는 것이 한걸음씩 여래에 가까이 가는 길이기도 합니다.

세종대왕은 석가모니 부처님의 크나큰 공덕을 기리기 위해 찬불가를 모은 책을 출간했습니다. 그 책 이름이 『월인천강지곡月印千江之曲』입니다. 달은 천 개의 강을 비춥니다. 그런 까닭에 천 개의 강물 위에는 밝은 달이 떠서 흘러갈 수 있습니다.

태양도 마찬가지입니다. 이 세상의 수많은 초목들이 태양의 온기를 받아서 꽃을 피우고 열매를 맺는 것입니다. 하늘에 떠 있는 태양은 하나이지만, 태양의 밝은 빛과 따뜻한 온기를 받는 것은 이 세상의 만물입니다. 부처님의 가르침은 온 세상을 밝게 비추는 태양과 같고, 천 개의 강에 떠서 흘러가는 달과 같습니다.

불교는 배움의 종교이자 실천의 종교입니다. 아무리 드높은 깨달음일지라도 그 깨달음을 실천에 옮기지 않으면 무용한 것입니다. 코로나19 바이러스로 인해 우리는 나뿐만 아니라 남들도 편안해야 비로소 행복한 삶을 살 수 있음을 체감했습니다. 남을 위해 기도하라는 선대 조사님의 가르침을 가슴 깊이 새겨야 합니다. 그런 까닭에 자비관 기도를 알려드리고자 합니다.

"나는 모든 생명 있는 존재들이 안락하고 행복하며 괴로움과 재난에서 벗어나기를 기원합니다. 모든 이들이 하고자 하는 일이 모두 성취되기를 기원합니다. 모든 이들이 해악과 미워하는 마음, 근심과 슬픔에서 벗어나기를 기원합니다. 모든 이들이 행복과 마음의 평온을 즐기기를 기원합니다. 모든 이들이 분노와 기만, 남을 해치려는 마음에서 벗어나서 남을 해치는 일에는 티끌만큼도 마음을 기울이지 않기를 기원합니다. 모든 이들이 순수한 마음으로 항상 자애와 선행을 하기를 기원합니다. 모든 이들이 남을 속이는 일과 야비한 마음으로 남을 해하려는 것을 삼가기를 기원합니다. 모든 이들이 남을 헐뜯는 말, 거친 말, 위협하는 말, 화나게 하는 말, 빈말, 쓸모없는 말 하는 것을 삼가기를 기원합니다. 모든 이들이 진실 되고 유익하며 의미 있고 사랑스러우며 자애로운 좋은 말을 하기를 기원합니다. 모든 이들이 다른 이의 재산 훔치는 일, 남의 행복을 파괴하는 일, 잘못된 생각을 삼가기를 기원합니다. 모든 이들이 잘못된 생각, 탐욕, 성내는 일에서 벗어나 모두 함께 평화롭기를 기원합니다. 모든 이들이 풍요로우면서 남에게 베푸는 일에 솔선하고, 재일과 계율을 잘 지키며 자신의 행위를 올바르게 제어하기를 기원합니다. 모든 이들이 마음집중[定]과 지혜慧를 닦아 마음이 평화롭고 신심이 건강하며 행복하기를 기원합니다. 모든 이들의 모든 기도가 원만하게 성취되기를 발원합니다."

자비심은 그냥 생기는 것이 아닙니다. 일시적인 동정심이 아닙니다. 치열한 수행을 통해서만이 얻어지는 가장 아름답고 숭고한 정신인 것입니다. 다음으로 자비관법 수행에 대해 알려 드리겠습니다.

가장 먼저 해야 할 것은 자신과의 대화입니다. 먼저 눈을 감습니다. 그리고 부모님, 아들딸, 손자, 가장 친한 친구의 얼굴을 떠올립니다. 다음에는 가장 싫어하는 사람의 얼굴을 떠올립니다. 다음에는 자신의 얼굴을 떠올립니다. 만약 사랑하는 사람이나 미워하는 사람의 얼굴은 떠오르는데 자신의 얼굴이 떠오르지 않는다면 평소에 다른 사람들을 신경 쓰느라 자신에 대해서는 그다지 신경 쓰지 않고 산 것입니다. 다시 말해 세상에서 가장 소중한 자신을 망각하고 사는 것입니다. 자신과의 대화를 해보십시오. 무슨 말이든지 좋습니다. 남에게 자비를 베풀듯이 자신에게도 자비를 베풀어야 합니다. 그리고 자신의 장점을 생각해 보십시오.

다음으로는 고마운 사람, 사랑하는 사람, 소중한 사람에 대해 떠올려봅니다. 혹시 그들의 마음을 상하게 한 일이 없는가 생각해봅니다. 만약에 있다면 마음으로 뉘우칩니다. 나아가서는 싫어하는 사람, 미워하는 사람, 두려운 사람, 원망하는 사람들도 생각해 봅니다. 그들을 미워하고 싫어하고 두려워하고 원망하는 이유가 정작 자신에게서 비롯된 것은 아닌지 생각해 봅니다. 자신의 잘못이 있다면 뉘우칩니다. 앞으로는 누구에게도 그런 잘못을 하지 않겠다고 다짐합니다.

그들도 나와 똑같이 행복을 찾고 있습니다.
그들도 나와 똑같이 슬픔과 외로움과 절망을 겪고 있습니다.
그들도 나와 똑같이 고난을 피하려 하고 있습니다.
그들도 나와 똑같이 자신의 욕구를 충족하려 하고 있습니다.
그들도 나와 똑같이 인생에 대해 배우고 있습니다.

여기까지 생각한 뒤 눈을 뜹니다. 자신을 잘 살필 줄 아는 게 삶에서 가장 중요한 지혜입니다. 자신을 잘 살필 줄 알아야 인과법도 알 수 있는 것입니다. 우주의 모든 존재나 현상은 인연의 결과입니다. 이 진리를 알고서 자비를 실천해야 합니다.

『아함경』에는 이런 구절이 있습니다.

> "악의 열매가 익기 전에는 악한 사람도 복을 받는다. 악의 열매가 익은 뒤에는 악한 사람은 죄를 받는다. 선의 열매가 익기 전에는 선한 사람도 화를 만난다. 선의 열매가 익은 뒤에는 선한 사람은 복을 받는다."

지금의 선택에 의해 미래가 달라지듯이 과거의 선택에 의해 지금 살아가고 있는 것입니다. 우리는 살아가면서 착한 일만 하는 것도 아니고, 악한 일만 하는 것이 아니기 때문에 우리는 즐겁기도 하고 괴롭기도 합니다. 하지만 분명한 것은 우리가 지은 과보는 반드시 받는다는 것입니다. 그래서 우리는 복을 지어야 합니다. 복을 지으려면 지혜로워야 하고 자비로워야 합니다.

회심回心하는 삶

부처님께서는 이렇게 말씀하셨습니다.

　　장인이 도끼자루를 꾸준히 잡으면
　　조금씩 닳아 손가락 자국이 생긴다.
　　그러나 장인은 그것을 깨닫지 못한다.
　　이처럼 열심히 마음을 닦다 보면
　　스스로 알지 못하는 순간에
　　마침내 번뇌가 없어질 것이다.

　　　　　　　　　　　　　　　－ 『잡아함경』 －

　불교 공부도 다르지 않을 것입니다. 열심히 마음을 닦고 선행을 실천하다보면 자신도 모르는 사이에 번뇌가 사라질 것입니다. 불교의 궁극적인 목적은 지식의 습득이 아니라, 회심回心 즉, 마음을 돌려서 바른 길로 가는 데 있습니다. 진정한 불교공부는 형식적 의례나 주술적 기도, 불구를 소지하는 데서 이뤄지는 것이 아닙니다. 마음의 변화가 이뤄질 때 불교공부는 성취될 수 있는 것입니다.

불교적인 회심을 갖는 것은 또 다른 생명의 탄생이라고 할 수 있습니다. 육체적 탄생이 제1의 탄생이고, 정신적 자아의 발견이 제2의 탄생이라면, 불교적인 회심을 갖는 것은 제3의 탄생입니다. 불교경전에는 회심을 일으켜 깨달음에 이른 나한羅漢의 이야기가 수없이 많습니다.

살인마였던 앙굴리말라는 부처님을 친견한 뒤 회심하여 출가자가 되었습니다. 앙굴리말라는 회심한 뒤 어떤 박해도 참으며 수행해 깨달음을 성취하였습니다. 정신지체장애자였던 출라판타카도 부처님을 친견한 뒤 회심해 진리를 깨달았습니다.

도둑이 나가르주나[龍樹]를 찾아왔습니다. 도둑은 나가르주나의 한없이 따뜻하고 자비스러운 모습을 보고, 나가르주나를 존경하게 되었습니다.

"나도 당신과 같이 될 수 있습니까? 하지만 한 가지 명백히 해둘 것은 내가 도둑이라는 사실입니다. 그리고 나는 앞으로도 계속 도둑질을 그만 두지 않을 것이란 사실입니다. 그러니까 나에게 도둑질을 그만 둘 것을 요구하지 말아 주십시오. 대신 당신이 말하는 것은 무엇이든지 다 하겠습니다. 그러나 도둑질을 그만 둘 수는 없습니다. 전에도 몇 번이고 고쳐보려고 노력해 보았지만 번번이 실패했습니다. 그래서 포기해 버렸습니다. 나는 앞으로도 계속 도둑질을 할 것입니다. 그러니 도둑질에 대해서는 아무 말도 하지 말아주십시오."

나가르주나가 말했습니다.

"왜 그렇게 두려워하는가? 그대가 도둑이라고 해서 누가 상관하는가?"

도둑이 말했습니다.

"수도승, 출가자, 성자를 찾아가면 항상 먼저 도둑질을 그만두라고 말합니다."

나가르주나는 웃으면서 이렇게 말했습니다.

"나는 그런 일에 상관하지 않는다."

도둑은 매우 기뻐했습니다.

"그렇다면 좋습니다. 저도 이제 당신의 제자가 될 수 있겠군요. 당신은 진정한 스승입니다."

나가르주나는 도둑을 제자로 맞아들였습니다. 그리고 이렇게 말했습니다.

"이제 그대는 어디에 가든지 하고 싶은 일을 할 수 있다. 대신 한 가지 조건이 있다. 그대는 항상 깨어 있어야 한다는 것이다. 다른 집에 들어가서 물건을 훔치고 싶다면 그렇게 하라. 하지만 마음이 완전히 깨어있는 상태에서 도둑질 하도록 하라."

도둑은 자신이 올가미에 걸려들었다는 것을 전혀 알지 못한 채 이렇게 말했습니다.

"좋습니다. 그렇게 해보지요."

얼마 후 그 도둑은 다시 돌아와서 이렇게 말했습니다.

"당신이 나를 속였습니다. 깨어있게 되면 도둑질을 할 수가 없습니다. 도둑질을 하면 자각이 사라져 버립니다."

"그대가 도둑질을 했는지 하지 않았는지에 대해 아무 말도 하지 말라. 이제 결정하는 일은 그대의 손에 달려 있다. 그대가 자각을 원하든지, 자각을 원하지 않든지 그대의 몫이다. 결정은 그대가 하라."

"나는 이미 조금이나마 자각의 맛을 보았습니다. 너무도 아름답더군요. 이제 나는 당신이 무엇이라고 하던 모든 것을 버리겠습니다. 사실 어젯밤에 처음으로 왕궁에 들어갈 수 있었습니다. 보물 궤짝을 열었습니다. 그것만 가지면 이 세상에서 가장 큰 부자가 될 수도 있었지요. 그런데 당신의 제자가 된 이상 나는 자각을 해야 했습니다. 내가 자각을 하게 되자 갑자기 도둑질에 대한 모든 동기와 욕망이 사라지는 것이었습니다. 그 보물들도 평범한 사물로 보였습니다. 나는 그 자리에서 몇 번이나 자각하기도 하고, 자각을 잃어버리기도 하였습니다. 자각할 때는 나 자신이 붓다같이 그것을 만질 수가 없었습니다. 그 모든 것이 어리석게만 보이더군요. 단지 돌일 뿐인데 그것을 위해서 나 자신을 잃어버릴 수는 없었습니다. 그러다 자각을 잃어버리면 그것들이 귀한 보물로 보였습니다. 나는 결국 그것들은 아무런 가치도 없는 것이라고 생각하게 되었습니다."

이처럼 회심을 통한 삶의 변화는 어려운 게 아닙니다. 자각을 하면 되는 것입니다.

불교는 사람의 마음을 돌려서 바른 길로 인도하는 것입니다. 부처님의 교화 활동은 사람의 마음을 돌리는 일이 전부였다고 해도 과언은 아닙니다. 욕심 많고, 미워하며, 어리석은 사람에게 바른 진리를 깨우쳐서 자비스럽고, 너그러우며, 지혜로운 사람이 되도록 한 것입니다. 불교 공부가 가장 수승한 이유는 세간의 공부와 달리 마음을 닦음으로써 복전福田을 일구는 법을 배우기 때문입니다.

회광반조廻光返照라는 말이 있습니다. 해가 지기 직전 서쪽 하늘이 붉게 물드는 것을 일컫습니다. 사람이 죽기 직전 잠깐 동안 정신이 맑아지는 것을 의미하기도 합니다. 불교에서는 자신의 본래면목을 되돌아보는 것을 의미입니다. 내가 잘 하고 있는가? 잘못하고 있는가? 지금 하고 있는 것이 옳은가? 그른가?

석가모니 부처님이 기원정사에 계실 때 많은 제자들이 부처님을 존경하고 수행을 잘 하자 이교도들이 시기 질투하여 불량배를 시켜 마을의 처녀를 살해한 후 기원정사 앞 퇴비더미에 묻어놓으라고 교사했습니다. 불량배는 이교도들이 시키는 대로 처녀를 죽여 기원정사 앞 퇴비더미에 묻었습니다. 며칠이 지나자 기원정사 앞 퇴비더미에서 시체 썩는 냄새가 진동하였습니다. 퇴비더미를 파헤치자 처녀의 시체가 나왔습니다. 이 교도들은 부처님의 제자들이 처녀를 능욕하고 살해한 뒤 시체를 묻었다고 소문을 냈습니다. 거짓 소문이 널리 퍼졌고, 부처님의 제자들은 비난을 받아서 탁발 다니기도 어렵게 되었습니다. 제자들이 부처님에게 여쭈었습니다.

"부처님 이 일을 어찌하여야 합니까?"

"너희는 누가 사실을 묻거나 비난하는 사람을 만나거든 '진실을 숨기고 거짓말을 하는 사람은 무간지옥에 떨어집니다.'라고만 하여라."

제자들은 부처님의 지시에 따랐습니다. 마을 사람들은 부처님의 제자들이 무간지옥에 떨어지지 않자 부처님의 제자들이 그런 끔찍한 일을 할 리가 없다고 생각하게 되었습니다. 때마침 시신을 묻었던 불량배가 술에 취해 함부로 지껄이다가 사실이 들통이 나고 말았습니다.

이 일화에서 알 수 있듯 억울함을 굳이 밝히려고 하지 마십시오. 『보왕삼매론』에 이르길 "억울함을 당해도 굳이 밝히려고 하지 말라. 억울함을 밝히면 원망하는 마음이 생기나니 억울함을 당하는 것으로 수행하는 문을 삼으라. 이와 같이 막히는 데서 도리어 통하는 것이요, 통함을 구하는 것이 도리어 막히는 것이니, 그래서 장애 가운데서 해탈의 도를 얻으라"라고 했습니다.

부처님은 억울함을 밝히는 대신 침묵하셨습니다. 왜냐하면 거울에 비추면 그 빛이 다시 돌아오듯이 삼라만상이 거울인지라 진실은 반드시 밝혀진다는 것을 아셨기 때문입니다. 세상이 모두 거울이라는 사실을 항상 염두에 둔다면 회광반조하면서 살아갈 것입니다.

어린 나이에 출가한 라홀라는 장로 비구들에게 곧잘 거짓말하였습니다. 그러면서도 전혀 부끄러워하지 않았습니다. 부처님은 아들인 라홀라의 나쁜 습관을 고쳐주어야겠다고 생각했습니다. 부처님께서 라홀라에게 설한 가르침이 '암발랏티까에서 라홀라를 교계한 경'입니다.

부처님은 라홀라가 머물고 있던 암발랏티까로 찾아갔습니다. 라홀라는 세존께서 오시는 것을 보고 자리를 마련하고 발 씻을 물을 준비했습니다. 부처님은 발을 씻고 난 뒤 물을 조금 남기고 라홀라에게 물었습니다.

"라홀라야, 너는 이 물그릇에 물이 조금 남아 있는 것을 보느냐?"

"그렇습니다. 세존이시여."

"라홀라야, 고의로 거짓말하는 것을 전혀 부끄러워하지 않는 자들의 출가수행이란 것도 이와 같이 발 씻은 물이 조금 남은 것에 지나지 않는다." 이는 고의로 거짓말을 하면 발 씻은 물과 같이 하찮은 존재가 되고 만다는 것입니다.

부처님은 라홀라에게 거울을 예로 들어 "지속적으로 반조하면서 몸의 행위를 해야 하고, 지속적으로 반조하면서 말을 해야 하고, 지속적으로 반조하면서 마음의 행위를 해야 한다"고 일러주었습니다. 이어서 부처님은 다음과 같은 요지의 말씀을 하셨습니다.

"네가 몸과 입과 뜻으로 행위를 하고자 하면, 너는 그 몸과 입과 뜻의 행위를 이렇게 반조해야 한다. '나는 지금 몸과 입과 뜻으로 행위를 하려고 한다. 나의 이런 행위가 나를 해치게 되고 다른 사람을 해치게 되고 둘 다를 해치게 되는 것은 아닐까? 이 행위가 해로운 것이어서 괴로움으로 귀결되고 괴로운 과보를 가져오게 되는 것은 아닐까?'

만일 네가 반조하여 '내가 지금 몸과 입과 뜻으로 행하고자 하는 행위가 나도 해치게 되고 다른 사람도 해치게 되고 둘 다를 해치게 될 것이다. 이 몸과 입과 뜻의 행위는 해로운 것이어서 괴로움으로 귀결되고 괴로운 과보를 가져올 것이다'라고 알게 되면, 너는 그와 같은 행위를 절대로 해서는 안 된다.

만일 네가 반조하여 '내가 지금 몸과 입과 뜻으로 행하고 있는 행위가 나를 해치지 않을 것이고 다른 사람을 해치지 않을 것이고 둘 다를 해치지 않을 것이다. 이 몸과 입과 뜻의 행위는 유익한 것이어서 즐거움으로 귀결되고 즐거운 과보를 가져올 것이다'라고 알게 되면, 너는 그와 같은 행위는 실천해야 한다.

만일 네가 그렇게 반조하여 '내가 지금 몸과 입과 뜻으로 행하고 있는 행위가 나도 해치고 다른 사람도 해치고 둘 다를 해치고 있는 것이다. 이 행위는 해로운 것이어서 괴로움으로 귀결되고 괴로운 과보를 가져오는 것이다'라고 알게 되면, 너는 그와 같은 행위를 즉각 중지해야 한다. 그 반대일 경우에는 계속해도 좋다.

네가 몸과 입과 뜻으로 행위를 하고 난 뒤에도, 너는 그 행위를 반조해야 한다. '나는 지금 몸과 입과 뜻으로 행위를 했다. 나의 이런 행위가 나를 해치거나 다른 사람을 해칠 것이거나 둘 다를 해친 것은 아닐까? 이 행위가 해로운 것이어서 괴로움으로 귀결되고 괴로운 과보를 가져온 것은 아닐까?' 만일 네가 그렇게 반조하여 '내가 지금 몸과 입과 뜻으로 행했던 이 행위는 나도 해친 것이고 다른 사람도 해친 것이고 둘 다를 해친 것이다. 이 행위는 해로운 것이어서 괴로움으로 귀결되고 괴로운 과보를 가져온 것이다'라고 알게 되면, 너는 그와 같은 행위를 스승이나 동료 수행자들에게 드러내고 참회해야 한다. 그런 다음 미래를 위해 단속해야 한다. 만일 네가 반조하여 '내가 지금 몸과 입과 뜻으로 행했던 이 행위는 나를 해친 것도 아니고 다른 사람을 해친 것도 아니고 둘 다를 해친 것도 아니다. 이 몸의 행위는 유익한 것이어서 즐거움으로 귀결되고 즐거운 과보를 가져온 것이다'라고 알게 되면, 너는 밤낮으로 유익한 법들을 공부하면서 희열과 환희로 머물게 될 것이다."

부처님께서 라훌라에게 교계하신 내용은 몸과 입과 뜻으로 어떤 행위를 하고자 할 때 그 행위가 나와 다른 사람에게 이로운지 해가 되는지 반조하라는 것입니다.

부처님의 제자인 주리반특가는 수행자들 사이에 멍청이로 불렸습니다. 어느 날 부처님께서는 다른 수행자들에게 놀림을 받고 있는 주리반특가에게 "쓸고 닦아라"라는 가르침을 주었습니다. 마당을 쓸고 닦고, 발우를 쓸고 닦으면서 결국 주리반특가는 부처님께서 쓸고 닦으라고 한 것이 바로 자신의 마음임을 깨닫게 되었습니다. 그 사실을 깨닫는 순간 주리반특가는 우둔함과 어리석음에서 벗어나 지덕과 혜안을 갖춘 아라한의 경지에 이를 수 있었습니다. 수행에서 점검하고 챙겨야 할 대상은 다름 아닌 바로 자신입니다. 이 자신이 바로 미완의 여래이기 때문입니다.

남에게 속지 않고 사는 방법은 자신을 늘 성찰하고 점검하는 것입니다. 속임을 당하는 것은 자신이 가진 욕망과 비례합니다. 따라서 남에게 속임을 당하지 않으려면 스스로의 마음을 유리처럼 맑게 하는 것입니다.

자신을 이 세상의 주인공으로 만들어간다면 어리석음에서 벗어나고, 누구의 속임수에도 속지 않을 것입니다.

門 徒 秩

恩法師： 無爲靈源, 無佛普源, 無名弘源, 無比眞源(尼),
無念妙源(尼), 無行義源, 無悟道源, 無着信源,
無碍明源, 無空慧源.

恩師： 性源, 宗源, 大源, 慈源, 智源, 一源, 忍源, 吉源,
道源, 龍源, 淸源, 應源, 尋源, 冲源, 光源,
定源, 無源, 智悟, 悳源, 慧眞.

法師： 無覺도해, 無盡송욱, 無相정묵, 無性원오,
無心無空, 無休善峰

禪師： 東虛.

戒師： 靜佑, 인명, 용권.

傳法師： 悟正.

在家： 萬鎬.

운경스님 법어집
운림공곡집

2024년 3월 25일 초판 인쇄
2024년 3월 30일 초판 발행

지은이 | 운경 스님
펴낸이 | 신원식
디자인 | 박경희, 함유선, 김정미
펴낸곳 | 도서출판 중도
　　　　서울 종로구 삼봉로 81 두산위브파빌리온 921호
　　　　등 록 2007. 2. 7. 제2-4556호
　　　　전 화 02-2278-2240
© 운경, 2024
값 : 28,000원
ISBN 979-11-85175-71-3 93220